中学化学教学能力的理论与实践探析

樊　敏　刘　林　刘玉容　主编

科学出版社
北　京

内 容 简 介

本书为高等师范院校化学专业教材，为教学技能训练系列教材之一，旨在培养师范生尤其是化学专业师范生的良好的教学技能。全书共10章，从如何备课、上课、说课、听课、评课以及化学实验、课堂设计、教学情境设计、探究教学设计等方面进行了详细阐述，希望对提高师范生的师范技能有一些积极作用。

本书具备以下几个特点：①在内容上能够结合新课程改革中提倡的许多新的教学理念；②本书中很多师范技能在理论阐述的基础上，结合中学化学教学的实践经验，具有较好的操作性，较好地解决了“为什么教”、“教什么”、“怎样教”的问题；③参与本书编写的人员是具有教学理论和教学实践经验的高校教师和中学化学教师，两者结合使本书具有较强的针对性。

本书可供我国高师院校师范专业（化学）类学生、从事中学化学教学的教师和化学教学研究人员等使用。

图书在版编目（CIP）数据

中学化学教学能力的理论与实践探析/樊敏，刘林，刘玉容主编. —北京：科学出版社，2014.10

ISBN 978-7-03-041933-0

Ⅰ.①中… Ⅱ.①樊… ②刘… ③刘… Ⅲ.①中学化学课–教学研究–高等师范院校–教学参考资料 Ⅳ.①G633.82

中国版本图书馆CIP数据核字（2014）第215560号

责任编辑：郑述方/责任校对：胡小洁

责任印制：余少力/封面设计：墨创文化

科学出版社 出版

北京东黄城根北街16号

邮政编码：100717

http：//www.sciencep.com

成都创新包装印刷厂 印刷

科学出版社发行 各地新华书店经销

*

2014年10月第 一 版 开本：787×1092 1/16

2016年7月第 二 次印刷 印张：15

字数：350000字

定价：32.00元

（如有印装质量问题，我社负责调换）

《中学化学教学能力的理论与实践探析》
编委会

前　言

针对我国师范院校部分师范生教师职业技能培养的严重缺失现象，我国教育部在2012年5月颁发了《高等师范学校学生的教师职业技能训练大纲（试行）》（以下简称《大纲》）。该《大纲》明确要求高等师范学校对在校学生要有目的、有计划地进行系统的教师职业技能训练，引导学生将专业知识和教育学、心理学的理论与方法转化为具体从师任教的职业行为方式，并使之趋于规范化，对于形成学生教育和教学能力以及学生毕业后胜任教师工作都具有重要的作用。

基于目前我国基础教育改革的新形势，如何对师范生的职业技能进行科学化、规范化的培养是我国众多师范院校进行师范教育的重中之重。而在"讲普通话和口语表达"、"书写规范汉字和书面表达"、"教学工作"、"班主任工作"4种教学技能中，"教学工作"更是各院校提高师范生师范技能训练的重要元素。

中小学教学工作技能包含内容广泛，但如果就其化学专业师范生的专业技能而言，主要包含师范生如何做好课前、课中、课后理论上的积淀和教学实践中的训练。编者以训练和提高化学专业师范生的教学技能为目的构思本书结构，并从以下几方面进行阐释。

第一部分，导论，主要阐述高中新课程改革以来，教师的角色、教学理念等发生变革，教师将面临新的挑战。

第二部分，第1～第5章，针对师范生教学的备课、上课、说课、听课和评课5个，环节对师范生的教学技能进行培训和提高。

第三部分，第6～第10章，主要为了增强师范生的5种能力，即实验操作、教学设计、情境创设、课堂调控和探究教学的能力。

本书由樊敏、刘林、刘玉容主编，由夏冬梅、张永塑、张淑兰、邓贤明、吕海平、游晓莉、张顶红、曾令权、余泽荣等老师参编。由于水平有限，时间紧迫，书中肯定存在不足，欢迎广大读者批评指正！

目　录

导论　新课程与教师课堂教学能力提升

学习目标：①了解高中化学新课程的改革背景。②深入理解高中化学新课程提出的理念。③熟悉新课程改革对中学化学教师的能力要求。

0.1　高中化学新课程向教师提出了新的挑战

自1978年改革开放以来，我国基础教育取得了辉煌的成就，基础教育课程建设也取得了显著的成绩。但是，我国基础教育总体水平还不高，原有的基础教育课程已不能完全适应时代发展的需要，因此，我国教育部在2001年6月颁发国家《基础教育课程改革纲要（试行）》（以下简称《纲要》）。《纲要》中对教师的教学提出了更高的要求，要求"教师在教学过程中应与学生积极互动、共同发展，要处理好传授知识与培养能力的关系，注重培养学生的独立性和自主性，引导学生质疑、调查、探究，在实践中学习，促进学生在教师指导下主动地、富有个性地学习。教师应尊重学生的人格，关注个体差异，满足不同学生的学习需要，创设能引导学生主动参与的教育环境，激发学生的学习积极性，培养学生掌握和运用知识的态度和能力，使每个学生都能得到充分的发展"；"大力推进信息技术在教学过程中的普遍应用，促进信息技术与学科课程的整合，逐步实现教学内容的呈现方式、学生的学习方式、教师的教学方式和师生互动方式的变革，充分发挥信息技术的优势，为学生的学习和发展提供丰富多彩的教育环境和有力的学习工具"。

在《纲要》中，在教师传授知识时对师生关系的协调处理、对学生独立性和自主性的培养、对学生学习的"导"以及关注每一个学生的发展等方面，均要求教师的教学理念和教学方式必须发生根本性的变革。教师的培育与发展是课程改革得以成功的根本保障，他们既是课程改革的改革对象，同时也是课程改革的参与者与实施者。既然教师在新课程改革中是改革的对象之一，那么，新课程又对教师的课堂提出了哪些方面的要求，教师培育又将由什么理论来指导呢？

新课程在课堂教学方面将给教师带来新的挑战，如教育理念、教育方法、教师角色、教学行为、教师专业素养发展等。

教育理念即教育的理想和信念，是指导我们科学把握课堂教学的标尺和航标灯，先进的、得当的理念可以使课堂出现意想不到的教学情景和效果，落后的观念会导致课堂教学了无生趣。可见，教师的教育理念影响着课堂教学的质量和效率。新课程改革中，我们已经对过去传统教学中不符合社会发展，不利于学生发展的教育理念进行摒弃，打破传统课堂教学中的教师"一言堂"、"以教师为中心"、"教师权威"等观念，提倡在新课程的课堂教学中实行"教为主导，学为主体"、"一切以学生的发展为中心"等方针。师范院校和其他承担基础教育师资培养和培训任务的高等学校及培训机构应根据基础教育课程改革的目标与内容，调整培养目标、专业设置、课程结构，改革教学方法。中小学教师继续教育应以基础教育课程改革为核心内容。地方教育行政部门应制定有效、持续的师资培训计划，教师进修培训机构要以实施新课程所必需的培训为主要任务，确保培训工作与新一轮课程改革的推进同步进行。

0.2 新课程促使教师角色发生根本性的转变

韩愈《师说》有云："师者，所以传道受业解惑也。"这是对传统教师的地位和作用进行了一个高度的浓缩。过去，在人们看来，教师和学生之间就是一种单纯的知识传递和知识接受关系，学生、家长都普遍认为教师在知识、技能、道德等多方面都有绝对的权威，师生关系单一，教师的角色也单一。在我国中学课堂教学和师范学校本科生的微格试讲中，我们还能经常看到这种传统教师角色的继续沿袭。然而，网络信息技术飞速发展，基础教育观念急剧变化，这些都将对传统教师的角色产生强烈的冲击，师生之间再也不完全是单纯的师与生关系了，而是变得越来越多元化，教师在课堂教学中所扮演的角色也将是双重甚至多重角色了。

0.2.1 现代社会的师生关系论

教师和学生在课堂中的地位，长期以来都受到广泛的关注与研究。尽管无数的学者都曾悉心研究教学中的教师和学生关系，但时至今日，仍然没有一个统一的界定。遍观学者们对古今中外的师生关系地位的研究，基本上有如下观点。

1. 教师主体论

赫尔巴特在其《普通教育学》中曾经有很多教育思想的沉淀，其中有著名的"儿童管理论"。这种理论与卢梭尊重儿童自然发展的思想理论刚好相反。赫尔巴特认为，"最初儿童并没有能下决断的真正意志，只有一种处处驱使他的不驯服的烈性，这是不守秩序的来源；它既扰乱成人的计划，也把儿童的未来人格置于许多危险之中。"教师"如果不坚强而温和地抓住管理的缰绳，任何功课的教学都是不可能的。"因此，赫尔巴特就把班级管理乃至于学生管理看作是与教学、德育同等重要的教育行为。赫尔巴特还认为，在教学中，必须有绝对的权威协助，教学才能有奇特的效果，"人心屈服于权威；权威能拘束心的出乎常规的活动，因此，在压制一种倾向于邪恶的、正在成长的意志时，权威可以有很大用处。"而教师正是这种权威的承载者，教师担负起对学生知识传递和道德上的教导的权威。赫尔巴特的这种观点代表了传统师生地位的说法，把教师在教学中的主体作用推向了极端，变成了"教师主体论"。教师主体论强调外因对儿童发展的重要作用，重视教师在教育中的支配地位，但是由于其过于重视教师的作用，压制了学生主动性和积极性的发挥，容易导致忽视儿童的心理发展特点，不利于甚至阻碍了学生的健康发展的后果。

2. 学生主体论

杜威认为人们在社会中参加真实的生活，才是身心成长和改造经验的正当途径。所以教师要把教授知识的课堂变成儿童活动的乐园，引导儿童积极自愿地投入活动，从活动中不知不觉地养成品德和获得知识，实现生活、生长和经验的改造。杜威还主张学生“从做中学”，认为儿童不从活动而由听课和读书中所获得的知识是虚渺的。杜威在“教育即经验”中谈到，在教育过程中主要不是教给儿童既有的科学知识，而是让儿童在活动中自己去取得经验。

因此，杜威的“儿童中心说”，完全主张教学应从儿童的兴趣和成长入手，淡薄书本知识和教师的讲授，提倡学生从大量的实践活动中学习知识。杜威的观点极大地提高了学生在教学中的绝对主体地位，对学生的发展有积极作用。但是，他几乎完全排斥教师在教学中的引导和帮手的作用，这样，无疑会对学生的学习带来负面的影响，使得学生的这种学习长期处于无序和盲目之中。

3. 双主体论

“师生双主体论”认为，教师和学生各自带着自身的主体互相结合，从而组成一种合理的双向互补的结构，教学过程是在主体间相互交往的前提下，以认识为基础，教育者对受教育者施加影响的过程。教师和学生无论从特性上还是从功能上，都应该说是主体，教育内容自然是客体了。不过，很多学者对这种“双主体论”的评价是“在教学中，如果教师的‘教’成为主体，那么学生的‘学’和学生学习的‘学习内容’就成为客体；相反，如果学生的‘学’成为主体，那么教师的‘教’和教的‘教学内容’就将成为客体”，这样的评价就会把原本师生的教学活动的统一体严格区分开来，使得教与学不再是一个统一体，这无疑违背了哲学中辩证统一的观点。

4. 主导主体论

由于很多学者长期困扰在到底是“教师为主体”还是“学生为主体”的纷争中，难以判断哪一种观点是正确的，另外的学者便对这两种观点进行评判与解析，提出“主导主体论”，即在教学过程中，以“教师为主导，学生为主体”的教学指导思想。该思想最初由20世纪苏联学者提出，后逐渐被我国广大教育工作者接受，尤其在新一轮新课程改革中，该“主导主体论”被认为是课程改革的主要指导理论之一。但是该理论也有释义混淆之处，有学者认为，如果在教学的整个过程中，教师均为主导，学生均为主体，这二者不是一个有机统一的关系，将会导致教学上的错位，因为理论淡薄教师主体地位的体现，必将削弱教学效果。因此，教师应该在“教”的过程中成为主体，学生的“学”和“教学内容”成为客体，而教师在学生的“学”中成为主导，学生成为主体，“学习内容”成为教师与学生共同的客体。否则，“主导主体理论”将会滑落到“教师中心”或“学生中心”的轨道上来。

5. 互为主体论

互为主体论，有学者也称之为“超越主客关系论”。在任何教学过程中，只要提到主体、客体、主导等观念，都绝对逃不过“二元论”思想的窠臼，都必将把原本“教”与“学”这个辩证统一的过程不同程度地割裂开来，呈现二者的对立性与不可调和性。教学活动是人与人之间的活动，这种活动是交往性的、相互性的，并不存在“主体”与“客体”的说法。

0.2.2 传统教师面临的挑战

历数中国几千年教育过程中的教师地位和作用，教师在元朝就被列为“第九等”公民，在二十世纪六七十年代更是被冠以“臭老九”的桂冠，在改革开放以来，才被正身，回到正常状态中来。于是，教师迎来了自己的春天，被社会嘉以许多美誉，如“教育事业是太阳下最光辉的职业”、“教师是蜡烛”、“教师是园丁”、“教师是人类灵魂的工程师”，很多教师感到自己的工作得到社会的认可，认为自己教学艺术达到巅峰状态，不需要更多进取，永远都可以保持自己最佳的教学高峰。殊不知，随着政治、经济、文化的飞跃进步，教育也在发生翻天覆地的变化，教学中的要素自身也在产生深刻的转变，传统的教师感到压力越来越大，他们正在面临的巨大挑战主要来自以下几方面。

1. 教育观念上的挑战

观念，又为思想意识，是人们在实践当中形成的各种认识的集合体，人们会根据自身形成的观念进行各种活动。由于应试教育长期在人们心中占据很重要的位置，知识的传授与培养学生能力相比显得尤为重要，部分教师在传统观念影响下，不顾学生接受知识的能力和改良教学方法，利用“填鸭式”、“满堂灌”等形式对学生进行灌输式教学，培养了一大批缺乏主动性、创造性、灵活性的“产品”学生，教育强国就成了形式主义。

2. 教学习惯上的挑战

习惯是在长时间进行的一种行为方式的养成，一旦形成，改变起来并非易事。教师在长期教学中将形成自己的教学习惯，部分教师基本上在一节课程中的结构是“复习旧知识，引入新课；教授新知识；布置作业”，学生长期接受这样按部就班的课堂教学，早就被消磨掉学习的乐趣和积极性，谈不上教学效率如何提高更谈不上培养学生复合型的能力，这样只能使学生或思维呆滞、或能力平常、或成为机械盛装知识的容器而已。

3. 教师自身素养的挑战

教师素养，即指教师为了履行职责、完成教学任务所必备的素质修养。归结起来教师应具备的具体职业素养分为：思想政治素养、道德品行素养、科学文化素养、能力素养和身体心理素养等。俗话说“教师要给学生一碗水，自己要有一桶水”，这是对教师知识储备上的要求，这只是形态上的东西，教师可以将自己的水都倾倒给学生，殊不知，如果教师不了解学生什么时候需要水、需要多少水、如何以最佳方式给水都将造成学生看似水量充足，实则被渴死的现象。总而言之，教师思想上的高度、知识的广度与深度、教学能力的高低、自身修养都必将对学生的学习产生深远影响。

4. 教学技术和艺术上的挑战

教学技术是指为完成教学任务和师生之间的教学信息传递所使用的一切工具手段，包括音响、视频、投影仪、计算机等媒体。教学技术归属于教学范畴，旨在解决学生知识传授手段上的不足，一般可分为教学设计技术、教学操作技术、教学组织技术等，它可以突破教学时间与空间的不足，使教学的发生条件得以延伸和扩展。而教学艺术是在熟练的教学技术的基础上，“富有个性和创造性的方式方法”，这样教学不仅仅是浅层次的你“教”我“学”的职业技能，还是让师生双方都极为享受的教学方式方法。它与教学技术相比，是一个上位的关系，也是课堂教学技术所追求的最高境界，具有不可复制性等特点。

0.2.3　教师角色转变的必然性

美国社会学家、社会心理学家及哲学家，符号互动论的奠基人米德率先使用“角色”概念，意指个体在总体或社会舞台上的身份及其行为。“角色”本身是一个抽象的概念，不具体到个体，可以是戏剧中所扮演的人物、生活中某种类型的人物或戏曲演员专业分工的类别等，其本质上基本能够反映一种或多种社会关系。就教师角色而言，包括教师在社会中的地位和身份；教师本身的行为；社会对教师的期望。我国新课程改革已进入重要的实施阶段，课程目标在主旨、结构、功能、评价等方面都发生了深刻变化，这次改革的成功与否必将通过基础教育的实施者和执行者，即一线教师来参与完成。

新课程改革势必促使教师在转换教师角色、教学模式、教育理念、教育方法的基础上，完成学生学习模式的转换，为学生搭建一个自主、探究、合作、体验的学习平台，培养适应新世纪要求的复合型人才。这无疑对教师原有的教育观念、教学行为、教师素养是一个严峻的挑战，因此新课程改革背景下的教师必须转换自身的角色，在教学模式、教育观念等方面与时俱进，与新课程改革同行，否则将难以适应教育新形势需要，显得茫然不知所措。

教师角色的转换必然与教师发展的外部环境和内部因素密不可分。

第一，社会日新月异的发展对教师行业的要求越来越高，知识的更新速度越来越快，原来的教学内容早已不再适合当今人才培养的需要，教师固有的专业知识、教育理念也不再是万年不变的“老黄历”，这将必然要求一线的教师要紧跟国际教育发展的需要，不断更新教育技术，追求新知，形成终身学习的学习观念并将此观念内化具体到实际教学过程中，全方位提高教师自身素养。

第二，新课程改革对基础课程资源的开发越来越重视，国家在《基础教育课程改革纲要》中明确指出：“积极开发并合理利用校内外各种课程资源。学校应充分发挥图书馆、实验室、专用教室及各类教学设施和实践基地的作用；广泛利用校外的图书馆、博物馆、展览馆、科技馆、工厂、农村、部队和科研院所等各种社会资源以及丰富的自然资源；积极利用并开发信息化课程资源。”教师的教学工具不再是教材、教参和堆积如山的教辅资料，而是在基本教学条件的基础上，广泛动员一切可以动员的资源，去发现、去挖掘、去创新课堂内外的新课程资源，这就要求教师走出备课室，走进校外社会环境中寻求教学资源，为学生的教学更好地服务。

第三，教师的教学工作，其归根结底是教育人的工作，人本身就不是固定的物化的物体，而是有思想、有个性、求新求发展的生物个体，因此教师的育人工作很具有开放性与创造性，要求教师在具有广阔胸怀学习各方面知识的同时，还要有“转识为智”的能力，即要求教师转换知识的传授观点，知道在面对不同领域、不同学科、不同环境、不同学生时，选取不同传授方法，指导学生如何在纷繁复杂的知识海洋中去辨别、选取，并能不断重组自己的知识结构，让学生自己去发现问题、提出解决问题的方法，最终取得良好的学习效果。

第四，新课程提出教与学“双主体”，教师和学生都是作为教学主体而进入教育过程的，他们通过协商、互动的方式共同对知识进行理解和建构，这就意味着对教师综合素质、综合能力方面的要求提高了，即教师必须转换角色，创设有利于学生学习的学习情境，引导学生去发现和探究学习中的问题，提供各种机会帮助他们健康成长，而并非“家长式”的灌输、包办代替。

第五，教师角色的转换也是教师自身发展的需要。教师的发展历程大致可以分为合格师范生、新手教师、熟练新手教师、熟练教师、骨干教师、特级教师、教育专家，而教师的每一个阶段的发展都是通过不断学习和教学反思形成的，是自我在教学上的“促悟”乃至形成教学经验而获得。如果一个教师仅仅满足于自己过去知识经验而停步不前、固步自封，充其量也只是目光短浅的教书匠而已。

因此，在新课程改革浪潮中，教师必须了解当前国内、国际教育发展新形势，对已有教育观念和教育实践进行重新审视、反思和辨析，形成紧跟课程改革的教育观念、教育方法的内驱力，转变旧有不合时宜的教师身份、地位、作用，定位好自己的角色，使自己成长为学者型、专家型、智慧型的优秀教师。

0.2.4 中学化学教师角色的转变及其发展趋势

首先，中学化学教师要由课程的执行者向化学课程的设计者转变。课程设计的不同定义反映了不同的课程研究取向。关于课程设计的定义大致可分为两类取向：一类是技术取向，如普拉特认为：课程设计是课程工作者从事的一切活动，这包含他对达成课程目标所需的因素、技术和程序，进行构想、计划、选择的慎思过程；一类则为理性主义取向，如有学者认为课程设计是指教育科研机构的专家学者对课程的研究并拟订出课程学习方案，为决策部门服务，拟订教育教学的目的任务、确定选材范围和教学科目、编写教材等都属于课程设计活动。

新近的对课程设计的研究成果则试图综合这两种观点。如《简明国际教育百科全书 课程》中对课程设计的定义为“课程设计是指拟订一门课程的组织形式和组织结构”。并指出“它决定于两种不同层次的课程编制的决策。广义的层次包括基本的价值选择，具体的层次包括技术上的安排和课程要素的实施”。其中，所谓广义的层次大致相当于理性主义的课程设计取向定义，而具体的层次则相当于技术取向的课程设计定义。但也有学者认为除了这两个层次的课程设计外，还存在一个更微观的课程设计层次，并且不同层次的课程设计要受到不同因素的影响。

还有很多对于课程的定义，如“课程即教材”、“课程即生活”、“课程即活动”、“课程是一切经验的总和”等。我们认为，化学课程应该是化学教学目标、教学计划、化学教材以及所有化学教学资源的总称，这种资源包括物化的资源，如教科书、练习册等和意识形态化的资源，如化学教学理论、教学方法和教学经验等。中学化学教师要成为化学课程的设计者，就必须具备有以下几方面的特征。

第一，化学课程设计者应该不断更新教育观念，牢固树立化学新课程理念。教材不再是课程的代名词，它仅仅是课程内容包含的一部分，在进行课程设计的时候，一定要注意从学生已有的经验出发，让他们在熟悉的生活情景中感受化学的重要性，了解化学与日常生活的密切关系，逐步学会分析和解决与化学有关的一些简单的实际问题；让学生有更多的机会主动地体验探究过程，在知识的形成、联系、应用过程中养成科学的态度，获得科学的方法，在“做中学”的探究实践中逐步形成终身学习的意识和能力；设计者要考虑为每一个学生的发展提供多样化的学习评价方式。既考核学生掌握知识、技能的程度，又注重评价学生的科学探究能力和实践能力，还要关注学生在情感态度与价值观方面的发展。在学习过程中，力求使更多的学生学会反思和自我评价。化学新课程理念是化学课程设计者的设计航标灯，是课程设计指路牌，只有在此前提下，我们的课程设计才会最大限度地为提高每一个学生的科学素养、为每一个学生的全面发展提供最好的智力支持。

第二，课程设计者还要善于挖掘和利用课程资源。课程资源是指课程要素来源以及实施课程的必要而直接的条件。从课程资源的构成结构来分类，可以分为校内课程资源和校外课程资源。校内课程资源一般指教科书，除此外还包括教师、学生、教师与学生已有的教和学的经验，以及学校内可以为教学服务的所有资源的总和。校外资源，一般指与学生学习化学相关的社会、生活以及生活经验的总称，如校外的化工厂、污水处理厂、鱼塘、干洗店、科技馆、博物馆、网络资源、具有地方特色的乡土资源等。课程资源的开发，必须改变对课程资源研究的忽视态度，走出对课程资源的僵化的思维观念定势。课程资源新观念的建立，将改变化学课程开发者对课程性质、课程目标的看法，使课程的设计由狭变广，由单一转向综合。

第三，中学化学课程设计者对课程的设计，必须在课程标准理念的基础上进行，既忠实于课程标准，又不局限于单一的教材，要对课程设计所涉及的诸多资源的利用做到“活”而不乱，严谨而又科学。

第四，教师应该从化学知识的单纯“传授者”向学生学习化学的促进者与合作者转变。唐代大诗人韩愈在《师说》中谈到“师者，所以传道受业解惑也”，也就是教师的职责为传授道义、知识，解决学生的疑惑。从上我们不难理解，要胜任教师这个职业，就必须要有高尚的道德情操、扎实深厚的专业知识，那是否新课程标准前提下的教师只要具备这两个条件，就一定是一个优秀的中学化学教师呢？在新课程改革进行到目前重要的阶段，经过新课程理念的洗礼的长期过程，我们已经有了答案，即高尚的师德和广博精深的专业知识是从教者成为优秀教师的一个先决条件，但绝不是全部条件。“什么知识都是教师说了算”的神坛亦不会再现，教师不再仅仅是知识的传授者，更是学生学习的促进者和合作者。学生学习的促进者是指教师在教学过程中不能总是充当主体角色，只能是学生这个“主角”的最有力的“配角”，为学生创设更多的学习情境，建构更好的学习思路，引导学生一步步走向知识学习成功的殿堂，真正成为学生的“孺子牛”。学习的合作者即要求教师忘记“一日为师，终身为父”的威严，弯下腰与学生成为朋友，而对学生学习过程中的困难给予恰当分析和适当点拨，促使学生生“悟”，从而达到学生知识与能力并进的目的。

当然，教师在通过激发学生动机，为学生提供必要的辅导、支持和示范等方式来促进学生的学习，使学生学习更深入的同时，也要考虑到随着学生学习能力的提高，教师的支持要逐渐减少，以达到学生解决问题能力的最终生成。

教师要成为学生学习的合作者，就有必要与学生建立良好融洽的关系，深入了解学生的需要、学习特点、兴趣、个性爱好等，以保证做到因材施教、因人施教。

第五，中学化学教师还应该成为化学教学的反思者与研究者。

“反思”一词，首次出现于英国哲学家洛克的著作中，他将“心灵内部活动的知觉”，称为“反思”。有很多学者从不同的视角研究了教师反思的各种类型，较有代表性的研究是肖恩、麦伦和里切特从反思的时间维度，提请人们注意行动前反思、行动中反思和行动后反思的区别。麦伦、泽奇纳和里斯顿根据反思的对象，把反思区分为两种类型，一是对教学的反思，二是对影响教学的社会条件的反思。卡尔和凯米斯按照教师的反思水平，则将反思划分为三个层次，一是技术性反思，主要对课堂情境中各种技能与技术的有效性进行反思；二是实践性反思，反思的问题包括假说、倾向、价值观以及由行为组成的结果；三是批判性反思，在这一层次里反思的问题包括伦理的、社会的和政治的问题。化学教师的反思教学，一般都将反思的对象聚焦于教师的课堂教学和教师自身的教学行为两个方面。

研究教学中的“研究”，即指钻研、探索事物的性质、规律等，主动寻求根本性原因与更高可靠性依据，从而提高事业或功利的可靠性和稳健性而做的工作。研究教学即指教师对在教学的过程中出现的对教学有帮助的一切事物进行有序的探索，以寻求其问题解决的办法或总结教学发展的规律等。

反思教学和研究教学是我们成长为专家型教师的必由之路。中学化学教师的教学任务繁重，上课年复一年，日复一日，显得枯燥无味，如何打破这种死水微澜的局面？在教学中善于发现新问题，善于尝试不同的教学方法并比较之，得出不同结论，总结优秀经验进行推广；无论在行动前反思、行动中反思，还是行动后反思，都将有助于化学教师深刻理解教学事件的深层次意义，使反思者和研究者本人教学经验更加丰富，教学智慧更加高超，这样既实现教育的真正价值，又愉悦了教学，还提高了自己的教学水平，使自己在相关教育领域声名鹊起，彼此相得益彰。

0.3 师范生化学教学能力培养现状分析

0.3.1 新课程对职前教师的要求

我国于1999年制定了《面向21世纪教育振兴行动计划》(以下简称《计划》)，目的是全面落实“科教兴国”的国家教育战略，具有划时代的战略意义。《计划》在阐述教育对建国兴邦意义的同时，也回顾我国自改革开放以来教育所取得的巨大成绩和目前存在的问题，同时也对新时期教师的培养提出建议：“建立和完善有关语言文字工作的法规体系，全面推进学校语言文字工作，各级各类学校特别是中小学、师范院校要继续把说好普通话、写好规范字、提高语言文字能力作为素质教育的重要内容。加强汉语言文字和少数民族语言文字信息处理的宏观管理，依法努力提高全社会的语言文字规范化意识，到2010年在全国实现文字应用基本规范化，使我国语言文字的应用更加适应社会主义经济、政治和文化建设的需要。”显然，《计划》中的“各级各类学校特别是中小学、师范院校要继续把说好普通话、写好规范字、提高语言文字能力作为素质教育的重要内容”，为现代高师院校对师范生的培养指明了方向，要求师范教育必须重视对师范生的“三字一话”训练、强化与提高。

同时，2001年国家教育部颁布的《基础教育课程改革纲要》中规定：“师范院校和其他承担基础教育师资培养和培训任务的高等学校和培训机构应根据基础教育课程改革的目标与内容，调整培养目标、专业设置、课程结构，改革教学方法。中小学教师继续教育应以基础教育课程改革为核心内容。”从《纲要》中不难发现，高师院校师范生课程结构设置要与基础课程设置相接轨，教学方法已经和传统教学方法迥然不同，甚至个别传统教学方法已经被完全颠覆，要培养师范生现代教育理念，如关于中小学生的培养目标、课堂教学方法、课堂管理、学业评价等。

0.3.2 高师院校对学生的教学技能培养重视程度

我们已经熟知，《面向21世纪教育振兴行动计划》和《基础教育课程改革纲要》都是20世纪末和21世纪初，国家教育部颁发的有关我国教育发展目标的纲领性文件，离现在已经有十几年的时间，那么，自《纲要》颁布到现在，我们国家高师院校对师范生的培养状况以及师范生的教育理念、教学技能的训练重视程度又是呈现一个什么样的状态呢？

师范院校是从专业层次上来分类，相对于理、工、农、医类而言的，高师院校应该从整体上正确定位自己的人才培养方向，办出自己的师范特色，而不是向“985工程”、“211工程”学校靠拢，那样显得舍本逐末。近些年，师范院校少有跳出“重专业课程、轻师范技能”的怪圈，学科专业课程所占总课程比例达到80%以上，而教育学、心理学、教学论、教师技能等课程仅占到10%～15%，这样的课程如何能培养出高教师素质、教师技能的师范生呢？

在上述基础上，高师院校开设师范技能课程时间上的科学性与合理性也需要得到提高，大部分院校都将微格课和学生试讲放在大学三年级进行，而大学一年级、二年级都几乎没有训练学生教师技能的课程开设，使得学生进入教师训练状态太迟、训练时间短、训练效果不佳等情况出现，大大约束师范生教师技能的成长与发展。

高师院校整体上对师范技能课程的选择和考核不太科学和严格。高校课程设置除了考虑自己培养目标外，也需要大力参考中小学对教师的需求，很多学校需要专业知识扎实，语言表达能力强，人际交往能力过硬，普通话水平高，粉笔字、钢笔字、毛笔字写得漂亮，美术简笔画技术娴熟的师范生，这样的要求需要师范院校在课程设置中多考虑和加强普通话、钢笔字、粉笔字、毛笔字、简笔画、口才与演讲、教师礼仪、美术、音乐等课程，并且在评价中，也给予足够的重视，让学生在学好专业课程的同时，必须熟练掌握这些课程的教学内容，把自己培养成为一个符合当前中小学需要的合格师范生。

0.3.3 高师院校师范生的问题呈现

高师院校的师范生，从总体上说，师范技能能够达到优秀的毕竟是少数，可能一个班仅有 15%～20%，还有大部分学生到大学毕业的时候，其师范技能水平一般。客观认为，一个师范生的师范技能受到自己先天的元素，比如性格、爱好、表达等影响，但是，师范技能的大部分内容也是可以在后天经过刻苦训练来巩固和提高的。“工欲善其事，必先利其器”，学生要想成为一个优秀的师范生，必须提高自己的“武器”装备能力。硬笔字、粉笔字、毛笔字的规范书写是一个老师必须具备的教师技能，然而，许多大学生到大四的时候，字的书写和小学生的水平差不多，甚至还不如一些小学生的书写漂亮，这无疑成为了这些师范生就业的一个局限。在我国提倡全民使用普通话以来，师范院校更是重视对学生普通话表达的训练，然而经过大学几年的“苦心研修”，一些师范生的普通话等级考试还不能达标，恐惧开口，一说话就带有浓重的“乡音”，甚至“h，f”“前鼻音，后鼻音”分不清楚，这样的师范生，如何走上讲台去用标准语言引导中小学学生学习？

教师教学技能是师范生成为教师必须掌握的一种技能，然而，如何运用这些教师教学技能必将催生教师的另一种能力，这种能力就是教师教学能力，它是师范生能力的综合体现，也是作为一个优秀教师必须具备的教育教学能力的核心内容。

0.4 化学教师教学能力的概念及其特征

0.4.1 教学能力的概念解析

课堂教学的前身应该是班级教学，班级教学的提出是 17 世纪捷克教育家 J.A.夸美纽斯总结了前人和自己的实践经验，并在其所著的《大教学论》（1632）中加以论证，从而奠定了班级教学的理论基础。我国采用班级教学最早的雏形始于同治元年（1862）清朝政府在北京开办的京师同文馆。20 世纪初废科举、兴学校以后，逐步地在全国采用班级教学的组织形式。

课堂教学是班级教学的形式之一，能力是指担任某一特定的任务角色所需要具备的能力素质的总和，通常包括观察能力、记忆能力、思维能力、想象能力、推理能力等。古往今来，很多学者对课堂教学能力的概念进行了界定。

课堂教学能力是教师能力结构的主体，它既不等同于各学科的专业知识和技能，也不是教师教学能力的全部，它是教师运用教学理论知识完成教学任务的一种特殊能力。课堂教学能力是直接影响课堂教学活动效率，促使课堂教学活动顺利完成的个性心理特征。课堂教学能力是完成课堂教学任务的直接工具，是教师各种工作水平的集中体现，也是教师的一种职业能力。

我们认为，从宏观方面来考察，课堂教学能力是教师从事教学必备的一种综合能力的体现，包括知识的储备能力、教学技能的使用能力、课堂教学的控制能力和教学语言的使用和沟通能力等；从微观层面来看，课堂教学能力包括教学语言的表达能力、板书能力、教学方法的运用能力、教学手段的使用能力、教学时间的分配能力等，这些都将会直接影响课堂教学效果和学生对知识的掌握及能力的发展。

0.4.2　课堂教学能力的特征

课堂教学能力作为教师教学评价的一个重要指标，它有着自身的特征，这些特征表现在：

1. 功能指向非常明确

课堂教学能力可以划分为很多个子系统，每一个子系统都有自己明显的功能指向性特征，如教材分析的能力、教学板书的能力、教学方法的选择能力等，每一项能力之间都是辩证发展、相辅相成的。这些功能取向很强的课堂教学能力综合在一起，就是教师独具的课堂教学综合能力。

2. 各项能力由多要素组成

这些要素包括知识的要素、技能的要素、心理的要素、经验的要素等，如教师在课堂教学中对课堂教学方法进行选择与使用时，便会对课堂教学方法的概念、种类、特征、使用对象的选择有一个非常熟悉的理解；对多种教学方法的灵活与综合运用；根据自己教学的经验值，在多种教学方法中选取最适合学生学习的教学方法用于课堂教学；对课堂中教学状态有清醒的认识和随机处理课堂教学中的突发情况等。每一项单独指向能力中，这四种要素构成的比例是不相同的，是按照使用者自身的意识形态来进行科学搭配与组合的。

3. 各项能力都具有层面性特征

每一项单独的能力的发展都有三个阶段：①基础阶段，对能力的初级认识阶段，这是感性的认识阶段；②运用阶段，以知识、能力、经验为综合的使用阶段；③研究阶段，对能力使用过程中呈现出的各种特征、异常情况进行综合研究，为能力的再次使用期望创造更好的条件，以使能力的使用获得更好的效果。

4. 课堂教学能力综合性较强

在课堂教学中，课堂教学能力是一种综合能力，是由许多单项课堂教学能力综合而成，这些单项能力彼此交叉互补，相互影响，彼此促进，在课堂教学中交替出现，如一堂优秀的课堂教学中所表现出的教师教学能力是由板书能力、课堂组织能力、语言表达能力、教学方法的选择和应用能力、课堂教学设计能力等综合组成。

5. 课堂教学能力是教师职业能力的体现

职业能力是人们从事某种职业活动必须具备的，影响职业活动效率的个人心理特征。教师的职业能力是由多种能力叠加并复合而成的，它是教师进行教学必须具备的多种能力的总和，同时也是教师胜任基本教学工作的基本要求。课堂教学能力并不是教师能力的全部体现，只是教师在课堂教学中，教师个人部分能力结构中的一种特有表现，具有一定的特殊性和指向性。

参考文献

白月桥. 2001. 活动课程理论与实践探索[M]. 北京：教育科学出版社.
顾明远，梁忠义. 2000. 教师教育[M]. 吉林：吉林教育出版社：468-470.
仁叶澜，白益民. 教师角色与教师发展新探[M]. 北京：教育科学出版社：40.
王贺霞. 2008. 浅谈教师的课堂教学能力[J]. 决策探索（下半月），(12)：78.
王宏斌. 2001. 职业教育教师应具备的职业素养[J]. 现代技能开发，(5)：35.
曾美英，马万昌. 2000. 教师的课堂教学能力及其结构分析[J]. 北京联合大学学报，14 (3)：54.

第 1 章　师范生化学备课能力的培养与提升

学习目标：①了解中学化学课堂教学备课的含义。②理解备课能力的概念。③掌握中学化学课堂教学备课的方法。④了解化学备课概念、特征、重要性。⑤能够对化学课题进行常规性备课。

1.1　中学化学课堂教学准备的基本要求

许慎的《说文解字》中写道："備，慎也。""備"即"备"。此句。指首先从精神上、思想上高度重视，谨慎为之；其次是从物质上、行动上"预备"、"准备"，做到有备无患。

教学是一项有目的、有计划的活动，也就要求师范生在走向课堂，走上讲台的第一步之前就要做好充分的课堂教学准备，做到"有备而来"，方能"胸有成竹"。对于教师而言，虽然备好了课，不一定能上出一堂高质量的课，但是，要想上出一堂高质量的课，事先备好课却是必需的。除此之外，教师在进行教学之前，要做到头脑中有计划，才能在教学中自信，找到教学的方向感，做到有条不紊、游刃有余。

1.1.1　有充分的教育学、心理学和教育理论准备

1. 熟悉教育法规，明确职业规范

一方面，准教师要成为合格教师，必须要知道应该做什么，不应该做什么。其中，掌握《教师法》、《中小学教师行为规范》是最基本的要求，也是教师的职业操守。部分刚毕业上岗的教师与有丰富教学经验的教师相比，差距较大，其原因就是缺乏对职业道德准则的学习和领会，没有养成教师该有的言、行、形。另一方面，作为教师，要淡泊名利，志存高远，自觉践行社会主义核心价值体系，静下心来教书，潜下心来育人，努力做受学生爱戴、让人民满意的教师。

2. 面对问题，做好心理准备

当你要做一名真正的教师时，许多问题都会蹦出来：自己进入的学校何种类型？学校压力大吗？怎样尽快转换角色？怎样与同事相处融洽？怎样建立新型师生关系？怎样制定适合自己的职业发展规划？怎样上好第一堂课？怎样管好课堂、班级？怎样做好科任教师、班主任？怎样与家长沟通？

面对这些问题，要做好充分的心理准备，树立必胜信心。学习、思考加实践，借鉴、调整加坚持，热情、努力加方法，很快就会成长起来。

3. 了解中学生身心发展特点

中学生正处于青年初期阶段，在此阶段，学生的生理和心理发展渐趋成熟，是学生准备走向独立生活的时期。应该说，中学生已经是“准成人”了，他们的身心发展主要有以下几个特点：

（1）认识能力进一步发展，对很多问题有自己的看法和见解。

（2）对社会责任感和世界观的形成有了初步的认识，能够独立地承担一些事情，且敢于冒险。

（3）自我意识进一步发展，对自己的未来有了初步规划。

（4）开始关注异性并尝试体验纯洁的爱情，感情冲动且不稳定，做事情较少考虑后果。

4. 了解现代中学化学课程与教学发展的趋势

（1）当代化学教育从面向培养专门人才转向培养全体社会公民成为建设社会主义的劳动者，集中反映了当代化学教育培养目标的重大转变。

（2）化学课程从学术中心转变为化学与社会相联系，从单一学科迈向跨学科综合，引入 STS（science technology society）教育，要求提高学生的科学素养，即精英化学转变为公民化学。

（3）化学教学方法从被动学习迈向主动学习，强调理解核心知识的本质特征、注重解决问题的实证及参与讨论问题和解决问题的实践活动。

（4）化学新课改提倡以科学探究为主的学习方式，实施以科学探究为核心的化学教学方式已成为决定改革成败的关键因素。

5. 形成新的教育教学理念

（1）以学生发展为本，重视知识与技能、过程与方法、情感态度与价值观三维目标的有机融合，全面提高学生的科学素养。

（2）面向全体学生，以培养具有科学素养的学生为主旨，促进学生的个性发展，培养学生终生学习能力。

（3）学生是学习的主体，教师是学生学习活动的组织者、引领者和合作者。

（4）把学习方式的转变放在重要的地位，倡导探究、自主、合作等多样化的学习方式，既重视学习结果，也重视学习过程。

（5）关注学生的生活和知识经验，加强 STS 教育，从生活走进化学，从化学走向社会，树立正确科学的化学观。

（6）倡导以实验为主的多种探究活动，激发学生学习化学的兴趣，在探究中体验，在体验中发展。

（7）既要提高学生的智力品质，又重视提高学生的非智力品质，重视科学教育与人文教育的结合，体现化学课程的人文内涵。

（8）倡导多元化的评价方式，促进教师和学生的发展，激励每一个学生走向成功。

（9）加强对教学实践的反思，促进教师的专业发展。

1.1.2　做好充足的备课准备

（1）课程标准教学要求及化学学科教学指导意见：课程标准是国家对基础教育课程的基本规范，它体现了国家对不同学段的学生在知识与技能、过程与方法、情感态度与价值观等方面的基本要求；它规定了课程的性质、目标、内容框架，并提出了教学的评价建议。教学要求的编写体例及内容是以课程标准为依据，以课程模块为单元，针对每一主题的“内容标准”逐条进行分解和细化，提出比较明确、具体的学习要求，并给予适当的教学建议。

按照课程标准前言中“关于目标要求的说明”对学习目标的三类分类方法，结合各地课程模块教学的要求，把认知性学习目标、技能性学习目标及体验性学习目标划分为不同的水平层次，并运用适当的行为动词进行描述。

（2）准备当年化学考试大纲：考试大纲，顾名思义，规定了考试目标、要求、范围和内容，且对考试进行了详尽的解读。例如，中、高考怎么考，才能够为教好中学化学提供一定的参照。

（3）准备教师教学用书：准备全套新教材和教师教学参考书，便于最直观地感知教材内容以及明确具体教学要求。

（4）准备相关教学用具、教学媒体设备。

（5）搜集、整理与教学相关的网络资源：如教案、试题、教学设计、问题讨论、备课资源、实验设计、课题引入等。

1.1.3　教师基本素质和熟悉各种教学内容的教学方法准备

1. 形成和提升教师基本素质

（1）教态自然、仪容整洁、气质优雅、精神饱满、手势灵活、举止大方、表情自然亲切、目光正确投视。忌讳着时装、过度修饰、发型怪异、频繁走动、目光平板呆滞、手势动作过于渲染、猥琐倦怠、精神萎靡。

（2）授课语言清晰规范、简洁流畅、丰富生动、表意准确、抑扬顿挫、感染力强、声情并茂。切忌囫囵吞枣、表意不清、高低快慢变化频繁、俚语、赘语、重复过多。

（3）板书须排版整齐、字迹工整、清楚。

2. 熟悉各种课型的基本教法

对于化学课堂教学，一般可按照教学任务的不同进行分类：绪言课、新授课（元素化合物课、概念理论课等）、练习课（讲评课）、实验课、复习课等。

（1）绪言课：一般采用典型事例或相关的演示实验，通过富有情感的讲授，激发学生学习化学的兴趣，使他们明确学习目的，了解学习的内容和方法，产生学习动力。

（2）元素化合物课：尽量运用实物和实验；以性质为线索，把有关物质的结构、制法、用途、存在形式等知识串联起来，培养学生根据性质理解和掌握物质制法的反应原理以及记忆用途和存在形式的学习方法；培养学生观察实验、分析归纳实验结果的能力。

（3）概念理论课：严密的逻辑性和严格的科学性，比较抽象概括。教学中，常运用自然科学方法论的基本步骤，借助于经验、图表、模型等进行分析论证，或利用恰当的比喻以及学生已有的逻辑思维能力和处理问题的科学方法。

（4）实验课：即动手实验的课。新教材没有将实验明确划分为演示实验、随堂实验和学生实验，但在条件允许的情况下，教师应尽可能带着学生自己动手做实验，培养学生的实验操作能力、观察能力、探究能力、思维能力以及科学态度和科学方法。

（5）练习课：以学生练习为主，教师的讲述、点拨和启发为辅。练习的方式有书面、口头、讨论、实验操作等。练习的内容要精选典型性强、思考性强、有适当难度的习题。

（6）复习课：即总结、梳理、巩固知识的课。复习课不同于新授课，但也不是把讲过的内容进行简单的重复，而是总结提高、巩固加深知识，它应以知识的内在联系重新系统组织内容并进行归类、比较，以较高的理论水平去指导分析旧知识；可用谈话、讲述、图表配合讲述、实验配合谈话等方法。

【问题讨论】

中学化学课堂教学准备的基本要求有哪些？

【资源链接】

1. 化学教学设计的实施与评价

http: //jpkc.ccnu.edu.cn/sj/2010/hxjxl/resource/web_word/page7a9.html

2. 教师授课的准备与基本素质要求

http: //www.chinavalue.net/Biz/Blog/2009-7-13/176002.aspx

1.2　中学化学课堂教学准备的基本思路

1.2.1　了解化学教育的历程，明确课程地位

1. 化学教育的成型期（19 世纪末至 20 世纪 20 年代）

我国教育史上第一次正式颁布实行学校系统的章程是在 1903 年，清政府颁布的《奏定学堂章程》，史称癸卯学制，这标志着化学教育体系进入成型期，化学课程也在我国教育制度中正式确定了自己的位置。

2. 化学教育的发展期（20 世纪 30 年代至 20 世纪 50 年代中期）

在该时期化学成为了一门学术性的学科，正式化学课程的设置目的、课程内容的选择逐步趋向具体化，课程实施更重视方式、方法，课程评价更侧重于知识与技能的掌握。

3. 化学教育的变革期（20 世纪 50 年代末至 70 年代末）

多年来化学科学变革总的趋势是从宏观过渡到微观，从定性过渡到定量，从描述性过渡到推理性。

4. 化学教育的新时期（20 世纪 80 年代至今）

当今化学教育的改革观念正从强调学术中心转向重视人的充分发展，从提高学生理论水平转向加强化学教育与学生社会生活的联系。从 1999 年开始，我国启动新一轮基础教育课程改革，2001 年新的化学课程标准出台。基础教育课程标准及其配套实验教科书的出版和实施，昭示着新课程理念的生成。

1.2.2　研读课程标准、考试大纲

1. 研读课程标准的意义

课程标准是确定一定学段的课程水平及课程结构的纲领性文件。化学课程标准是教材编写、教学、评估和考试命题的依据，也是国家管理和评价课程的基础，且对化学教学还具有指导、评定、限制作用。学习新课程标准，正确解读新课程标准，解读新教材对新课程标准的体现，是教师把握教学思想、教学方法和教学内容的前提条件，是实施新课程标准的必要保证。

高考考试大纲规定了考试的性质、考核的目标与能力要求、考核的范围与内容标准，它对中学化学教学具有指导性。

2. 熟悉课程标准、考试大纲的结构

《普通高中化学课程标准（实验）》包括“前言”、“课程目标”、“内容标准”、“实施建议”四个部分的内容。考试大纲包括考试的性质、考试内容两大部分。

3. 熟悉课程模块内容

明确课程标准规定的普通高中化学课程模块及主题，每个内容主题从“内容标准”、“活动与探究建议”两个维度对学习内容加以说明，详细情况见表 1-1。

表 1-1　普通高中化学课程模块及主题

性质	模块	内容主题
必修课程	化学 1	①认识化学；②实验基础；③常见无机物及其应用
	化学 2	①物质结构基础；②化学反应与能量；③化学与可持续发展
选修课程	化学与生活	①化学与健康；②生活中的化学；③化学与环境保护
	化学与技术	①化学与资源的开发利用；②化学与材料的制造、应用；③化学与工农业生产
	物质结构与性质	①原子结构与元素性质；②化学键与物质的性质；③分子间作用力与物质的性质；④研究物质结构的价值
	化学反应原理	①化学反应与能量；②化学反应速率和化学平衡；③溶液中的离子平衡
	有机化学基础	①有机化合物的组成与结构；②烃及其衍生物的性质与应用；③糖类、氨基酸和蛋白质；④合成高分子化合物
	实验化学	①化学实验基础；②化学实验探索

1.2.3　钻研教材

教材是课程思想、内容的重要载体，是依据课程标准开发设计的教学材料，也是教师和学生展开教学活动的重要课程资源。教材的呈现方式多样化，如教科书、教学参考书、实验用书、练习册、各种图表等、视听教材（教学录像带、录音带）、电子多媒体教材（如多媒体课件）等，中学所讲的教科书就是所谓的教材，是教学最基本的工具。

1. 解读教材

解读教材的关键因素在于掌握教材特点。教材特点在一定程度上决定着教师备课的结构、教学活动的组织和教学方法的选择。根据教材的特点选择不同形式的教法。因此，教师在研读教材的过程中，要着重理出教材特点，才有助于选择恰当科学的教学方法。

2. 吃透教材

通读教材，熟悉教材的知识结构，一要明确教材的重点、难点、关键点和学习要求。二要明确教材中各栏目的作用，理解和领会教材的编写意图及所要采取的相应教学方法。三要明确本节（本章或本单元）知识在本单元（本书或整个学段）中的地位和作用，以及与前后教材间循序渐进的螺旋上升关系。四要清楚了解本节内容所涉及的教具、学具、实验用品、电教器材、教学课件等。

3. 超越教材

超越教材，是对教材的再创造、再组织，体现了新的教材观。“教材无非是个例子”，叶圣陶先生的话早就点明了教材只是教学的媒介和手段，而不是教学的全部内容，即教学要“用教材教”，而不是“教教材”。如果教师只是一味地接受和照搬教材，没有自己对教材的深入理解和思考，就不会用好教材，不过是充当了教材的“传声筒”而已。

1.2.4　了解学生

教师对学生的透彻分析，有利于教师因材施教；教学中找出教学的切入点，有利于教师驾驭课堂教学。对学生的分析应把握以下几点：

（1）了解学生的认知水平和其在知识和技能方面的差异以及现阶段的自学能力、动手能力、合作能力、交流能力、语言表达能力等。

（2）了解学生原有知识的掌握情况和已有的知识经验。奥苏贝尔曾在《教育心理学：一种认知观》中这样说道，“如果我不得不把教育心理学的所有内容简约成一条原理的话，我会说：影响学习的最重要因素是学生已知的内容。弄清了这一点后，据此进行相应的教学”。

（3）了解学生的兴趣爱好、学习习惯和思想状况等，以便选择教学的起点，使教学能够贴近学生的生活实际；了解学生学习过程中可能出现的问题，以便在知识的提出、探求、归纳、掌握等环节中，对常见问题、易发问题、偶发问题有充分的预见。

1.2.5　自主选择教学行为

教师应根据自己的性格特点、教学风格、知识储备、学生特点、教学环境、教学资源等选取适合自己的教学行为，最大限度地发挥自己的教学专长。

（1）教学行为应注重将各个领域的逻辑结构隐匿于轻松愉悦的情境之中，创造性地建立学习领域的结构框架，并且采用探究、合作、游戏等多种方式相结合的教学设计。

（2）突出学习特点和人文精神，重视在观察、感受和体验过程中所获得的经验积累，重视学习过程中的情感体验和感受力的激发，且要注意教学内容和方式需相互关联和协调发展，达到充实内在的情感和见识的效果。

（3）要注意知识讲解和实验训练统一结合，在教学中，注意综合考虑学习内容的合理安排，教师不仅在化学知识上，而且在教学实验中都要有自己得心应手的教学方法。

（4）明确提高自己教学行为价值，积极学习优秀教师的教学经验并大胆运用新方法、新手段、新技能以争取实现新的突破。

1.2.6　恰当处理教学资源

1. 对教学资源的熟悉

教学资源是指为了实施教学内容而设计的各种形式的载体。教学资源的类型很多，如教材、教学参考书、网络资源、教学视频、学习参考资料、教学环境等。

2. 学会“用教材”

教师在处理教科书内容时，可以扩展教材给定的内容和结构，对教科书要有怀疑精神，不一定按照它规定的内容、顺序和进度进行教学，可以依据课程标准，提倡更多地去开发和使用校本教材。但是，我们同样认为，刚毕业的师范生在进行第一轮教学时，认真阅读、研读教材是必需的。

3. 教师有开发新课程的能力，能够重新组织教学内容

教师要根据课程标准认真理解教材的编写意图，能够读出教材内容背后的含义，对于教材所呈现的版面内容以及所提供的材料，可根据学生具体情况加以删减、重组。

4. 教学内容的合理组织

教师不仅要对教学内容了然于心，而且要对每一部分内容的教学目标、教学程序做到心中有数，还要根据在教学中的具体情况对教学内容随时进行更新、完善，以便更有利于学生的发展。

1.2.7 积极开展集体备课和教学研讨

集体备课，可使教师逐渐跨出传统教学中个人单干的小圈子，走向师师、校校联合研讨的大舞台，既体现学科融合、优势互补，又能博采众长。教师在共同分析教材的同时，注重选择科学、有效的教学策略，实施“同课异构”式备课，研讨新的模式，可为教师们打开多种教学思路。在学科研讨活动中，分小组将相同的课题，采用完全不同的构思，不同的侧重点进行设计，然后再由各组的教师代表阐述本组的教学设计意图，其他各组运用比较分析的方法进行分析研讨，再由教师将教案付诸于教学实践中进行论证。

本校同年级教师的备课可首先考虑单元主题的要求以及教学的侧重点，在加强不同学习领域的融合的同时要打破传统的只备教、不备学的模式，充分关注学生学习的情感、态度、价值观，精心设计教学思路与活动，着重做好课前准备，注重教学反思。

【问题讨论】

中学化学课堂教学准备的基本思路有哪些？

【资源链接】

1. 化学教学论

http: //jpkc.ccnu.edu.cn/sj/2010/hxjxl/resource/web_word/page7a1.html huaxue

2. 有效课堂教学准备策略

http: //blog.sina.com.cn/s/blog_662310a20100i67f.html

3. 高中化学课程标准解读

http: //wenku.baidu.com/view/a2035deb172ded630b1cb6c0.html

◇资料卡片教材分析的基本方法◇

(1)知识分析法。是以分析教材知识为主的方法，它涉及教材整体(全书)、部分(编章)、单元和课时。通过分析要掌握知识的体系，弄清教材的重点和难点，然后根据不同层次的教材分别采用不同的教学方法，以达到理想的教学效果。

（2）心理分析法。是从学生学习心理过程入手，挖掘和研究教材与教学中的心理因素。教材的心理分析，一般为两方面：一是从分析教材的心理因素入手，分析编著者在全书的整体结构设计、内容选取与安排、教材的主要风格和特点等方面是如何适应学生的心理发展的。二是分析学生在学习的具体环节的心理过程、特点及其障碍，以便在教学实施过程中更好地落实教学要求。

（3）方法论分析法。以学科的发展史料为线索，运用学科发展中的基本研究方法对比剖析与挖掘，总结教材中的方法论因素。新教材普遍采用提出问题—观察实验—分析总结—应用练习的教学模式。这种模式本身就蕴含着科学方法论因素，只要注意挖掘就会对学生科学思想方法的教育产生良好效果。

以上三种是教材分析中常用的方法，另外从教材的整体和综合性方面考虑还应有结构论分析法；从反馈信息和涉及新研究成果看，还有信息论分析法等。教材分析的顺序一般是：先对整篇教材进行总体分析，然后进行一章或单元的教材分析；最后进行每一课时的教材分析。

1.3　中学化学课堂教学准备中对教材及各种课程资源的使用与处理

1.3.1　课程资源的含义

课程资源的概念有广义与狭义之分。广义的课程资源指有利于实现课程和教学目标的各种因素；狭义的课程资源仅指形成课程与教学的直接因素来源。这里探讨的是广义的课程资源，即课程实施所需要的资源。课程资源的划分标准有多种，如有形资源和无形资源，素材性资源和条件性资源，校内资源、校外资源和网络化资源。“凡是有助于学生的成长与发展活动所能开发和利用的物质的、精神的材料与素材都是课程资源。”

1.3.2　合理使用和处理课程教学资源的意义

基础学校、教师本人建立起自身对课程资源比较合理和科学的观念，有助于对课程资源的科学收集、整理和运用，从而使课程资源为教学产生更好的教学效果服务。

自从基础课程改革以来，课程资源愈来愈重要，广大教师意识到没有有效的课程资源，课程改革的实效也难以奏效。改革的内容之一，就是要鼓励广大教育工作者不断开发新的、有益的课程资源，使课程内容与学生经验、社会生活和科技发展紧密联系，使教学过程成为获得知识与技能、过程与方法、情感态度与价值观三位一体的过程。

1.3.3　正确使用和处理教材的意义

教材是第一课程资源，是教学内容的主体，它在关注学科知识的同时，也在关注学生的情感体验以及不同学生的学习需要。然而，毕竟教材具有普遍性，编者考虑的往往是学生群体共同发展的规律，它不可能兼顾所有的学生在认识和心理发展上的差异，因此，我们必须正确使用和处理教材。

1. 适当调整教材内容顺序

教师应该对教材中各教学内容有一个总体的认识，理解教材编排特点的意图和方法，以便在教学设计时能根据学生学习的基础和状态，及时合理调整教材的顺序，并根据《化学课程标准》要求，适当地补充相关的化学知识和素材。调整时一定要尊重教材的总体安排，不宜随意增加知识的难度，尤其是注意不要一步直指高考，在高一就下放很多高考要求的知识难度，补充很多老教材的内容，增大学习难度，以至于让相当一部分学生感觉化学比其他学科更难学。

我们可以在熟悉课本与课程标准的基础上，将教材相关的内容巧妙地加以适当调整，可让学生能在更短时间内感知相应的知识，起到“事半功倍”的效果，从而大大减轻学生的学习负担。

例如，对《高中化学（必修 1）》第三章“金属及其化合物”的教学，教材不再像老教材那样按知识体系呈现每一种金属的性质，而是在第一节介绍钠、铝、铁单质的性质，第二节介绍钠、铝、铁的重要化合物，注重生活体验，从生活知识中学习化学知识。在新课学习阶段和高三复习阶段，这样的安排有助于很好地将两节内容整合学习，即按照金属单质、氧化物、碱、盐这样的顺序进行调整，明确体现出一定的知识体系，有利于学生掌握元素化合物的学习方法。这对高三一轮复习阶段尤为重要，毕竟目前学生最终的学习效果要靠高考来检验。

2. 合理使用教材栏目

新课标教材安排了很多学习栏目，目的是尽可能增大学生活动的空间。如思考与交流、实验、科学探究、实践活动、学与问、资料卡片、科学视野、化学史话、归纳与整理等。这些特定功能性栏目根据相关主题或课题内容，灵活运用，优化组合，能极大地调动学生积极参与课堂教学活动的兴趣，有利于推进自主、合作、探究性学习的实施，体现了人的建构性学习方式与真实的本质、知识的本质、人的交互作用的本质以及科学的本质的联系。

了解每一个栏目设置的意图并充分利用。如思考与交流、实验、科学探究、实践活动这四个栏目不仅对于学生的学习过程很有帮助，而且这也是应对高考的重点。教师只有真正领会，不折不扣地去实践，自己和学生才会真的有所收获。不然就如空中楼阁，纸上谈兵。

一部分教师不了解课标要求，不理解教材编写意图，认为教材把很多结论隐藏起来，导致教学时，只好直接、生硬地补充这些结论，让学生记笔记，有的教师甚至干脆按照老教材的知识体系补充了大量的知识，让课堂回到了“填鸭式”的“满堂灌”，还有的教师根本不做实验，认为教材没有要求哪些是学生分组实验就可以不做。这些认识和操作的误区，产生了非常严重的后果，不仅增加了学习难度，影响了学习进度，还扼杀了学生的化学学习热情。

3. 用好教材中的习题资源

教材习题不仅是对教材知识的巩固练习，更是教材知识的延伸。如硅的工业制法和提纯可在习题后呈现，以及很多金属的实际冶炼（海水提镁、工业制铝、冶炼金属钛等）都可在教材习题中找到。这既是学生了解实际化工的开始，也是高考中工业流程类试题的原型。

4. 重视教材图表资源

化学课本中的图表非常多，占了很大的比例。按图表内容可分为以下类型：装置图（包括仪器实物图、实验操作图）、原理图、联系生活图、曲线图（饼状图）、数据表等。对于这些图表，教师应该高效地利用，充分发挥每类图表相应的功效，从而培养学生从图表中理解抽象知识、处理图表信息等方面的能力。

1.3.4　合理使用和处理其他课程资源

教材是第一课程资源，但不是唯一的课程资源，教师还应充分挖掘各种教学资源，拓宽学生的学习渠道。

1. 利用资源

利用好《教师教学用书》每章最后的教学资源，这是教师备课最直接、最方便的资源。

2. 形成适合自己的独特教学资源

形成适合自己的独特教学资源，如形成自己的资料库、课件集、知识点归纳、撰写教学反思、教学叙事，建立博客等。尤其是师范生在使用新教材、积累经验的这个过程中产生的困惑以及教学的得失成败，通过撰写，发表在博客里，既是总结和分享，也是提炼和提高，同时也为形成教学论文、进行微课题研究积累了素材。

3. 重视网络资源的搜集整理

目前较常用且实用的网络资源主要有：

（1）人民教育出版社 www.pep.com.cn/

（2）四川省普通高中新课程网 www.scgzkg.net/

（3）中学学科网 www.zxxk.com/

（4）中学化学资料网 www.e-huaxue.com/

（5）K12 中国中小学教育教学网 www.k12.com.cn/

（6）中国基础教育网 www.cbe21.com/subject/chemistry

（7）中国化学课程网 chem.cersp.com/

（8）中学化学资源网 www.chemsky.net/

（9）网上化学课堂 www.tanghu.net/classroom/

（10）化学在线 www.huaxue. com

（11）榆林教学资源网 www.ylhxjx.com

（12）中学化学资源 www.c3h3.com

4. 学会使用一些实用软件

（1）化学金排：用于化学式、化学方程式的录入等，非常方便。

（2）计算机软件 Chemsketch：用于制作分子立体模型，该软件的使用是《高中化学（选修 3）》第二章第二节“分子的立体构型”安排的实践活动，对提高学生学习兴趣很有帮助。

5. 关注“突发事件”，捕捉课堂生成资源

化学是一门以实验为基础的学科，因此在化学课堂实验教学中，随时都可能发生意外情况，比如实验中酒精灯中的酒精溅洒到实验台面上燃烧、实验过程中仪器的破裂等。但是教师若能坦然面对，因势利导，冷静处理，组织学生探究实验失败的原因，则能收到意想不到的效果。

当实验发生了意外时，我们可以将它开发成新的化学生成性的课程资源，成为化学教学中新的生长点，既培养了学生尊重客观事实的态度，又提高了学生探究问题、设计实验的能力，体现了教学相长的新理念。这种处理方式需要教师有很强的教育机智，且对化学课堂教学有极强的组织能力。

6. 针对学习重点，妙用生活资源

学生每天都接触着新信息，感受着环境及自身的变化，这些学生所熟悉的生活资源之中往往蕴藏着许多化学原理，都可能会成为教学资源。如果我们能够把身边的生活、生产实践作为化学实践课的一本教科书，把学生的生活与参与实践活动当作是能力实践活动的课堂，把现实生活看作是一个绚丽多彩的化学世界，就能使我们的课本与生活、生产实践结合起来；把课堂教学与培养学生参与生产实践的能力结合起来；把学校教育同社会的需求结合起来，成为知识生成、展开以及回应的环境资源；能让学生从中感悟和理解化学知识，体验化学规律，有时还能根据教学内容的需要，作为突破学习重难点的凭借物，起到“四两拨千斤”的教学效果。

7. 尊重主体地位，珍惜学生自身资源

学生不仅是教育的对象，更是教育的重要资源。教师开发课堂之外的资源，需以开

发学生的自身资源为基础，它包括学生已有的知识基础、生活体验、思想认识、情感、差异性以及学生的错误等。

总之，丰富的生活和多彩的环境中处处存在资源。在教学中，只要教师做个有心人，善于挖掘、利用学生身边的教学资源，定会建立起学生的学习兴趣，促进学生更好地、有效地学习，达到将感性的化学知识上升到理性思维的效果，同时使获取新知识的终身学习能力不断得到发展。

【问题讨论】

中学化学课堂教学中如何对教材及各种资源进行使用与处理？

【资源链接】

信息技术在化学教学中的应用

http: //jpkc.ccnu.edu.cn/sj/2010/hxjxl/resource/web_word/page7a12.html.

1.4　中学化学备课的定义、特征、类型及其作用

“凡事预则立，不预则废”，作为一名师范生，在进行正式教学之前，也有必要先“预”，而这里的“预”即“备课”。

1.4.1　备课的定义与特征

1. 备课的定义

“备课是教师根据学科课程标准的要求和本门课程的特点，结合学生的具体情况，选择最合适的表达方法和顺序，以保证学生有效地学习”；“备课是上课前为教学所做的一切准备”；“备课是教师群体进行教学必须进行的一个程序，这个程序包括对教学内容、教学方法、教学用具等的一个准备过程”。很多学者对“备课”定义进行详尽的探索，力争能够给出一个十分精确的定义，但这是很困难的，作者认为，中学化学备课即是中学化学教师根据中学化学课程标准、教材、教学参考书、教学用具等教学资源以及学生对知识的学习掌握情况，对教学内容进行教学设计、对教学方法进行构思和选择的过程。

从备课的各种定义中，我们不难看出，备课具有以下特征：

第一，备课有一定的时间性，一般在正式授课之前。

第二，具有创造性。备课不是简单地罗列知识，也不是对教学知识和资源的简单加工。备课是教师有计划、有目的地根据理论依据和实际情况创造性地利用教学资源来寻求遵循一般教学规律又适合学生的教学方法的过程。它是一项包括“人”和“物”的具有创造性的艰苦劳动。

第三，备课要有一定的依据。在备课的时候，需要有一定参考物，不能凭空想象。一般依据课程标准、教材、学生实际情况、教学硬件等来进行综合考虑备课。

第四，具有不确定性。由于教学环境、教学时间、教学对象等不同，针对相同的教学内容，不同的教师可能备出不同的教学课程，不同的场景下，同一个教师对相同的教学内容也可能备出不同的教学方法。所以，备课具有不确定性。

第五，备课的内容具有极强的针对性和关联性。针对性是指备课内容是针对某知识点进行的。关联性指教师在备课时不能只注重教学内容，还应考虑与教学内容有关的铺垫知识和后续知识，并联系其他相关学科进行备课。比如，教师进行蛋白质相关知识备课时，除了教材中的内容外，还需考虑到蛋白质在生活中的运用，要了解卤水点豆腐的原理以及重金属中毒的解毒原理等相关知识。

第六，备课的对象包括“人”和“物”。备课时不仅要考虑课程标准、教学内容、参考书等因素，还要结合学生的实际情况，只有将二者进行协调处理，才可能备出一堂好课。

第七，备课成果呈现方式多样。备课成果分为物化成果和非物化成果。物化成果即教案、幻灯片、动画等，而非物化成果是上课时的经验、讲解知识的技巧等。

2. 备课的特征

与一般意义上的“备课”相比，中学化学备课具有自己独有的特征，主要表现在以下几个方面。

第一，具有科学性质。化学课程是以实验教学为主，与其他学科不同。备课时要考虑到教学过程中实验的设置和进行，给学生演示，让学生操作，提高学习效率。

第二，符合 STS 教育思想。备课时，运用化学与生活、化学与环境、化学与人类发展的联系构建化学情景教学。

第三，安全因素的考虑。与语文、数学学科不同的是，化学以实验为主，在实验操作室存在很多安全隐患，包括危险品的使用、实验操作错误等，这使得安全因素成为教师在进行备课时必须重点考虑的问题之一。

1.4.2 备课的类型和作用

1. 备课的类型

在不同的学校，针对不同的学科、不同的教师群体，他们各自采取的备课的类型也会不同，一般情况下，我们将备课类型分为以下几种。

首先，按教师备课人数来分，可分为个人备课和集体备课。个人备课指教师个人根据课程标准、教材内容、学生情况进行的具有针对性的备课。集体备课是年级根据教学计划的安排、学生的学习情况，组织同年级同学科教师共同对课程类型、每堂课的教学目标、重难点、课时分配等进行商讨，整理成册并成为教师上课应达到的共同标准的过程。

其次，按备课用途来分，分为备公开课和备常规课。实际教学中，同一个教师在相同内容上所准备的公开课和常规课的设计思路、课堂规划和教学方法是有差异的。常规课主要针对知识的重点、难点，多用讲解、练习的常规教学方法。而公开课则需要教师付出更多的精力，因为它不仅需要考虑教学理念、教学方法，还要考虑构建什么样的教学环节，能起到锻炼学生哪些方面能力的作用等综合因素。

再次，从备课生成物来看，可以分为了电子备课和手写备课。电子备课即利用网络资源对教学内容进行整理、分类、编辑，并以幻灯片、文档等形式呈现在课堂教学中。手写备课的形式比较久远和传统，即教师利用备课本对教学内容的设计、教学目标、重难点、教学过程的梳理，以手写文字的形式呈现。

最后，从备课的时间跨度大小来分，分为学时备课、单元备课、学期备课和学年备课。

2. 备课的作用

自从教育现象产生以来，备课环节就应运而生，它对于上一堂什么样的课程、如何上一门课程、一门课程上的怎么样的问题具有至关重要的作用。

首先，备好课是上好课的前提。一堂优质的化学课，在获得精彩评价的背后，肯定蕴藏了上课者在课前的精心备课时所耗费的诸多心血。相反，一堂什么也没有准备的课堂，教学效果肯定也不尽如人意。

其次，备课是课堂高效率教学的保障。备课中如果对一节课的教学目标、教学重难点把握准确，对教学时间分配合理，对教学环节设计科学合理，能够创设良好的教学情境，这将是一堂让师生共同享受的课堂。

再次，备课能保障课堂教学的高效性。教师在备课中能够准确地把握住教学目标、教学的重难点，并对教学时间和教学环节合理地分配与设计，就能创造一个让师生共同享受的良好的教学环境。

最后，备课是师范生成为教师必须经历的过程。一个师范生从成为新手教师到成为合格教师，再转为优秀教师甚至专家型教师的转变过程中，“备课”就成为提高教师技能最基本的环节之一，一个教师如果没有经历过认真仔细的“备课”基本功训练，想要快速成长起来是不可能的。

因此，备课不仅对教学活动的开展、教学目的的达到起重要作用，在教师自身的成长方面也起到重要的辅助作用。

1.5　中学化学备课的步骤和要求

备课过程是一种艰苦且复杂的脑力劳动过程。作为一种教学技术和教学艺术的再创造，备课是没有止境的。它会随着知识的发展、教育对象的改变、教学效率要求的提高而变化。备课十分不易，即使花很多的人力物力，却不一定都能达到令人满意的效果。备课的基本步骤和备课时应考虑的基本要求是每一名师范生应首要关注的。

1.5.1　中学化学备课的步骤

1. 熟悉课程标准和教材

课程标准是国家课程的基本纲领性文件、基本规范和质量要求。它是教学的依据，更是备课的重要参考。现行的《普通高中化学课程标准（实验）》中明确规定了整个课程的目标、内容标准以及实施建议等。它是教学的依据和教学应达到的基本目标。备课之前应先领会它的基本精神、了解课程标准对相应教学内容的要求。其次要熟悉教材，分析教材。在全面了解课程内容的基础上对教材特征、知识结构及技能要求等进行深度剖析。之后针对知识的重难点，把握教学主线，从整体上将教材知识之间的内在结构联系起来。

2. 查阅相关资料

化学新课程的教材（无论是人教版、苏教版还是鲁教版）在知识的呈现方式上与旧教材相比有很大的差异。新教材对化学知识的描述采取点到为止，教师备课时不能只停留在教材的浅显描述上，而是要借助参考书和网络资源的辅助深入剖析知识的前因后果。参考书中含有大量的教学资料，是对教材知识点的延伸和拓展。这些资料可以加深学生对知识的理解，拓宽对知识的认识。随着网络的发展，备课也得到了极大的便利。我们可以在百度、一些论坛和学校的期刊网上搜索相关知识，也能与人在线交流等。这些查阅可以让师范生更容易地从教师的角度来审视和理解化学教学。

3. 了解学生特点

教学是以学生为主体所展开的活动，不同年龄、性别、背景的学生对同一知识的理解也不相同。故在备课前要先了解学生的生活世界和学习世界。例如学生的生活或学习经验、感兴趣的内容、喜欢的听课方式，学生们的共性问题、个性问题，需要特别关注和引导的地方等。只有充分了解学生才能做到因材施教，上好一堂课。

4. 确定课时教学目标，把握教材内容，选择教学方法

教学目标的制定对教学实效性有重要作用，是课堂教学的出发点和回归点。教学目标需要在教材解读及学生情况分析的基础上进行整体的规划与设计。钟启泉认为教学目标“是以具体的、可操作的行为的形式陈述的课程与教学目标，它指课程与教学过程结束后，学生身上所发生的行为变化”。我国基础教育课程改革中提出教学要实现知识与技能、过程与方法、情感态度价值观三维目标。首先实现三维目标中几个具体目标的统一，最终实现三维目标多个具体目标的统一。

教学方法的选择和应用是为教学目标的达成做准备的，教师不能千篇一律地运用一种教学方法，而要灵活地运用多种教学方法，避免学生觉得课堂单调死板。

5. 编写课时教案

课时教案是教师对该课程备课的综合文本记录，也是对教学活动进行的预设计。在新课程理念下，教学过程充满了未知性，故在教案的呈现中应在许多环节留有余地，并

从多方面预测课堂上可能发生的情况，以促进教学的发生。一般课时教案有教学目标、教学重难点分析、教学准备、教学方法、教学过程、板书设计、教学反思等基本环节。尤其是近年来才出现在教案中的为了提升教师的专业素养而设置的教学反思。

6. 书写课后反思

教师对自己教学认识、教学经验的总结的重要资料，教师反思教学行为、促使教学思想成长的记录和完善教学理论水平的宝库是教学反思。在实践中，我们得重新思考自己的教学观念、教学行为、课堂上的应变能力，因为“生命课堂”的实施可能会有很多可变因素，这将对原有的教学设计提出挑战。教师要从学生的表现中理性地分析自己的教学成败，并通过反思、体会和感悟帮自己总结和积累一套适应现代教学的知识体系和本领。

1.5.2　中学化学备课的要求

1. 解读教材，吃透教材

教师备课时要对化学基本知识有深入的理解并融会贯通。理解基本知识点，熟悉教具的使用、实验的演示等，并为教学内容设置一个合理的逻辑顺序。在此基础上个性化地、创造性地使用教材。

2. 以生为本，了解学生

教学活动是以师生双边互动为特征的，如果学生不积极参与，课堂教学时便没有较好的效果。所以，备课时要提前了解学生，以“学生为主体”的理念去备课，努力做到因材施教；符合学生的“最近发展区”和实际需要的知识才能调动学生学习的积极性，让学生带着强烈的兴趣积极主动参与获取知识的过程。

3. 注重积累，资源多元化

新课程改革中，化学教材有多种版本，呈现的内容不同，教材所包含的信息量呈多元化。当前教材的内容与旧教材相比在学科知识的罗列上不再那么清晰和完善，需要教师参照课程标准和考试大纲处理、整合教材，并搜集和整合合适的资源来配合教材内容进行教学。

4. 教学方法多样化

在备课中，教师应以学生的认知水平和学习能力以及不同的教学内容为根据，采用不同的教学方法来设计组织教学，既可提高学生对化学知识的关注度，同时也可以培养学生多方面的学习兴趣。

1.6　中学化学教案的组成、书写与评价

中学化学教案是以中学化学为备课内容，依据课程标准和学生的实际状况而进行设计的教学方案。一般来说，新教师要写得详细一些，而有经验的教师则可根据自身情况写得简略些。

1.6.1　化学教案的组成

在化学教学中，每个老师的教案不尽相同，但大体上，教案的结构都包含以下几方面的内容。

（1）教材分析：对所要教授的化学内容做言简意赅的描述和分析；

（2）教学目标：围绕“三维目标”，并将三维目标具体化和细化；

（3）重难点：教材内容中学生必须掌握的知识点和最容易混淆、难以理解的内容；

（4）教学方法：为达到教学目标而选择的适合学生学习和教师教学的方法，如讲授法、讨论法、探究实验法等；

（5）教学准备：指课堂教学所需要的各类教学用品和教师自身教学经验；

（6）课时安排：教案内容是一个课时还是两个课时的内容；

（7）教学过程：包括课堂结构的安排、师生互动、学生对知识掌握的反馈信息、课程教学内容的呈现、教学情景的设计等；

（8）板书设计：既有主板书设计，也有副板书设计，板书是规范课程教学内容、帮助学生理清学习思路的最佳办法；

（9）教学反思：指任课教师上完本节课之后做的教学后记、反思、建议以及改进措施，一般备课时不写，课后才写。

教案从内容的详略来分，可以分为详案和简案；从呈现形式来分，可以是表格式和叙述式。但无论是哪一种教案都需要步骤明确、内容清晰，整个过程井井有条、清清楚楚。

1.6.2　中学化学教案的书写

如何撰写中学化学教案，以及如何对一篇现有的教案进行恰当、客观的评价，是每一个在职中学化学教师和在校师范生必须正视的一个问题。

1. 教学目标的确定及原则

教学是师生共同参与的、有明确目的的活动，这种目的性渗透到课堂教学中，便由每堂课的教学目标来体现。给予学生与学习相关的清晰和直接的信息，能帮助学生了解本节课的内容。美国约翰·霍普金斯大学罗伯特·斯莱文博士认为：“教学目标有时也称为教学行为目标，是对学生在一段时间的教学之后应该掌握的技能或知识概念的陈述。”

也有学者是这么描述教学目标的："它是希望学科课程教学实现的直接和具体的成果，即学生学习的预期结果。"

在教学目标的描述上，很多学者做了研究。有布卢姆模式、马杰模式、ABCD模式、格朗伦模式等。在化学教学目标的设计中，需要关注多种因素以及它们之间的关系，比较复杂，但也有一些基本原则是教师在设计教学目标时需要注意的。

1）全面性原则

化学教学目标不仅要体现对化学知识的教学要求，还要重视对学生化学实验技能、社会情感、学习态度等方面的发展。要反映教学对人的全面发展的要求，体现出多元化，即对新课程改革所提出来的知识与技能、过程与方法、情感态度价值观三维目标领域都要体出现辩证统一。

2）层次性原则

由于每个学生都是不同、有差异的个体，因此教学目标的设计也应该要适应不同层次的需要。应以较低层次目标的要求来达到较高层次目标的要求，不能"拔苗助长"。

3）可操作性原则

在教学目标的设置过程中，教师应该明白能根据这个目标来实施教学评价，检测学生的预期行为。所以制定的目标应该明确、清晰、具体，可以被观察或者测量，避免含糊不清和不切实际。只有这样，才能有利于教师将教学意图清晰而准确地传达给学生，便于教师组织教学、评价教学。

4）难易适中性原则

教学目标的设置以学生为主体，主要是为了学生的学习。其难易程度应与"学生认知结构的最近发展区"相近。目标过低起不到激励的作用，过高又会使学生产生畏惧心理。所以教学目标的设置不仅要考虑学生的可接受性，还要具有一定的超前性。

2. 教学重难点的确定

在整个教学过程中，不需要将所有知识都重点讲解剖析，有些内容需要重点突出，有的只需一笔带过。

教学重点是指教材中最重要、最基本的核心内容，在整个知识结构中起到纽带的作用。在化学学科中，教学重点内容包括基本概念、基本理论、基本技能（化学实验技能、化学用语书写技能等）等。在实际备课中就需要指出哪些是最关键的知识和问题，并围绕教学重难点设计教学。

教学难点即学生学习困难或难以理解的内容。一般这样的知识内容有以下特点：抽象、生疏难懂、深奥、容易混淆、复杂等。

抽象内容与学生的思维发展不相贴切，以学生现有的思维水平难以理解和掌握。学生对此知识的认识和学习没有基础知识的铺垫，内容离学生现有的生活经验太远或者是与学生对现有的生活经验的认识是冲突的。

在一般的化学教学中，重点是每个课时都有的，但难点却不一定有。重点知识有时也是难点，难点有时也是重点，但是重点和难点之间没有必然的联系。

在化学备课前要先以课程标准中规定的教学内容最低要求为基础确定重点，再根据教学素材和学生的实际情况来确定难点。在校师范生只有对教学内容的重难点进行准确而合适的定位，才会据此设计教学方法，运用不同的教学组织形式来突出重点，突破难点。

3. 中学化学常用教学方法及选择

关于教学方法的理解，不同的学者有不同的定义。顾明远教授在《教育大辞典》中提出：教学方法是“师生为完成一定的教学任务而在共同活动中所采用的教学方式、途径和手段”；李秉德教授在其主编的《教学论》中指出：“教学方法是指教学过程中教师和学生为实现教学目的、完成教学任务而采取的教与学相互作用的活动方式的总称”。巴班斯基认为教学方法是“教师和学生在教学过程中为解决教学、教育和发展任务而开展的有秩序的、相互联系的方法”。

总的来说教学方法是根据实际情况而采取的师生互动方式和相关措施以达到预定的教学目标。随着教育的发展，对教学方法的研究越来越多，种类也繁多。而一般的化学教学课堂中常用的教学方法有：讲授法、演示-观察法、实验-探究法、谈话-探讨法、引导-发现法等。

1）讲授法

讲授法是指教师通过语言系统连贯地向学生传授知识，就是通常课堂上的教师“讲”，学生“听”的方法。在中学化学教学中，它是最常用也是最基本的一种教学方法。

2）演示-观察法

演示-观察法是指教师通过实物展示、直观教具、影像材料或者化学演示实验等为学生准备丰富的感性的材料，学生通过观察获得感性的认识，再经过思维加工，理解和掌握化学知识。

3）实验-探究法

在化学教学中，让学生亲自动手实验既符合化学学科特点，也顺应新课程改革所提倡的学习方式。实验-探究法是指在教师指导下，学生通过实验探索来获取化学知识、发展能力的一种教学方法。这种方法的教学程序为：假想实验结果—进行实验方案设计—进行实验—实验现象的记录，数据的收集—交流讨论，得出结论。

4）谈话-讨论法

谈话-讨论法是指教师以问答的方式引导学生获取或巩固化学知识的方法，按一定的教学要求向学生提出问题，并要求学生对问题进行思考、做出回答。这是进行师生互动最常用的教学方法，如探讨“化学知识对人类生活的影响”。

5）引导-发现法

引导-发现法是指在教师的指导下，让学生根据自己观察和思考事物的个性方式去认知事物、去亲自探索，“发现”规律性知识得出结论，并培养提出问题和探索发现能力的方法。该方法主要重在教师在教学过程中对学生的“导”，从而使得学生能够自我“发现”，是体现学生主体性的较好方法之一。

在备课中，对教学方法的选择要注意以下几个方面。

1）教学目标和教学内容

针对不同的教学内容，可采取不同的教学方法来实现不同的教学目标或不同等级的教学目标。例如备课时对化学基本概念的讲解和化学实验技能的内容在教学方法上的选择就会大不同。

2）学生的状态

不同年龄段的学生对化学的认识及对化学知识的适应性、接受度是不同的，不同教学方法的使用效果会受学生原有知识水平和生活经验的影响。例如，对于初三学生可多采用演示法、实验法等形象直观的教学方法授课，因为他们的抽象思维比较弱。而对于逻辑思维能力以及抽象思维能力有所提高的高二阶段的学生，可较多采用讨论法、讲述法等。

3）教师的自身特点

每一位教师都有自己的教学特点和个性，故在教学方法的选取上要注意扬长避短、发挥个人优势，将教学方法与个人的魅力融为一体，更好地为学生的学习创设良好的环境。例如，有些教师形象思维能力较强，非常擅长用形象的语言来描述和讲解；而有的教师对多媒体的使用很在行，再或者有的教师化学实验演示得很好。当然，作为一位教师应该积极学习多种教学方法，不能只在自己所擅长的领域里“裹足不前”。

4）教学环境

教学环境对教学方法的重要性在于：为教学方法的选择和使用提供了一定的物质和信息基础。包括教学仪器、设备、图书、设施等。例如实验法，就对所在的学校实验室和实验药品以及实验仪器等有具体要求，尤其是部分农村偏远学校，实验药品奇缺，这个环境就制约了实验法的使用。

所以教学方法的选择就必须考虑到当前的实际环境条件，不能凭空想象。而且教学方法是多种多样的，不能机械套用，要掌握其精髓再进行灵活运用。对于任何一种教学方法而言，都有其优点和缺陷，不存在一种放之四海而皆准的教学方法。所以在备课时，就可灵活选取不同的教学方法来进行综合运用，同时，尽力考虑每个个体的差异性和多样性。

4. 教学过程的设计

教学过程的实施是教学的核心内容，要充分地实现教学目标，只有优化教学过程。化学教学过程就是恰当地组合并协调运作化学教学系统中各要素结构的优化配置。

在上课之前教师不仅要精细设计课堂教学中教、学各个环节以及教师、教材、媒介、学生等，包括在反思中遗留问题的讲解也应考虑在内。

新课程改革后所使用的化学教材给教师留下了很大的自我发挥和创造的空间。在教学过程中设置以下几点。

首先需要优化教学内容。应尽力去开发和研究教学内容，对教学内容进行个性化的优化处理。教师在优化的过程中对教材内容进行取舍、浓缩、调整的艺术处理，减小教学难度，减缓知识坡度，使得教学内容得到有效整合，更加切合现实的需求，以促进学生科学素质的全面发展。教师精心优化的教学内容，应该具有体现学科知识的基础性，教学内容的灵活性，从学生实际出发，促进不同学生个体的发展等特点。

其次是教学方法的优化和整合。俗话说，教学有法而无定法。在化学教学中，教学方法众多，而每一种教学方法都有自己适用的条件和依据。因此，对不同的教学方法进行合理的运用很重要。教学方法没有好坏之分，只有合适与否。只要教学方法适合就能取得良好的效果，就是好方法。教学方法的优化要考虑与教学目标的达成是否吻合及教学内容和学生实际的需求。例如对元素化合物知识的学习，要突出实验，对典型反应和现象进行分析和理解，在教学方法的选择上就可主要使用实验-探究法、观察-演示法等。

最后是教学时间的优化。现代教育心理学和统计学的研究表明，学生的注意力一般维持在40～50分钟，超过这个限度，注意力就开始下降。而在一节课的45分钟里，学生的心理活动是动态发展的：开始上课前五分钟，学生处于兴奋上升状态，5～15 分钟内，学生心理维持兴奋状态，15～25分钟里，处于疲劳状态，注意力下降；25～40分钟的时间里，再次呈现兴奋状态，40～50分钟里再次出现疲劳状态。根据学生的这种心理变化，我们可以在教学过程中合理安排教学实践，充分利用学生注意力集中的时间段学习重点内容和难点知识，解决关键问题，而在学生疲劳状态时安排能够引起学生兴趣的活动，克服心理疲劳，从而达到良好的教学效果。如果组织不当，则会浪费时间或者妨碍教学时间的有效使用。

其实教学过程是一个不断变化和发展的阶段，对于其过程的优化设计也需要根据实际情况进行不断的调整。

5. 板书设计

在实际教学中，板书起着举足轻重的作用，它不仅仅是知识结构呈现的载体，还是学生通过视觉获得信息和知识的重要途径。板书设计既是课时教学方案的重要组成部分，也是教师基本功之一。

一般来说，板书的主要内容包括：课题名称，授课提纲，研究问题的思路、方法和程序，知识的系统结构，教学重点和难点等，也包括重要的定义、原理、规律、结论、化学方程式、注意点和学习要求、补充材料和其他内容等，还包括图表、例证，帮助学生理解教学内容和解决疑难问题的解释、说明、图示以及生僻字、词等。其重点和详略安排常因教学内容、教学方法以及教师教学风格和学生实际情况而变化。

根据板书的位置和内容，可以将板书分为主板书和副板书。主板书通常写在黑板的显著位置（一般是在黑板的左方和中间部分），占黑板面积的 1/2～3/4 并尽量保留，不轻易擦去。副板书是主板书的辅助内容，或者是为帮助学生听清讲授而书写的字、词等，一般写在黑板的最右位置，一般不需要长时间保留可以反复地擦写。

姜建文教授等在《化学教学设计与案例研讨》一书中明确提出的板书设计的基本要

求有：书写规范、有示范性；语言准确、有科学性；层次分明，有条理性；重点突出，有鲜明性；合理布局，有计划性；形式多样，有趣味性。

1.6.3　教案的评价

教案是教师教学活动的预设，预设之后应该进行恰当的评价。对教案进行评价是一项重要的常规教学活动，也是促进教师进行反思和发展的一个途径。

主要从以下几个方面对教案进行评价。

1. 评教学目标

从目标的制定来看，要看它是否具体、适宜、全面。具体是指在目标中有三维目标的量化要求，使用可观察、可测定性的术语精确地加以表述，即制定的目标是能够通过一定的方式来进行评价的；适宜是指难易适中，符合课标的基本要求，体现了学生的年龄特点和认知水平，也体现了学科的知识特点；全面即在创设的目标中应该充分体现知识与技能、过程与方法、情感态度与价值观的三维目标，切不可只注重知识的达成而忽视其他二维目标。除此之外，还要看教学目标在整个教案中的落实情况，教学过程的组织是否围绕教学目标，为教学目标而服务。

2. 评教材处理

不同的教师对同一教材会有不同的组织和处理。首先，要看教师在教案中的知识传授是否科学、准确，有无知识性的问题。其次，更重要的是看教师对化学教材的二次处理，即对教学资源进行整合的基础上对教材进行了个性化、创造性的使用。例如对一些教学内容进行了增加或者删减，或者在教学中整合当前新科技的知识等。当然这些教材的处理和组织是否符合教学目标和学生的实际情况也是需要考察的一个方面。第三，是对教学内容的重点和难点把握是否得当，只有对重点和难点的分析到位，才能在教学过程中突出重点，突破难点。

3. 评教学过程

教学过程是整个教案评价中最为重要的一环，因为无论是教学目标的制定，教学方法的选取还是教材的处理等都需要在教学过程中才能得以实现。教学过程的评价主要有以下几个方面：

1）教学思路

教学思路反映的是一系列的教学措施和教学内容如何进行编排组合，并按照一定的顺序呈现出来，它是教师上课的脉络和主线。教师课堂上的教学思路多种多样，但无论如何不同或者新奇，都要符合以下几点：一是要符合学生实际和教学内容实际；二是是否有一定的创造性，给予课堂不一样的风采；三是看教学思路的层次和脉络是否清晰，逻辑不清晰的教学思路会引起学生思维的混乱。

2）教学结构安排

在教学过程中有了思路之后，还要对教学方法、教学时间等进行一个合理的安排和优化，使得整体教学结构合理而高效，包括教学引入应当精彩，好的引入不仅能达到“收心”的效果，还能激发学生学习的兴趣；前后衔接连贯、顺畅；教学方法的选择与学生活动的联系应贴切而一致；教学时间上进行合理的分段；教学内容上进行合理的切分，对较难的知识点进行合理的铺设和引导。通常，一堂好课的特征是：结构严密、环环相扣、过渡自然、时间分配合理、密度适中、效率高。

3）评学生的学和能力的提升

教师的“教”是为了学生的“学”。在教案中，不仅要关注对学生的学习指导是否明确且适宜，还要关注其在教学过程中是否注重对学生的引导和鼓励，如能否通过问题激发学生的求知欲，通过实验等提高学生的实验操作技能以及培养学生善于观察的习惯、敢于独立思考和探索的习惯等。

4）评重难点

在教案中，要关注是否突出了重点的知识，并从多个角度和方面来对重点内容进行讲解和分析。在难点的突破上，对由概念和抽象造成的难点，应努力使之具体化或形象化，如采用实验、直观教具或具体实例去阐述和解说。由复杂造成的难点，应把难点分解成几个简单部分并逐个解决。

1.6.4 案例分析

【实例】碳酸钠的性质与应用

（苏教版《高中化学（必修 1）》专题 2 第二单元）

1. 课程标准、教材以及学生分析

1）课程标准分析

本教学设计的依据是《普通高中化学课程标准（实验）》中提出的对学生的要求：根据生产、生活中的应用实例或通过实验探究，了解钠的重要化合物的主要性质。故教学设计的主要目标是从生活中的应用出发，利用好实验探究，帮助学生建构起“物质的组成、性质和用途三者之间的密切关系”，“化学实验从定性到定量的转变”，“微粒观，从宏观的实验现象到微观粒子反应的实质”这些核心思想。根据本课知识点在高中化学教学中的地位以及学生的实际水平确定了教学设计的基本思路。根据时间安排教学内容的重点、难点，对教材中的各栏目进行详略不同的处理，并合理利用这些栏目来设计教学思路。

2）教材分析

“碳酸钠的性质与应用”是苏教版《高中化学（必修 1）》专题 2“从海水中获得的化学物质”的部分内容，课程标准要求学生比较碳酸钠、碳酸氢钠的溶解性以及热稳定性，与酸反应的性质，初步学会鉴别碳酸钠和碳酸氢钠的方法。本教材将钠与碳酸钠安排在同一个单元，除碳酸钠是含钠的化合物这一原因外，主要原因还在于工业上生产碳酸钠和金属钠的原料都是氯化钠。二是离子反应和碳酸钠的性质的关系，本单元所介绍的碳酸钠的性质和应用中，大多数是在水溶液中进行的，因此，以碳酸钠的性质探究为载体，可为后面离子反应部分的学习做铺垫。

3）学生分析

（1）学生的认知发展分析：学生在初中阶段已经接触过碳酸钠，对此物质并不陌生。而经过高一大半个学期的学习，对离子反应已经有了一定的认识，从微粒角度分析反应的实质并不难被学生所接受。很多学生已经具备科学探究的方法和思路。这些为本节课的学习打下了较好的基础。

（2）学生的认识障碍点分析：在学习中需要学生具备较高的抽象思维能力。高一学生的认知能力、思维能力还相对较弱，建构微观反应过程还有一定的难度。另外化学实验从定性认识到定量思维的转变是个难点，本节课借助传感技术的应用，让学生有所体会。

4）学习目标

知识与技能：了解碳酸钠和碳酸氢钠的用途，认识碳酸钠与碳酸氢钠的溶解性，水溶液的酸碱性及与酸反应的性质比较；学会碳酸钠与碳酸氢钠的转化和鉴别；掌握碳酸钠的性质。

过程与方法：通过探究实验，规范操作，全面培养和提高学生的实验能力、观察能力和对实验现象的分析能力。

情感态度价值观：让学生体会科学探究的艰辛与乐趣，认识化学与人类生活的密切联系，在探究中实现认知的突破，收获、交流、分享实验探究的乐趣；通过新旧知识的联系，培养知识迁移、扩展的能力，进一步激发学生的求知欲望。

2. 教学重点、难点

重点：碳酸钠和碳酸氢钠的性质与应用。

难点：碳酸钠和碳酸氢钠的性质对比。

3. 教学流程图

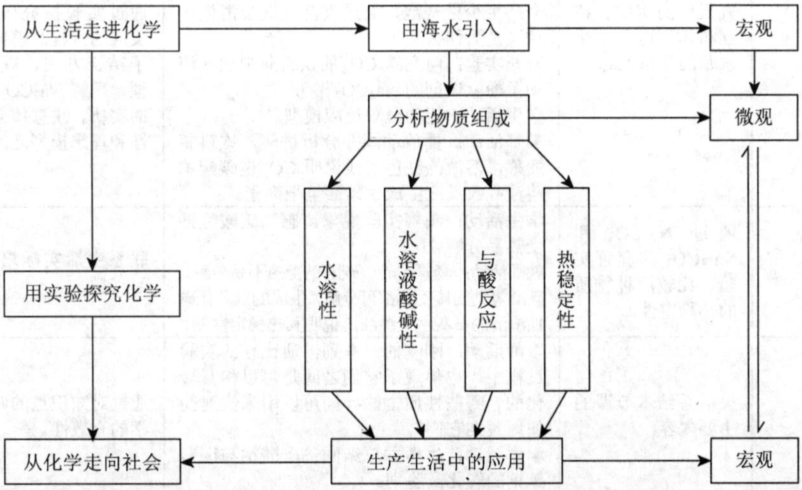

4. 教学过程

教学过程	教学内容	师生活动	设计意图
引入新课	通过海水制备氯化钠，由氯化钠制备更有用的物质。	图片以及实物展示。	从生活中的化学引起学生的学习兴趣。启发同学们从生活经验出发，感受物质的性质。引起学生对碳酸钠和碳酸氢钠的兴趣。
碳酸钠与碳酸氢钠的组成	分析 Na_2CO_3，$NaHCO_3$ 的组成。	学生活动：一起回答。 教师活动：碳酸钠与碳酸氢钠的阳离子相同，阴离子在组成上相差一个氢原子，说明它们的性质上有相似性和差异性。	知道物质的组成结构决定了物质性质的差异。
探究碳酸钠与碳酸氢钠溶解性	通过实验探究性质的差异：两者溶解性的差异。	学生活动（分组实验）：分别把等质量（0.5 g）的 Na_2CO_3，$NaHCO_3$ 溶解在 5 mL H_2O 里，充分振荡使其溶解。观察实验现象，思考并得出结论。 引导学生回答：两者都能溶于水中，Na_2CO_3 比 $NaHCO_3$ 更易溶解。 设问：更准确的描述溶解性差异的物理量是什么？ 引导学生回答：溶解度。	引起学生对碳酸钠和碳酸氢钠的兴趣，了解其用途和物理性质。 从实验现象体会碳酸钠和碳酸氢钠的溶解性，从定性认识上升到定量认识是培养学生化学学科素养的重要途径，培养学生观察能力和分析能力。
实验探究碳酸钠与碳酸氢钠溶液的酸碱性比较	通过实验比较碳酸钠与碳酸氢钠固体溶解后所得水溶液的碱性强弱。	设问：如何测定溶液的酸碱性? 学生活动：向刚溶解好的 Na_2CO_3 溶液和 $NaHCO_3$ 溶液中滴加酚酞试剂，观察颜色的变化。 设问：如何定量测定溶液的酸碱性? 教师活动（演示实验）：用 pH 传感器测定等物质的量浓度（0.1 mol/L）的两种溶液。根据数据比较两种溶液的碱性强弱。	通过学生的自主讨论确定最佳方案，讨论即是学习的过程，提高学生思维的严密性，培养学生严谨的科学态度。 此处用传感器的直观精确实验代替粗略实验，数据呈现的表征方式使得定量的思想更为深入。
探究碳酸钠和碳酸氢钠与酸反应的比较	通过实验比较 Na_2CO_3 溶液和 $NaHCO_3$ 溶液与 HCl 的反应，进一步探究并建构微观粒子反应过程，探究反应的实质。树立科学严谨、实事求是的学科观念。	学生活动（分组实验）：2 个小药瓶中分别放入等质量 Na_2CO_3 和 $NaHCO_3$ 固体，注入等体积等浓度的 HCl，观察针筒的变化。 学生活动：通过实验现象得出结论。$NaHCO_3$ 与 HCl 反应更剧烈，生成气体的体积更大。 设问：想知道为什么吗? 教师活动（演示实验）：向加有酚酞试剂的 Na_2CO_3 溶液中逐滴加入 HCl，观察实验现象。 学生活动：观察并总结实验现象。 设问：在向 Na_2CO_3 溶液中滴加 HCl 时也会产生少量气泡，经过震荡气泡会消失，这又是为什么？ 补充实验：向充满 CO_2 的饮料瓶中加入滴加了酚酞试剂的 Na_2CO_3 溶液。 学生活动：建构微观反应模型。 教师活动：播放动画并分析讲解，饮料瓶变瘪，溶液的红色变浅说明 CO_2 被碳酸钠溶液吸收反应生成了碳酸氢根离子。	通过实验加深学生对知识的理解，突破难点，从经验世界到理性世界的探寻过程与知识形成的认知过程交相辉映。 通过对实验现象的观察，对宏观与微观的联系，对微观反应过程的想象，培养学生学习兴趣，提高学生发现问题解决问题的能力。 通过实验探究碳酸钠与盐酸反应的过程，模拟溶液中的粒子结合方式，建立反应的模型，理解 Na_2CO_3 与 HCl 反应的实质。注意体会实验的真实性和理想模型之间的差距。
探究碳酸钠与碳酸氢钠的热稳定性	通过 Na_2CO_3 和 $NaHCO_3$ 的套管实验，比较两种物质的热稳定性。	学生活动：观察实验现象，感知碳酸氢钠受热易分解。 教师活动：套管实验，碳酸钠受热不易分解，碳酸氢钠间接受热都可分解，生成的二氧化碳使澄清的石灰水变浑浊，说明其热稳定性差。	联系生活实际培养学生的学习兴趣。
问题解决	灵活总结本节课的主要内容。	教师活动：刚刚的一系列性质比较的实验过程中，也体现了它们之间是可以相互转化的。哪些性质上的异同可以用来快速简便地鉴别它们? 学生活动：思考并总结回答碳酸钠与碳酸氢钠的转化及鉴别。	通过对知识点的归纳，提高教学的有效性。

续表

教学过程	教学内容	师生活动	设计意图
问题解决	为什么常用石碱 $Na_2CO_3 \cdot 10H_2O$ 做洗涤剂？为什么发酵粉、干粉灭火药剂、治疗胃酸过多的药品主要成分都是 $NaHCO_3$？	学生活动：运用所学知识解决具体实际问题。	巩固课堂学习效果。 这一部分问题一是呼应了开头物质用途有差异的引入，二是充分运用了本段所学习的知识，做到学以致用。且生活中的问题体现了从生活到化学，再从化学回归生活的思想，化学知识因为生活化而显得更加生动。
生产制备	候氏制碱法。	设问：候氏制碱法，除了运用了碳酸氢钠的热稳定性外，还应用了碳酸氢钠的什么性质？	掌握化学知识，合理应用化学物质，通过具体实例让学生深刻体会民族精神，进行爱国主义教育，使学生学习化学的热情高涨，把化学用得更好，生活将更加美好。 用廉价易得的原料制备用途广泛的产品。
总结	本节课重要的知识点概括。	教师活动：同学们，这节课我们主要通过对比的方法学习了碳酸钠和碳酸氢钠的性质，通过一系列对比实验我们发现（从4个方面简要归纳）……希望更多的同学能够学好化学，将来致力于化学研究，研制出更多的产品为人类造福！	这些性质上的相似性和差异性正是由两者在构成上的相似性和差异性所决定的。研究物质的性质以及它们相互之间的转化是为了更好地利用物质，利用氯化钠这一廉价的原料，通过转化我们不仅可以获得碳酸氢钠，还可以获得碳酸钠，这两姐妹在我们的生产生活中都扮演着十分重要的角色。
课后思考	相同物质的量的碳酸钠和碳酸氢钠分别与过量盐酸反应，下列说法中正确的是（　）。 A. 碳酸钠放出 CO_2 多 B. 碳酸氢钠放出 CO_2 多 C. 碳酸钠消耗盐酸多 D. 碳酸氢钠消耗盐酸多		在解决实际问题的过程中进一步巩固所学知识。

5. 板书设计

碳酸钠的性质与应用

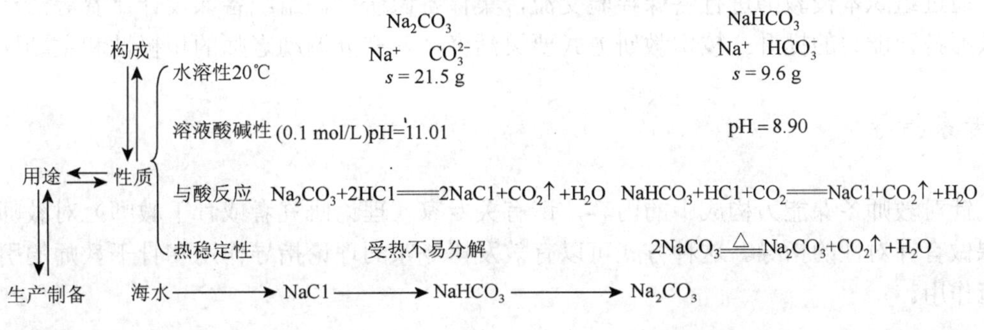

6. 教学设计反思

（1）感悟收获：《高中化学课程标准》规定"了解化学科学发展的主要线索，理解基本的化学概念和原理，认识化学现象的本质，理解化学变化的基本规律，形成有关化学科学的基本观念"。基于培养学生学科观念，本节课的教学采取从日常生活入手感受碳酸钠与碳酸氢钠，物质的性质是由物质的结构、组成所决定的。从组成出发认识它们性质的异同。从溶液酸碱性的定性分析到精密的定量测定，利用数字的直观性，培养学生严谨的科学态度。传感技术作为一种新的教学辅助手段，即时准确的数据呈现为定量实验的设计提供可行性。从探究两者与酸反应速率快慢的实质，由宏观现象建构微观模型的方法，使学生从被动接受知识到主动探寻知识，使学生真正成为学习的主体，培养了学生的学科逻辑思维能力。本节课从教材已有信息出发，启发引导、设计实验探究验证、讨论总结。

（2）正视不足：设计的实验过于简单，大部分是验证实验，真正让学生开动脑筋探究的不多，还有待进一步研究教材。学生的思维走向不一定能够朝着教师预想的方向发展，要加强启发引导。

（3）期待改进：在今后的教学过程中要不断要提升自我的素养，学会挖掘知识背后的观念方法，更准确地把握教学的深广度，更准确地传授化学知识，进行更有效的教学。让学生感受到的是化学的美好，在潜移默化的教学过程中，帮助学生形成更丰富有效的学科观念。

1.7 师范生化学课堂备课能力提升途径及其实训

1.7.1 提升课堂备课能力的途径

1. 科学管理

通过改进备课要求，落实过程管理，改变评价方式等全方位的备课管理改革来改进教师的备课行为，为提升教师备课能力提供制度保障。

2. 校本教研

通过组织本校教师进行备课经验交流，集体备课研究，组织备课设计比赛等活动促进教师备课能力的提升。校本教研方式要灵活多样，充分调动老师的积极性和主动性。

3. 专家指导

针对教师备课能力构成中的内容，请有关专家（理论研究者或骨干教师）对教师的备课做有针对性的指导。这种方式可以有效发挥专家的理论指导作用和骨干教师的引领示范作用。

4. 案例研究

选取教师自己的备课和刊物上的备课进行案例剖析与研究，将来自案例中的备课与自己理解的理念相结合，并作出分析、归纳和提升。这种方式可以有效地借鉴他人得失，提升自己的备课能力。

5. 行动研究

行动研究是一种从经验中学习，反思性实践的过程，可以使教师教学效率更高、目标更强。教师可以根据自己对备课相关理论的学习与理解在教学实践过程中进行备课并在课堂教学中运用，同时不断对备课进行反思与改进。在这个过程中不断体会、理解与升华自己的备课理念，不断提高备课水平和能力。

6. 教学观摩

教学观摩是带着不同目的进行的。可以通过组织带有“备课”视角的教学观摩与研讨活动，促进教师备课技能的提升。

1.7.2　师范生化学备课教案实训

1. 实训目标

通过实训掌握在化学学科中备课以及书写教案的基本要求和基本格式，能够根据不同的教学内容、不同的学生情况以及不同的教学环境进行有针对性的备课，写出完整的教案。并以期在教案中初步体现教学理念的追求，通过备课写教案的过程内化新的课程理念，对教学的本质进行更深层次的认识和反思。

2. 实训内容

以人教版《高中化学（必修 1）》和《高中化学（必修 2）》为化学备课的基本内容，从中挑选出化学基本概念、化学基本原理、化学实验以及元素化合物知识四个板块的内容来让学生进行备课并写出相应的教案。备课时体会不同类型的教学内容所注意的不同问题。备课之后，小组之间进行互助交流和评价。第二是采用集体备课的形式，集思广益，每个小组每个学期至少举行一次集体备课。首先由主备人阐述自己的备课内容和思路，然后其他组员发表补充意见和提出疑问，可就一些普遍存在的问题展开辩论和思考，对共同存在的疑难问题探讨相应的解决办法，老师针对学生的不足提出建议和意见。主备人综合集体的意见，确定每个环节的最佳教学方案，对主备教案进行修改和完善，形成具有群体智慧的、达成共识的共享教案——集体教案。

在集体教案形成后，每个组员根据自己面对的学情、教学要求、自己的教学风格等，对集体教案再一次进行修改，形成集众家之长，又兼有自己个性特色的个人教案，并将其应用于教学实践，以便更好地促进教学。

3. 实训程序

制定实施计划，按照计划实施备课和教案书写，查找相关资料，练习教案书写。

1）个体练习

分别从化学基本概念、化学基本原理、化学实验以及元素化合物知识四个板块中各挑选出一个内容来让学生进行备课并写出相应的教案。然后提交文本作业，以随机的形式分发给每位学生来进行批阅（避免自己修改自己的教案）。参照教案的评价方面来进行评价和修改。最后教师再次对教案和评价进行评价。

2）集体备课

挑选出合适的内容，每个组员在上课之前都针对同一内容进行备课，而后小组内进行讨论，形成一个最后的集体教案。提交集体教案后，组间进行评价和交流。

4. 实训作业与实训报告

（1）以人教版《普通高中课程标准实验教科书化学（必修 1)》第四章第二节“富集在海水中的元素——氯”第一部分为备课内容，进行备课，写出相应的教案，并与同伴一起交流。

（2）以人教版《普通高中课程标准实验教科书化学（必修 1)》第四章第四节“氨 硝酸 硫酸”第一部分为备课内容，进行备课，写出相应的教案，并与同伴一起交流。

（3）以人教版《普通高中课程标准实验教科书化学（必修 2)》第一章第三节“化学键”第一部分为备课内容，进行备课，写出相应的教案，并与同伴一起交流。

（4）以人教版《普通高中课程标准实验教科书化学（必修 2)》第二章第三节“化学反应的速率和限度”第一部分为备课内容，进行备课，写出相应的教案，并与同伴一起交流。

5. 实训评价

（1）是否按照教案元素进行教案设计。

（2）板书设计是否科学、合理、可行。

（3）板书设计是否能够完成课时教学目标。

（4）板书设计是否能够体现良好教学效果。

（5）板书设计是否能够体现“教为主导，学为主体”的教学理念。

6. 知识链接

（1）教学设计怎么写

http：//wenku.baidu.com/view/fd1de949c850ad02de8041c5.html.

（2）“上好课”主题校本培训微格训练之——如何设计校书

http：//www.doc88.com/p- 19410237657 9.html.

（3）现代化学学习理论

http：//jpkc.ccnu.edu.cn/sj/2010/hxjxl/resource/web_word/page- 7a5. html.

（4）如何书写有价值的教案，提高新课程背景下的备课能力？

http: //301.jiangxi2011.teacher.com.cn/GuoPeiAdmin/HomeWork/ShowStudentHomework.

aspx? HomeWorkStudentID=53370.

（5）化学教学实施技能

http：//jpkc.ccnu.edu.cn/sj/2010/hxjxl/resource/web_word/page7a 8.html.

（6）教育叙事

http：//baike.baidu.com/view/369604.htm.

【问题讨论】

你认为提高备课能力还可从哪些方面去进行？

参 考 文 献

巴班斯基. 1986. 教育学[M]. 北京：人民教育出版社：206.

陈爱民. 2013. 基于观念建构的高中化学课堂教学——以“碳酸钠的性质与应用”课例为例[J].化学教学，（3）：34.

陈航英. 2012. 信息技术课堂导入设计原则例谈[J].中国信息技术教育，（4）：45-47.

丛高，陈燕. 2011. “问题支架以变导学”化学课堂教学模式构建与案例[J]. 中学化学教学参考，（12）：27-29.

韩立福. 2008. 有效备课——知识建构型视野下的备课问题与对策[M]. 长春：东北师范大学出版社：88-89.

黄燕宁. 2012. 对新课程中化学学科观念体系的认识[J].中学化学教学参考，（6）：6-7.

姜建文等. 2012. 化学教学设计与案例研究[M]. 北京：化学工业出版社：62，73-74.

姜建文等. 2012. 化学教学设计与案例研讨[M]. 北京：化学工业出版社：222-223.

李介. 2009. 课堂教学策略研究[M]. 兰州：兰州大学出版社：187-188.

刘知新. 2004. 化学教学论[M]. 第三版. 北京：高等教育出版社：127.

刘知新. 2009. 化学教学论[M]. 第四版. 北京：高等教育出版社：153-154.

罗伯特，斯莱文. 2004. 教育心理学：理论与实践[M]. 姚梅林等译. 北京：人民邮电出版社：332.2

牟朝金. 2009. 浅析中学数学教学中的课堂引入[J].时代教育（教育教学版），（8）：153-167.

王后雄. 2009. 新理念化学教学论[M]. 北京：北京大学出版社：180-184.

王克勤. 2006. 化学教学论[M].北京：科学出版社：178.

王茜芬. 2013. 初中化学教学中的导入艺术[J].快乐阅读，（11）：115.

吴刚平. 2006. 深入研究教学过程中动态生成的课程资源[J]. 福建论坛，（6）：1-3.

吴俊明.2003. 新课程理念下的创新教学设计[M].长春：东北师范大学出版社.

吴益平. 2004. 浅谈化学教学中生成性教育资源的开发[J]. 化学教学，（1）：6-7.

郑长龙. 2005. 化学课程与教学论[M].长春：东北大学出版社：216.

祝智庭，闫寒冰. 2009. 如何备课[M].上海：华东师范大学出版社.

砖洪武，杨建华等. 2004. 现代教育学学习指导[M]. 北京：中国社会科学出版社：283.

第2章　师范生化学课堂上课能力的培养与提升

学习目标：①对多种课堂教学能力有一定了解。②能够结合案例分析加深对课堂教学能力的理解。③能够将课堂能力的理论探讨应用于实际教学。

2.1　课堂引入能力

何为课堂引入能力？课堂引入能力就是引导学生学习新知识的能力。如果教师能够运用富有启发性和趣味性的语言来导入新课，不仅在一开始就能激发学生的学习兴趣，而且还能提高他们解决问题的思维能力，实践证明积极的思维活动是课堂成功的关键。

2.1.1　课堂引入的特征

课堂引入需围绕教学目的，并紧扣教学重点和难点。引入是课堂的关键，成功的课堂引入能开启学生思维之窗，激发学生的学习兴趣，让他们产生强烈的求知欲，自愿学习，自己探索，从而使学生的情感上升到最佳的学习状态。课堂引入有如下几种特征：相关性、目的性、启发性、趣味性、简明性等。

2.1.2　课堂引入的类型

目前，化学课堂引入的形式已经相当丰富了，各种各样的方法层出不穷，这些都为教师更好地引入化学课堂提供了多样的选择。但是，在具体实施过程中，现状却不容乐观，例如一些教师在化学课堂教学中仍然使用比较传统的或者陈旧的课堂引入方法，而没有尝试过用较为新颖的、更能够吸引学生的形式，部分教师甚至跳过引入环节，直接讲授课堂知识点，因而并没有在开始上课时激发学生的兴趣，从而使课堂变得很被动。总的来看，目前常用的化学课堂引入方法有以下几种。

1. 联系身边生活引入

化学术语本就枯燥乏味，基本概念、基本理论更是抽象难懂，如果单凭平淡乏味的照本宣科和呆板的平铺直叙来进行化学课堂教学，那结果只会使课堂气氛如死水一潭。若是把实际生产和日常生活中的化学知识溶入课堂教学，学生会感到很亲切，也就能引起学生强烈的求知欲望。例如，讲解“硫酸根离子的检验”这一节时，某教师就联系了生活中的化学来引入新课，收到了很好的效果。该教师这节课引入为：“豆腐大家都吃过，我们也已经知道豆腐有用卤水做的，也有用石膏做的。现在我手上有两块豆腐，我不知道哪一块是用卤水做的，哪一块是用石膏做的。我想请同学们和我一起来鉴别一下。”学生一听就便觉得这节课的引入内容很亲切，豆腐都是大家很熟悉的，能用所学的知识来解决生活中的问题是很令人自豪的，因而精神倍增，兴趣盎然。

2. 联系科学发展引入

化学是一门历史悠久的科学，在实际课堂教学中涉及化学发展的历史知识也是素质教育的一种体现方式。这样做能够对学生进行人文教育。以讲“元素周期表”为例，可以从历代科学家对周期表的完善来引入。当然，联系科学发展引入不必局限于化学学科，可以利用其他学科来为化学服务。例如，在讲授“原子结构”时，一位教师的引入是：“人类观察事物，一开始只能凭肉眼，后来发明了放大镜，人们就能观察得仔细一些，接着有了显微镜，人们就能观察到细胞组织，发明电子显微镜后，人们观察到了分子、原子，今天，我们就把显微镜的放大倍数再提高，来观察一下原子的内部结构。”这样学生在慨叹科学发展如此迅速的同时，又能快速进入该节课的主题“原子结构”的学习状态中。

3. 设置悬念式引入

悬念是激发求知欲的有效诱因之一。引入新课时利用学生的好奇心理，设置悬念，从而引发他们的兴趣，激起其求知欲望，常常能够取得事半功倍的效果。例如，在讲授“钠”这一节课时，某教师开始上课时就设置悬念：“生活常识告诉我们，水能灭火，可今天老师却要倒行逆施，用水来点火。”当部分同学的眼睛里充满疑惑，有点不相信时，教师便顺势说：“俗话说耳听为虚，眼见为实，不信，咱们试试看！”然后把灯芯里已事先藏有钠粒的酒精灯端上来，用胶头滴管向着灯芯滴入几滴水，酒精灯立即就被点燃了。同学们个个睁着大大的眼睛，一脸惊奇与茫然，这里面到底有什么诀窍？求知若渴的情绪顿时被激发起来，老师抓住时机问：“同学们想知道这里面的奥妙吗？”大家迫不及待地大声回答：“想！”这时，学生成了主动探索者。就这样，老师很成功地引入了新课，而且学生是主动探索，感到非常轻松，课堂气氛也相当活跃，因而教学效果非常好。

4. 实验操作式引入

化学是一门以实验为主的学科，实验中千变万化、引人入胜的现象最容易激发学生的学习兴趣，而运用实验教学是化学得天独厚的优势，可以让实验成为学生认识化学、热爱化学、理解化学的最佳窗口。教师通过一些实验现象生动鲜明、实验结果富有趣味的演示实验引入新课，可产生强烈的直观效果。例如，可用“空瓶生白烟”这种典型而有趣的实验来引入铵盐的制法。将化学知识教学演化为魔术表演，会使课堂变得更有趣。

5. 故事漫画式引入

故事漫画本身的生动形象、自然有趣，对学生有着强大的吸引力，把化学知识融入故事之中，作为新课的序幕，可充分调动学生学习的主动性和积极性。例如引入“王水的氧化性”时，可用“玻尔巧藏诺贝尔金质奖章”的故事引入。在讲授高二的原电池的知识时，可以引用一则案例：“一艘满载着精选铜矿砂的‘阿那吉纳号’货轮正向日本海岸行驶，突然，货轮上响起了刺耳的警报声。船员们惊呼：‘漏水了!’坚硬的钢制船体为什么突然会漏水呢？是货轮跟其他船只相撞还是触及了水底的暗礁？都不是。这可是从来没有过的事，这究竟是何原因？原来罪魁祸首是船上的货物：精铜矿砂。为什么精铜矿砂可使钢板出现漏洞呢？我们学习了原电池的知识就可解释这个问题，我们这节课就来学习关于原电池的知识。”这样引入新课使枯燥的知识变得趣味横溢了。

6. 单刀直入式引入

新课伊始，教师可直接把本节课将要学习的内容及目的和要求展示给学生，让他们从整体上了解新授知识的框架，明确课堂学习任务，做到一目了然，有的放矢。在实际教学中，直截了当出示本堂课的内容及要求还重在把握一个“激”字，老师要用极富挑战性的语言，激发学生的自尊心、自信心。比如引入“化学平衡”这一课题时，教师可以这样对学生说：“今天学习的内容是本学期的重点和难点之一，概念较多，而且比较抽象，在理解和掌握时有一定难度，但上一个班对布置的任务却完成得很好。我相信，我们班的同学也不会逊色，课后我们要做一个测验，检测大家的掌握程度。”俗话说“请将不如激将”，让不同班级学生进行比较，激发学生的“不服”心理，起到激励作用，形成一种你追我赶的良好氛围，学生便会专心致志听课，积极动脑思考，从而较好地完成学习任务。

7. 电教手段式引入

随着科学的发展，我们可以将过去十分丰富的声像通过幻灯、录像、录音、电脑等原本地展现给学生，极大地满足他们感官刺激的需求。如果将新兴的教学媒体与传统媒体有机结合，扬长补短，可以形成多种有效的媒体教学模式。充分利用电教手段引入新课，可以为学生创设形象生动的学习情境，从而能激发学生的学习兴趣，有效地调动学生学习的积极性和主动性。

总之，化学课的引入方式非常多，除此之外，还有练习、类比、图表、时事、名词解释等其他多种方式。在教学中，教师需根据新授知识的特点，联系学生实际，从而选择最恰当的方式引入，切不可千篇一律，任何课都采用单一模式，否则难以在新课之初，激发学生学习兴趣，产生良好的教学效果。

2.1.3　课堂引入的作用与要求

课堂引入在课堂教学中有着举足轻重的作用，一堂课能否成功引入直接影响着整堂课的效果。上好一堂课的首要问题就是在开始上课时便将学生课前分散的注意力即刻转移到课堂上，并使其处于积极状态。

理论和实践都证明课堂的引入环节非常重要。合理的引入，可以得到承上启下和开宗明义的良好效果；而且一个成功的引入，可以在开始上课时，就创设出一种快乐的学习氛围，迅速而有效地让学生集中注意力，并激发他们学习的兴趣，从而调动起学生学习的积极性、主动性，使课堂气氛活跃。更重要的是，它还能促进整堂课教学效果的提升，是一堂完整而成功的化学课不可或缺的组成部分。

同时，要想有一个成功的引入，还需遵循一个适度原则。首先我们不能为了引课而偏离主题，否则会丢了西瓜拣芝麻，本末倒置；其次不能为了引课牵强附会，这样可能会造成反效果。所以要想恰如其分地引入，需要注意以下几点：

1. 引入应符合教学的目的

课堂教学的引入语一定要切合教学目标来精心设计，引入的内容必须与教学内容相关且与实现本堂课教学目标密切相关。切不可为了盲目追求引入的浮夸效果采用与教学目标无关的材料而使引语脱离教学内容。

2. 引入教学内容要科学

在设计课堂引入语言的时候，要综合考虑引语的内容，注意组织既能激发学生的兴趣，又能吸引学生的注意力，还能对学生有典型的启发以及与课堂主题内容有较大关联的内容，这样才能更有效地达到“好的开头就已经成功了一半”的最佳效果。

3. 引入应从学生的实际出发

教师应该明确学生是整个教学过程的主体。教学效果如何，还要通过学生的学习效果来体现。引语的设计需要考虑学生的实际年龄特点、性格特点、学习兴趣特点，一般情况下用学生生活疑惑知识来引入，否则学生就会减少对每堂课的兴趣，从而打击他们学习的积极性。

4. 引入应从课型的需要入手

不同课型引语的设计肯定是不同的。新课要注意利用新知识特点；讲授课要注意知识整体结构；复习课要注意类比对比分析，善于归纳总结。课型不同的课程的引语绝对不能千篇一律，否则就起不到引语应起的作用。

5. 引语应短小精悍

引语设计的时间，一般不宜过长，在 1～3 分钟以内就该进入主题。如果此部分占用时间过长，将会削减学生学习兴趣，影响课程内容主题部分的正常发挥。

6. 引入形式要多种多样

教师在选择引入形式的时候要注意引入方式的多样性。设计引语时要注意多种引入形式的综合运用。不能每堂课的引语都一成不变，否则无法激起学生的学习兴趣。

总的说来，引课要简洁，应具有科学性、针对性、启发性、新颖性、趣味性。

2.1.4 课堂引入案例展示

"好的开头便是成功的一半"，课堂教学有一个良好的开端意义重大。如何才能让一节课给学生留下良好的印象，从而激发其学习兴趣，调动学习积极性呢？课堂引入是关键所在。请看下面化学课堂教学中的引入案例。

九年级化学　序言——神奇的魔壶

老师:（将一只普通的茶壶举起）我有一个宝壶，我想喝什么饮料，它就能倒出什么饮料。（自言自语）先来杯牛奶吧。

老师:（实验）取一小玻璃杯，从茶壶中倒入少量无色液体，杯中出现乳白色。

老师：天热，喝杯汽水怎么样？

学生：好。

老师:（实验）取一小玻璃杯，从茶壶中倒入少量无色液体，杯中出现大量气泡。

老师：还想喝什么？酒？再来一杯葡萄酒？你们不能喝酒的。

老师:（实验）取一小玻璃杯，从茶壶中倒入少量无色液体，杯中出现桃红色液体。

学生:（惊讶不已，议论纷纷，猜测不断）有隔层、太有意思了、假的……

老师：想知道宝壶的奥秘吗？学好了化学，你将会了解生活中许多奥秘。

2.2　课堂提问能力

提问是教师提出问题，启发学生的思维，促使他们参与学习，根据学生的回答可以了解他们的学习状态，并进一步加深学生对知识的理解和掌握，同时也是发展学生能力的一种教学行为。教师的提问能力在培养学生的思维能力方面有着重要的作用，也是解决问题最有效的教学行为。

2.2.1 课堂提问的特征

1. 课堂提问具有明确的目标指向

课堂上一个有效的提问所涉及的知识、方法都应是化学课堂的主题内容，并且提问所引发的学习活动也应围绕本节课的重点知识。一般化学课堂问题都由言语来呈现，所以提问时教师需要运用精炼、优美、生动的语言，表达要清晰明了，以使问题指向明确，极具艺术性地驱动全体同学积极尝试解决问题。

2. 课堂提问思维跨度要适当

不论是预设问题还是随机问题，都要把握好一个度，问题既要具有一定难度或障碍性又不能太难。一个问题不是简单地通过回忆或知觉就能回答的，而需要应用已学知识和方法甚至进行必要的实验活动再通过思维加工来完成，其间可能有很多的困难，走弯路，需要耗费时间。但为便于多数学生理解，跨度不能太大，要在学生的最近发展区内。

3. 课堂提问的问题之间应具有一定的逻辑联系

课堂提问的问题之间有较强的逻辑联系和一定的难易梯度，可以使几个相互配合的预设问题涵盖一节课的主要学习活动，并构成一节课的学习活动主线，学生在解决了上一个问题后又产生探索下一个问题的心理需求，如此层层深入完成一节课的主要内容。

4. 课堂提问的呈现方式应多种多样

课堂提问中呈现问题时教师用明确的口述，同时用文本呈现，如多媒体投影出来，能帮助学生更加快速准确地理解问题。

2.2.2　课堂提问的类型

课堂提问是通过师生的相互交流，检查学习、促进思维、巩固知识、运用知识、实现教学目标的一种主要的课堂活动形式。在教学中，学生需要学习的知识是非常多的，而对这些不同知识如事实、现象、过程、原理、概念、法则等的掌握要求不同，有的要求了解，有的要求理解，有的要求掌握。所以教学中不能用千篇一律的提问来教学不同水平和思维方式的学生，提问应包括以下多种类型。

1. 知识性提问

主要对学生的化学概念、化学基本反应原理、现象等基础知识记忆和掌握的情况进行摸底，以便于下一步教学实施。

2. 理解性提问

主要是在课程教授结束后，对重点知识内容进行问题设置，考查学生对该部分知识的掌握或运用情况。

3. 应用性提问

应用、运用、分类、分辨、选择、举例等关键词经常被教师运用于应用性提问中，而这类提问主要是检查学生把所学概念、规则和原理等知识应用于新的问题情境中解决问题的能力水平。

4. 分析性提问

为什么、哪些因素、什么原理、什么关系、判断、证明、分析等是教师在分析性问题中经常使用的关键词。学生仅靠记忆并不能回答这类提问，必须能辨别问题所包含的条件、原因和结果及它们之间的关系，通过对问题认真地思考、讨论，寻找解决问题的方法，最后总结得出结论。

5. 综合性提问

教师需要通过分析综合与推理想象来进行综合性提问。例如通过氧气性质与用途的学习，学生已了解到氧气具有非常重要的用途，比如生物体的呼吸作用需要氧气，危重病人的急救、特殊环境中工作的人、工业炼钢、气焊、制造液氧炸药等都需要氧气。随后某教师讲到任何事物都有利亦有弊时，氧气是否也有功亦有过呢？当讲到燃烧的条件时顺势提出“你认为氧气会给我们的生活带来什么负面效应”。学生会想到生活中频频发生的火灾离不开氧气，许多爆炸现象是氧气在作怪，还有金属的腐蚀、食物的腐败等，从而培养学生辩证地分析问题的唯物主义观点。促进学生知识水平、情感态度与价值观统一发展的经典素材还有“二氧化碳的功与过”、“使用塑料的利与弊”等。

2.2.3　课堂提问的作用

提高是教学的核心问题，所谓学起于思，思源于疑，而疑问便是思维的火花。要想提高解决问题的能力应从提出问题开始，因为有了问题才有可能去解决问题，才可能有能力的提升。提问的重要性非同一般，爱因斯坦就曾说：“提出一个问题往往比解决一个问题更重要。”日本著名教育家斋藤喜博甚至认为，教师的提问是“教学的生命”。

课堂提问的主要作用如下：

1. 激发学生兴趣，使其产生学习动机

“思源于疑”，学习一切事物源于疑问，有特色的提问不仅能够促使学生积极思考问题，从心底产生强烈的好奇心与求知欲，而且有助于激发学生学习新事物的热情，以满足自身的学习需求。

2. 启发学生思维，促进能力发展

提问对语言表达能力要求比较高，提问问题要清楚、明确、简洁、思路清晰，有层次性、关联性和一定意义，不过于简单，也不过于听着“摸不着头脑”，因为“过大”或“过小”的问题都不能引起听者的兴趣或不能让听者把握提问者的提问意图，以至于不知

道从何谈起，甚至觉得没有回答的必要。所以提问可以强化师生的语言表达能力。

教师可以用提问来辅助学生学习，以提高学生的思维能力。用适当的提问把学生引入“问题情境”，使他们集中兴趣和注意力到某一特殊的专题或概念上，从而产生寻找解决问题的动机以形成解决问题的思路。思考问题本身就是对听者思维能力的良好锻炼，所以经常思考问题的人会显得沉着、冷静。

3. 反馈信息、促进交流

在课堂教学中，提问是教师了解学生对所学知识掌握程度的一种重要信息反馈方式，教师根据学生对问题的思考及其解答情况可以迅速了解自己的讲课情况并进行适当调整，从而改进自己的教学进度、方法、教学设计等，最终构成一堂高效率的课堂教学。

2.2.4　课堂提问的要求

在教学中许多教师的提问内容很大程度上没有考虑到学生的现实情况，大大影响了教学效果。所以提出问题时，问题的难度、梯度、密度、角度都要精心设计，把握好一个度，以使所提问题能充分激发学生学习的热情和求知欲望，并积极开动脑筋，认真思考，充分发挥其想象力和创造力。以下是进行课堂提问时所应遵循的一些基本要求。

1. 目的性

问题的设计要有利于教学目标的落实，有利于突出教学重点，突破教学难点。

2. 科学性

问题的表述要主次分明，条理清楚，范围适中，用语规范，简明易懂，概念明确，符合逻辑和认知规律。

3. 启发性

所提出的问题既要有利于调动学生思维的积极性，又要有利于培养和调动学生分析、对比、归纳、综合等能力。

4. 趣味性

提出的问题，要使学生适时处于积极兴奋的学习状态以调动其学习的积极性。

5. 针对性

所提问题难度适中，因为既要面向全体，又要利于学生个性的发挥。

6. 顺序性

问题的设置要由浅入深，由易到难，由近及远，由简到繁，由了解到理解，到分析与综合，再到创新思维。这样才符合认知规律。

7. 时机性

见机提问，或在学生困惑之时，或在学生疑虑之间，或在学生厌倦之际，或在学生莫衷一是之刻。

8. 量力性

提出的问题要是学生跳一跳能够够得着的“桃子”。如果过难，学生无从下手，没有意义；过简，不用思考就能回答，也就没有多少价值。

9. 亲和性

教师要自然温柔地提问，方能给学生信心，继而引导学生积极动脑思考，鼓励他们敢于畅所欲言。

10. 鼓励性

教师对学生的回答要以激励性评价为主，但要纠正错误的回答，或委婉地让他听听别人是怎么答的，然后确认其明白与否。

11. 开放性

开放性的问题就是指问题的条件、结论、方法或者过程开放。由于问题开放，学生可以按照自己理解的方式去思考和想象可能的情况，问题的设计能引发学生的思考，并继续探索学习下去。

12. 挑战性

教师提出的问题要经过探讨、合作、思维才能解决，而不是简单的回忆。同时提出问题也要给学生思考的时间和空间，直接向学生的智力和创新能力发出挑战。

13. 探索性

探索性的问题注重对过程与方法的研究，给学生营造一个探究学习的学习氛围，这类问题的设计要使学生从不同角度、不同侧面加深对问题的理解，使学生产生思维火花，同时要尽可能联系学生的生活实际，实现教学内容的开放。

14. 生成性

通过培养学生的问题意识，用教师的问题引出学生的问题。教师提出一个问题，引发了学生的一连串问题，就调动了学生思维的积极性，从而培养了学生的问题意识。问题意识是学生能够提出问题的前提，继而才能提升学生解决问题的能力。

2.2.5　课堂提问案例展示

在双氧水溶液中加入少量的二氧化锰，反应速率大大加快，由此引出催化剂的概念，即在化学反应中，能改变其他物质的化学反应速率，而本身的质量和化学性质在化学反应前后都没有改变的物质叫催化剂。当时就有学生提出这样的问题，实验中，催化剂明明加快了化学反应速率，而概念中为什么用“改变”，而不直接用“加快”呢？教师就需要适当提及化学反应快了人们需要它慢下来时就需要添加使反应变慢的催化剂。

又如在讲授有机物的概念时，通过列举葡萄糖、甲烷、乙醇、蔗糖、淀粉等引出，化学上一般把含有碳元素的化合物称为有机化合物，简称为有机物。这时候教师追问，“此定义中加‘一般’限定的目的何在？”然后让学生通读相关内容清楚问题的症结所在，虽然二氧化碳、一氧化碳、纯碱、小苏打、碳酸、碳酸钙等物质均含有碳元素，但由于它们的组成和性质与无机化合物非常相近，所以它们不属于有机物，而应该是无机化合物，从而得出“有机化合物一定含有碳元素，而含有碳元素的化合物却不一定是有机化合物”的重要结论。

2.3　课堂讲授能力

课堂讲授能力是教师运用口头语言向学生传授知识、培养能力、进行思想教育的能力。课堂讲授是在以语言传递为主的教学方法中应用最广泛的方法，其他各种授课方法在运用中常常要与课堂讲授相结合。

2.3.1　课堂讲授的特征

在课堂讲授中，教师居于主体地位，是讲授的主体，是教学活动的主导者。学生通过教师的讲授来学习教材内容，是知识的接受者。教师传授知识的一大优势是以口头语言为主，不受条件设备的限制。在讲授过程中教师可运用多种教学方式，要充分发挥教师的主导地位，既有利于学生对教材内容的理解，又有利于学生智力的发展。针对学生的整体水平和一般心理特点进行教学，知识容量大，效率高。

课堂讲授在化学教学中可以始终保持着主导作用，因为其具有自身独有的特征：

1. 不受条件制约

广大农村地区，尽管经济发展比以往有较大提高，但还有相当一部分地区经济落后，有的学校实验条件有限，有的实验还是主要通过讲授来完成。

2. 教学容量大

通过讲授可以节省大量时间，使教学容量增大。

3. 信息交流的单向性

教师是讲授的主体，是教学活动的主导者，在教学中居于主体地位。学生是知识的接受者，大多数教学内容通过教师的讲授来学习，学生自主性体现不足。

4. 语言传递是知识信息交流的主要媒介

需要教师有规范的口头语言表达，精准的化学用语，和善的态度，用学生爱听的生动、激趣、幽默的表达达到相应的教学目的。

2.3.2　课堂讲授的类型

讲授通常有讲述、讲解、讲读和讲演四种基本形式。

1. 讲述

讲述是指教师用专业生动形象的语言对化学基础知识、基本原理、反应规律对学生进行耐心演讲或叙述。讲述分为叙述式和描述式。叙述一般在化学现象、规律、反应本质、化学实验操作等知识类型中用到。而描述式在化学教学中用于描述与课题内容密切相关的科学家或发明家的经历或业绩以及化学实验所体现出来的现象、原理等表征型内容，这种方式一般在涉及化学史方面的内容时可以用到。

2. 讲解

讲解是指教师对授课内容进行解释、说明、阐述、论证的方式，以使学生理解和掌握知识为目的。该方法主要注重对学生逻辑思维方面的开发与发展，有利于学生对知识内容的深度进行科学理解。

3. 讲读

讲读即通过师生之间的朗诵、阅读和讲解来进行知识传授的形式，这种教学方式重在培养学生的阅读技能，增强学生对知识点的学习理解，大多用于文科科目教学，理科阶段用这种方式可以辅助加深对概念性字句的理解。

4. 讲演

讲演是指对某些重要理论和复杂问题，充分展开进行系统阐述和深入分析，由此得出科学结论的一种讲授方法。其特点是既要描述事实，又要引出新的知识。它对问题阐述的深度和广度，是讲述法和讲解法所不及的，但讲演花费时间较长。这种方法多用于专业学术报告。

2.3.3　课堂讲授的作用

学生要学习系统的科学基础知识，学习一些前人的间接经验，虽不排除一些探索性，但还是应以接受为主。学习的途径，一是听教师讲授，二是实验，三是自学。纵观中小学各学科和各年级的教学，不能不承认，听讲是第一位的，自学是第二位的。学生听教师讲授，即进行“传授—接受”式学习，是他们重要的学习途径。课堂讲授的主要作用表现在以下几方面。

课堂讲授的主导作用。教师在教学工作中肩负着教学的计划、设计、组织、讲授、辅导、批改和考查等多项责任，这些工作都与教学质量的高低相联系。不过，其中有的在课外进行，有的并不多占用课堂时间。而教师的讲授则不同，要在课堂上对学生进行知识讲析、思维启迪、思想教育、情绪感染、方法和语言的示范，因而比较集中地体现了教师的主导作用。

课堂讲授的育人作用。教师的职责就是育人，讲课是育人的重要方式。教师通过讲课，寓教于言，开启学生心智，使学生的知识水平和思想觉悟得到提高，精神受到激励，促进学生健康成长。

课堂讲授的检查作用。教学是双边活动，教师通过讲课可以及时了解学生对学习活动的反应，然后教师通过对学生的反应进一步进行必要的引导、修正和控制，达到教学相长的效果。

2.3.4　课堂讲授的要求

课堂讲授还是有一些基本要求的，主要如下：

1. 讲授要准备充分

讲授前的精心准备，把握讲授重点和理清讲解思路是最重要的。教师应全面地分析和把握讲授内容，以保证准备充足，尽量将相关的知识呈现给学生。同时，讲授的效果与教师知识、思想、见解、语言密切相关。

2. 讲授要科学

1）科学的内容

教师讲授的知识内容必须是科学合理的，对存在争议的开放性知识，也必须以开放的教学心态进行扩张学生思路的教学。

2）科学的态度

化学教师在教学的时候，要以科学的认识论和方法论为指导，实事求是，从实际出发，尊重知识，尊重客观实验事实。比如在教材的相关叙述中，在过氧化钠溶于水后，滴加酚酞溶液，此时溶液会出现红色。但实际上，实验结果可能会出现无色，这时候教师应该和学生一起尊重实验事实，共同探讨为什么实验结果会和教材叙述的结果有偏差，从而增强学生对问题的分析和解决能力。

3）科学、精美的语言

教师在上课的时候，要求语言表达严密、精当、言简意赅，并且要思路清楚、层次分明，富有适当的趣味性和激励性，使自己的声音洪亮，吐字清晰，发音规范，节奏适宜，语调平直自然，同时，教师要充分利用语速、语调、音量等的作用，并根据学生的反应及时做出相应的调整来吸引学生。但也要根据内容要求、感情表达的需要，适当改变，这是达到教学语言美的一个重要因素。总而言之，一名优秀的教师要善于用自己独特的语言魅力带领学生走进中学化学知识的海洋中。

3. 讲授要有启发性

教师在讲授时要根据课堂教学目标要求，从学生已有的化学知识基础、化学学习方法等实际出发，借助各种教学手段（包括实物、实验和多媒体），调动学生学习化学知识的积极性、主动性，引导他们对化学学习达到善于学习、乐于学习的学习状态。

4. 讲授要生动、形象

化学课程是一门理科课程，具有很强的逻辑性、理论性和实验性，通常的化学实际课堂中，教师很难把较为枯燥的化学知识讲解得更加生动形象，难以激发出学生的学习兴趣，学生也处于一种为考试而学的被动学习状态。因此，教师需要借助幽默、轻松、启示性的教学语言和灵活多变的比喻、描述、演示、展示、小组活动、动画演绎等手段，将抽象、深奥的化学知识浅显化、具体化、分解化、通俗化、趣味化，从而打开学生思维盲区，帮助他们理解、掌握知识和发展思维，对学习内容有更加深刻的理解和掌握。

5. 讲授要通俗

中学化学教学内容丰富，知识显得多而枯燥，有些知识很抽象，部分教师在教授该部分知识的时候都显得难以讲解，无法让学生真正理解掌握。老师在讲解这些内容的时候，要将深奥的知识浅显化、通俗化，就需要结合学生的生活、学习基础，巧妙地把书本知识与生活知识结合起来，让学生感到知识的生活化，易于联系生活经验去理解知识的特点。如在讲到宏观与微观的联系和区别的时候，可以先讲解二者联系，即宏观的物质必定由微观的物质组成；微观的物质又有一个明确的界限，即在分子原子离子这个层面，而不是通过用眼睛看不看得见来判断物质是属于宏观还是微观；然后将生活中的鸡蛋、大米、粉笔粉末与碳原子、氧气分子等放在一起让学生思考进行分类就可以帮助学生很好地巩固、理解这两个概念。

6. 讲授要与板书相配合

讲授与板书相互配合可以使讲授发挥更好的作用。在化学教学中，要运用实验装置图、计算公式和实验表格来构建板书内容。板书内容还包括教学内容的重点、难点，要求教师在书写板书的时候，达到粉笔字清晰精美、授课内容清楚有层次、板书整体结构清晰。

2.3.5　课堂讲授案例展示

这是某教师教授质量守恒定律的讲授案例，在导入后讲授新课。

1. 利用实验探究导出质量守恒定律

老师演示课本中的两个实验（过程略）。

学生观察实验过程，记录实验现象，了解定量分析的方法。

老师：通过以上两个实验，同学们能得出什么结论吗？在化学变化前后物质的质量是否发生了改变呢？

学生：变化前后物质的总质量没有改变。

老师：大量的实验证明，在化学变化过程中，参加化学反应的各物质的质量总和等于反应后生成的各物质的质量总和。这个规律叫做质量守恒定律。

学生：阅读本节课文拓展视野中的内容，了解质量守恒定律的发现过程。

老师：在黑板上板书质量守恒定律的概念，并在关键词处做标记。

老师：请同学们思考分析以下问题，现实生活中我们发现，木炭燃烧后质量减少了，而铁钉生锈后质量增加了，这些反应是不是违反了质量守恒定律呢？同学们交流讨论后举手回答。

学生：这些反应并没有违背质量守恒定律，相反正是遵守了质量守恒定律，木炭燃烧后质量减少了是因为反应生成的气体挥发了，铁钉生锈后质量增加是因为铁钉跟空气中的氧气发生反应，而挥发的气体及参加反应的氧气的质量我们没有计算在内，所以表面上看，反应前后物质的总质量不相等。

老师：该同学回答得非常正确。我们在理解质量守恒定律这一概念时，要注意“参加反应的各物质”和“反应后生成的各物质”这两句关键词。它包括了所有参加反应及反应后生成的各种物质。

2. 从微观的角度分析质量守恒的原因

老师：刚才我们是通过实验得出了质量守恒定律，那么反应前后物质的总质量不变这一定律，能不能从理论上得以论证呢，下面我们将从微观的角度解释质量守恒的观象。请同学们观察课文表示金属镁和氧气反应的微粒模型图，通过观察图示，我们能发现什么规律呢？

学生：在反应前后，原子本身没有发生改变。

老师：对，化学变化的实质是反应物的原子重新组合转变成生成物的过程，而在变化前后，原子的种类不变，原子的数目和质量也没有改变，因此物质的总质量是不会改变的，这就是质量守恒的根本原因。

2.4　板书板画能力

板书板画是教学表达的重要形式之一，在教学中教师利用粉笔以简洁的文字、符号、图表等形式呈现教学内容以帮助学生理解知识。板书板画作为化学教学中一项重要的教学方式和手段，同时也是教师教学设计的重要内容，是优化课堂教学的重要途径，板书设计的好坏与课堂教学质量密切相关，影响着教学目标的最终实现。

教师在编写教案时应高度重视板书板画，因为它是课堂教学的重要组成部分。好的板书板画设计应体现知识结构与教学程序，突出教学重点，激发学生学习兴趣的同时发展学生智力，强化学生记忆，提高学习效率，达到美观实用，让学生既有视觉上的享受，又有知识上的提高。

2.4.1 板书板画的特征

教学板书板画具有自己的特征，明确地了解这些特征，有助于提高教师的教学板书板画理论修养，提高教学有效性。教学板书板画主要有如下特征：

1. 直观性

教学板书板画以文字、符号、图表等手段将教学内容直接呈现给学生，学生有了丰富的感知，有利于他们吸收和掌握知识信息。

2. 简洁性

教学板书的语言能够深刻地反映出教学内容的本质，要求语言精心提炼，符号、图形精当简洁。

3. 启发性

教学板书需要蕴含张力、富于启迪，将生硬的知识内容灵活呈现，使之跃然于学生眼前，激活思维。

4. 趣味性

新颖别致、妙趣横生的板书设计才是有趣味性的，而有趣味性的教学板书更易吸引学生的注意力，调动他们思维的积极性。

5. 示范性

好的板书如艺术一般，对学生可以起到潜移默化的作用。教师在板书时的字形字迹、书写笔顺、演算步骤、解题方法、制图技巧、板书态度与作风、习惯动作与语言等，会给学生留下深刻的影响。

6. 审美性

教师在板书设计时，要力求内容的完善美、语言的精练美、构图的造型美、字体的俊秀美以及层次美、参差美、开合美、线条美、色彩美等，并运用美学方法设计出既有科学性又有艺术性的板书图示。

2.4.2　板书板画的类型

一般情况下，化学板书板画的主要类型有以下几种。

1. 提纲式

提纲式板书是把教学内容用简明扼要的文字提纲挈领地反映出来的板书。这种形式的板书多用于体现教学的内容与结构，它条理清楚，重点突出，便于学生抓住知识要领，如对“碳”教学板书。

碳

一、碳的性质

1. 物理性质：黑色、固体、密度小、比水轻、疏松多孔、具有吸附性。

2. 化学性质

$C+O_2 \overset{}{=\!=\!=} CO_2$（燃烧充分）　$2C+O_2 \overset{}{=\!=\!=} 2CO$（燃烧不充分）

2. 表格式

根据教学内容可以明显分项的特点设计出表格式板书。这种板书常用于一些化学基本概念、物质的性质比较的教学等方面。该板书特点是类目清楚、对照鲜明，学生可以很方便地进行对比和建立联系，如表 2-1 所示。

表 2-1　初三化学“溶液的导电性”实验结果

化合物	导电性	溶液	导电性	熔化状态	导电性
硝酸钾晶体	×	硝酸钾溶液	√	硝酸钾	√
氯化钠晶体	×	氯化钠溶液	√		
氢氧化钠晶体	×	氢氧化钠溶液	√		
磷酸晶体	×	磷酸溶液	√	蔗糖	×
蔗糖晶体	×	蔗糖溶液	×		
乙醇	×	乙醇溶液	×		

3. 网络式

网络式板书是指将教学内容用线条、箭头、框图等联系起来，能够非常清晰地反映出知识的简单逻辑联系，有利于学生掌握相关知识间的结构，从整体上理解掌握这类知识，如图 2-1 所示。

4. 图示式

图示式板书是指用简图、示意图或图像展现教学内容的板书。这种板书可以生动、直观、简明地表达出物质变化的过程和事物间的关系，一般在溶解度、化学反应原理等知识教学中经常用到，如图 2-2 所示。

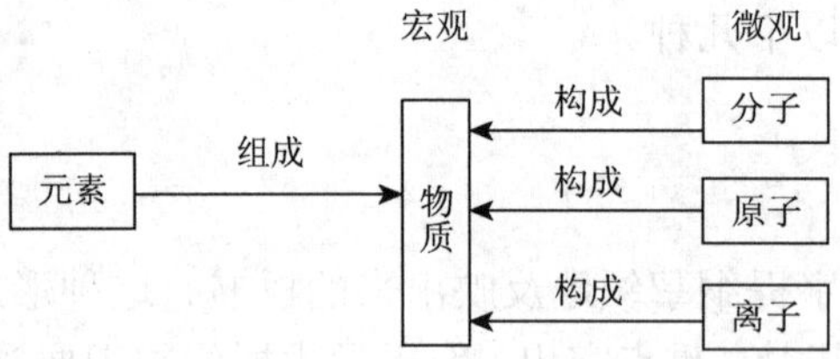

图 2-1　初中化学：物质的宏观组成和微观构成

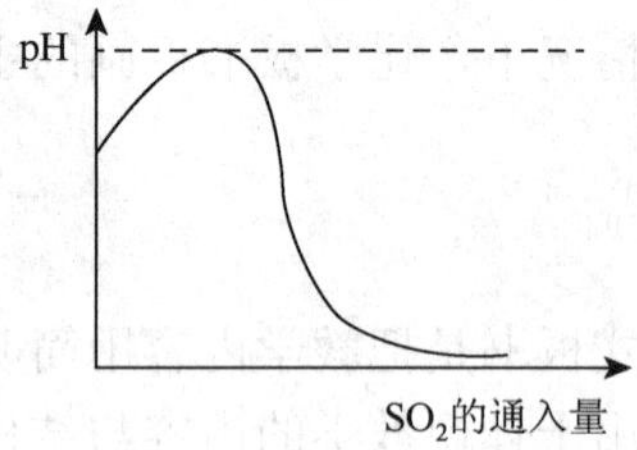

图 2-2　H_2S 饱和溶液中通入 SO_2 溶液 pH 的变化

由图 2-2 可以看出，在 H_2S 的饱和溶液中，随着 SO_2 的通入溶液 pH 的变化情况。

2.4.3　板书板画的作用

板书板画不仅是教师基本能力即教师技能的表现，同时，好的板书板画是教师教学艺术的体现，是让学生不知不觉就会喜欢教师授课风格的潜在影响力。

1. 有助于吸引学生的注意力

如果教师板书杂乱无序，字迹潦草，没有任何逻辑性、美观性、艺术性可言，对学生是一种视觉上的折磨，学生听课的兴趣和积极性都将受挫，从而大大降低教学效果。相反，美观，大方，富有结构性、合理性、科学性、逻辑性的漂亮板书将会抓住学生的注意力，引起学生的视觉注意，增加授课效果。

2. 有助于加强学生的记忆

实验心理学家赤瑞特拉（Treicher）通过大量的实验证实：人类获取的信息中，83％来自视觉，11％来自听觉，3.5％来自嗅觉，1.5％来自触觉，1％来自味觉。也就是说，学生学习大量的知识信息除了用耳朵听取教师讲解外，最主要还是依靠视觉来获得，因此，加强板书设计完全可以帮助学生对知识信息的获取和记忆。例如，在学习电解水时，负极产生氢气，学生经常记错。如果教师直接讲授，很难引起学生的注意力，假如先在黑板上用简笔画画上一个老男人头像，说这就是一个父亲形象，“父亲”——负极产生氢气，这样一下子增强了课堂的趣味性，就能很容易地把学生的所有注意力集中起来，同时也会收到预想不到的教学效果。

3. 好的板书能起到较好的示范作用

教师化学板书板画的工整情况，讲解例题的思路和过程等对学生都具有示范作用。

2.4.4　板书板画的要求

好的板书板画犹如一幅美丽的艺术品，但并不是任何教师都可以天马行空地肆意对板书进行设计，设计板书应遵循一些基本的要求。

1. 目的鲜明

一堂课，不同的课型，教学目的与要求也不同，板书的内容与形式也就有所不同。无论什么课型的任何板书，都必须是实现课时目标的重要辅助手段，必须清晰简洁地展现课程结构和内容的重难点等内容。

2. 高度的概括性

板书要求语言言简意赅，对教材的内容概括得正确、精当，尤其能够简洁明了地反映一堂课所讲授的主要内容，不宜字数过于繁多，影响学生的听课效果。

3. 清晰的条理性

教材本身具有很强的条理性、清晰性，因此板书必须要反映教学知识的重要内容，揭示这些内容内在的逻辑联系。板书不需要太多的文字，只要求知识间联系应当条理分明、主线清晰，必要的时候可以借助各种数字符号来展示知识间的层次性与逻辑性。

4. 周密的计划性

教师备课时要根据教学内容进行认真设计，在什么时机进行板书、如何板书、板书什么内容等，要做到事先准备。

5. 适当的灵活性

教学中有时事先设计好的板书难以自然出现，这就需要及时调整，“墨守成规”就不足取了。如发现板书设计有不妥之处，应及时修改，通过填、比、改、仿、创等各种途径来诱导学生积极参与板书，从中发展他们的思维和创造能力。

6. 必要的审美性

板书板画书写的精美对学生的视觉是一种享受，能更好地激发他们浓厚的学习兴趣。

板书的美包括布局美、形式美、色彩美、书写美等，教师要不断提高板书的设计与书写能力，使板书板画更好地为教学目标服务。

此外，书写文字和化学用语要注意正确、工整、字迹清晰、笔顺规范、大小适当。一行字要写平直，且不要让身体挡住学生的视线。画仪器装置图也尽量美观、注意比例恰当，平时应进行书法和基本绘图技法的练习。

2.4.5　板书板画案例

案例：“晶体结构与化学键复习”的板书设计案例。

该板书（图 2-3）以构成晶体的微观粒子中的原子为核心，以宏观呈现的晶体类型为重点，以微观粒子间、微观粒子与宏观晶体类型间的相互联系为线索，充分挖掘了晶体结构及类型中的内涵。

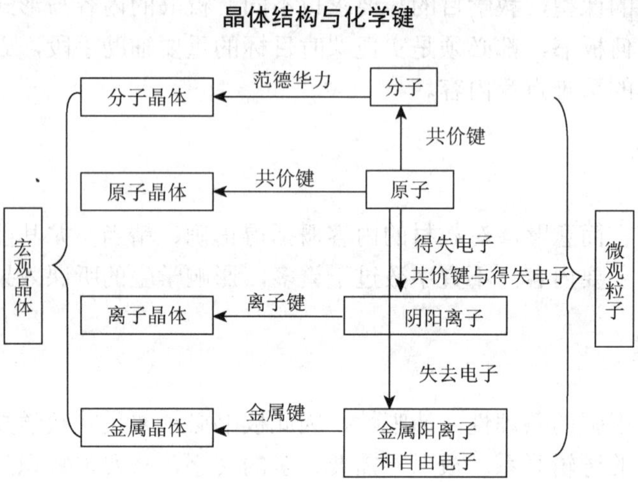

图 2-3　晶体结构与化学键板书设计

该板书设计，不是大量的文字可以阐释的，它非常清晰地呈现出晶体之间的关系、形成物质的化学键类型以及构成各种晶体的微粒，对学生对知识结构的整体把握、增强学生记忆和理解能力、训练良好思维习惯，具有很大帮助。

2.5　语言表达能力

何谓语言表达能力？一般来讲就是一个人与他人交流思想的能力。具体讲就是在使用口头语言和书面语言过程中应用字、词、句、段的能力。它要求说话者用词准确，语意明了，语句结构合理，语句简洁，文理通顺，语言平易，合乎规范，旨在将要表达的意思表述得清晰、准确、连贯、得体，没有语病。

2.5.1　语言表达的特征

教学语言是语言的下属分类，它除了和一般语言有共同之处，同时也有自己明显的特征。

1. 科学性

由于化学语言传递的是化学学科的教学信息，故要使用本学科的专门用语和专业术语进行。专业术语是一定科学范围内的共同语言，在专业范围内一读就懂。因此，使用本学科的专业术语是教学语言科学性的最基本特点，同时也是教师教学语言的基本要求。各个学科在自己发展过程中都积累了许多知识素材，只有通过专业语言的方式来解释化学客观规律，才足以使语言表达科学、合理、精当。

2. 启发性

教学语言的启发性就是教师的语言对学生的学习情感能起到自觉性和积极性的调动作用。学生学习兴趣的程度是判断教师的语言是否具有启发性的标志之一。语言的启发性可以激发他们的学习兴趣、热情和求知欲望，可以让学生对学习内容进行联想、想象、分析、对比、归纳演绎；可以提高学生的个人情感和审美情趣等。

3. 趣味性

教学语言的趣味性就是教学语言能够如磁石吸铁般集中学生的注意力。中国教育学会儿童心理专业委员会专家林薇认为，学生主动注意时间在 23～30 分钟 。所谓主动注意是指能够调动自己，能够把注意力关注到一件事情上。上课前期 20～30 分钟，学生较易集中精力，时间一长，便容易分散。实验表明，认真听课的人前 15 分钟能记住 21%的内容，30 分钟以后就只能记住 23%的内容。所以课堂上要求老师教学富有语言艺术。

4. 简明性

教学活动的特定环境和表达方式决定了教学语言的简明性。上课时间有限，要在规定时间内将知识传授给学生就要求表达简明扼要。若非如此，会给学生吸收教学信息带来极大困难。另外，冗长的语句会影响情绪，使学生抓不住重点。

2.5.2　教师语言表达的作用

教师的语言表达能力在教学中的作用有以下几点：

第一，媒介作用。教学是由教师通过语言表达来把人类创造的知识财富传授给学生的过程。故教师的语言表达在教学过程中起着中介作用。教师通过语言向学生传授知识，学生又通过教师的语言表达来理解书本知识。所以教师只有具备相当的语言表达能力方能将书上死的东西转换为学生易于接受的教学语言，使学生形成一个个清晰的概念。从而达到由形象思维转化成抽象思维的目的。

第二，感染作用。教师在教学过程中既要向学生传授知识，也要用富有感情的语言来感染学生，即“以声传情，以言动心”。如果教师在教学中能恰如其分地进行富有感情色彩的讲述，就会引起学生强烈的共鸣，收获良好的效果。

第三，诱导作用。教师的语言表达能力对学生的学习心理和思维活动都有直接影响。因此教师较强的语言表达不仅能诱发学生的求知欲，也能引导学生积极思考。也就是所谓的“循循善诱，谆谆教诲”。教学中，教师语言能力强，学生上课就兴致盎然，趣味无穷，达到事半功倍之效；反之，学生就会觉得索然寡味，昏昏欲睡，教学效果不如人意。

第四，强化和内化作用。教师好的语言表达能力，既能激起自己讲话的兴趣，在实践中不断强化自己的语言表达能力，还能使自己成为学生仿效的榜样。常言所说的“耳濡目染，不学而会”就是这个道理。简言之，教师的语言表达功底如何对学生起着直接内化的作用。

2.5.3 语言表达的要求

教师课堂教学用普通话进行是教学语言的准则，这样可以为学生创造使用普通话的氛围并养成习惯。除此之外，还有以下基本要求。

1. 规范性

课堂教学语言不能未经深思便信口开河，而应以书面标准去规范它，要讲究语言内部的组合规则。

2. 准确性

在课堂教学过程中，要做到恰如其分就应以准确无误的语言表达。要达到如此境界就要求在备课时对课堂教学中使用的语言进行反复斟酌，仔细推敲，使得语言表达更加细腻、准确。

3. 生动性

课堂语言要求生动，注意通过抑扬顿挫来活跃课堂气氛，显示知识的重难点。切忌用单调枯燥呆板僵化的语言教学。在用语上也要注意形象活泼，有趣味感，从而让学生感受到学习的乐趣。

4. 通俗性

课堂语言要求通俗易懂。通俗易懂并非讲话内容浅显，而是讲究深入浅出，将深奥内容以较易理解的方式表达出来。其本质就是借助语言手段化难为易，化繁为简，化深奥为浅显。

5. 流畅性

所谓的流畅性是指在教学过程中要求用语连贯，不结巴；语句紧凑，不断续。

6. 亲切性

教学过程中，为减少同学的心理负担轻松听课，要求教师以亲切的语言教学代替板着面孔甚至呵责的语气讲课，这样可以避免学生产生紧张感、压抑感和恐惧感，更加有利于消化知识。

7. 文明性

课堂语言文明健康，富有美感，可以使学生在净化的氛围中接受人类智慧结晶，并得到美的熏陶。

2.5.4　语言表达的艺术

语言作为人类交际的工具，在教学过程中教师的语言表达能力直接影响着教学效果。要提高向学生传道、授业、解惑的效果就必须研究语言的艺术性。

1. 语言亲切，富有情感

作为师生双方信息交流的载体，亲切和感人的语言最能使学生保持积极舒畅的学习心境，从而唤起热情。常言道“感人心者，莫先乎情”就是这个道理。教师在教学过程中对待学生尤其是差生应该保持语言的亲和力，以此来维护他们的自尊心，激励他们的上进心，这样有利于发掘他们的闪光点，激发他们的学习动机。当然，表扬、激励、鼓舞都必须有的放矢，不失分寸。反之，如果教师批评、指责、挖苦就会使学生失掉学习的信心并产生厌学情绪，这不得不说是教学的失败。

2. 语言精练，提高效率

语言精练就是要求教师在教学过程中少说废话，用最少的语言表达最丰富的内容。如果课堂中什么内容都做到面面俱到反而会影响教学效果，更加不利于学生的智力发展和能力的培养。语言精练不是单纯消减数量，而是旨在提高语言的质量——突出重点，抓住关键，分化难点。语言精练必须要求采用最优教学方法，放手让学生去思考、讨论、猜想、总结，而教师的语言只是起到画龙点睛的作用。

3. 语言生动，确保通俗

生动有趣的语言能够使教学效果成倍增长，简明扼要的口诀、脍炙人口的名言和充满时代感的语言能够让学生更加深刻地理解知识。要求语言的生动、通俗并不是可以出现粗俚的语言，教师更应该使用文明、规范、高雅、蕴含丰富知识的语言。

4. 语言幽默，增加趣味性

正如苏联教育家斯威特洛夫所说：“教育家最主要的，也是第一位的助手是幽默”。幽默在教学中可以使得教师的讲课变得风趣、睿智，从而具有艺术魅力，也有益于学生理解记忆新知识。幽默的本意不在于搞笑，而应根据教材内容进行，绝非为了幽默而幽默。不同教师上课都具备自己特有的个性，有的教师课堂上时常引经据典，滔滔不绝；有的教师则言简意赅，长于风趣；有的教师慢条斯理，言辞平稳……一般来说，各种讲课风格都有自己的优缺点。因此，教师在语言表达中要加强自己语言的个性化修养，扬长避短，从而提高自己的语言表达能力。

2.5.5　语言表达案例展示

化学虽是一门自然科学，但若对教学语言进行精心的设计安排，力求生动、形象、幽默、风趣，就能使学生在愉快的气氛中学到知识。学生在听许多有经验的教师上课时常常由于情绪处于亢奋状态而深感短时高效。

许多教师感到对化学概念和理论的讲解抽象枯燥，但只要用风趣的语言、教学资源和与众不同的思维，就能化繁杂为简洁，化单调为丰富。如在讲解核外电子排布时，针对“电子离核越近能量越低”，某教师向学生打比方说：“这好比你们婴儿时，爸爸将你抱在怀里；学会走路时，爸爸将你牵在手上；你再大一点，爸爸则说：‘走，外边玩去。’即是说，离核越近，能量越低；离核越远，能量越高。”学生听到这里便点头称是，欢笑不已。如学生写电解食盐水的化学方程式时，经常忘记写反应条件“电解”，为了促进学生注意反应条件，某教师对大家说：“如果这个反应在通常条件下就可进行，家里的炒菜锅岂不是成了生产烧碱和氯气的设备了吗？”这种风趣语言联系了生活实际，又强调了反应条件的重要性。化学概念和理论抽象枯燥；化学反应现象、条件复杂，要熟记它实在不易。但在老师幽默的讲解、形象的比喻中变得那么有趣、明白，这就是“幽默型”语言独具的魅力。

2.6　课堂结束能力

教师在完成课堂教学活动时，对所教知识进行归纳总结，使学生对所学知识形成系统并转化、升华的能力称为课堂结束能力。一堂具有艺术魅力的好课堂如同一支宛转悠扬的乐曲，开始扣人心弦，接着引人入胜，最后余音绕梁。

结束是曲终，引入是起调。结束技能与导入技能一样，是衡量教师教学艺术水平的重要标志之一。结束技能不仅广泛地应用于一章学完、一节新课讲完，也经常应用于讲授新概念、新知识的结尾。

2.6.1　课堂结束的特征

结束语对于一堂课来说是必不可少的，它是课堂结束的显著标志，具有以下特征：

1. 突出知识重点

结束语不求每一面都讲得很清楚，只求突出知识的重点结构。根据学生具体情况简明扼要地归纳总结，旨在达到提炼主题、概括要点、灵活应用的目的。

2. 揭示规律，启发思维

化学课的结束语可采用拓展延伸、发散思维、假想推断等方式揭示化学内在规律，启发学生思维。

3. 承上启下，联系沟通

化学课的结尾通过新旧知识联系和比较，引导学生掌握知识之间的联系和区别，显现出一定的系统性，从而构成一个知识网络。

4. 创设悬念，启发思维

悬念可增加学生的求知欲，启发学生对学习的兴趣，使得前后知识联系在一起。课堂结尾虽然短暂，却能牵一发而动全身。能否好好利用这一阶段是将教学推向另一高度完成教学第二次飞跃的关键。

一言蔽之，一堂优质课程是由每个细节组合而成。好的课堂结束语能够使学生由发现、体会、遗憾、问题等转化为对后续知识的生长点，是化学思维的开放点、化学情感的激发点、化学能力的迸发点。

2.6.2　课堂结束的类型与方法

结束技能分为封闭型和开放型两种。封闭型结束又叫认知型结束，旨在巩固学生所学的知识，将其注意力集中到课程重点上。所谓开放型结束是指把学到的知识向其他方向延伸，达到拓宽学生知识面，引起其研究兴趣的目的。同时也能把前后知识联系起来使得知识系统化。

教学中具体采取什么教学方式要根据实际情况而定。通常情况下，结束流程大致为：简单回忆，要点提示，巩固应用，拓展延伸等。常用的结束方法一般有：

1. 系统归纳

所谓系统归纳是指用简练的语言，概括性地将课堂内容总结，给学生以系统、完整的印象。这样可促使学生加深对所学知识的理解与记忆。总结一般由教师做，然后分配给学生补充、修正。如此这般可以强化重点，明确关键，达到思路清晰，记忆深刻的效果。

2. 比较异同

将教授知识与相关知识联系在一起，找出其相似之处和不同之处。如此前瞻后顾，对关键之处妙手点拨，找出其异同的方法能达到更好的学习效果。

3. 集中小结

所谓的集中小结就是将在不同章节中、循序渐进的同一事物的属性和变化，集中归纳小结，以达到掌握某一事物的全貌、概括出零散知识的规律的目的。

4. 巩固练习

在结束部分，适当地安排学生的实践活动，不仅可使学生的“基础知识和基本技能”得到强化和运用，还可以使得课堂教学效果及时得到反馈，获得调整教案的信息。

无论采取何种方式结尾都要能让学生更清楚地明白本课所学，完善学生的知识系统，激发学生继续学习的兴趣，提升学生的化学学习能力。

2.6.3 课堂结束的作用

1. 巩固知识

所有课堂都有自身的价值，都有含金量。这些信息不是孤立的，而是联系在一起的，是按照一定的逻辑组合而成的。运用结束技能对一节课或一单元课所学的知识信息进行及时的系统化总结、巩固和应用，使学生对新的知识更加清晰，经过这种及时的小结、复习，可以将知识信息从原来的瞬时性记忆转化为短时记忆或长时记忆，达到复习巩固的效果。

2. 及时反馈

运用结束技能可以起到及时反馈教与学的各种信息的作用。教师可以利用最后一段时间，通过完成各种类型的作业、练习、操作问答、小总结、判断评价等活动方式，检查教的效果及学生掌握知识的程度，为下一步的调整改进及时提供了反馈信息。

3. 承前启后

知识通常是前后连贯的，不仅有纵向的联系，还有横向的关系。一个好的结束有利于为以后知识的学习做好准备，为讲授以后的新知识打好基础，起到课与课之间，知识与知识之间的承前启后作用。

4. 促进思维

教师在课堂结束时，为了便于学生在课后有针对性地复习，可以留下悬念，埋下伏笔，促进学生的思维活动深入开展，进一步诱发学生继续学习的积极性。

2.6.4　课堂结束的要求

课堂结束不是随心所欲，它是有一些基本要求的。

1. 在讲授新知识快结束时，应该总结和复习巩固

实验表明，记忆是一个不断巩固的过程，由瞬时记忆到短期记忆再到长期记忆，有一个转化过程。实现这个转化的最基本的手段是及时总结，周期性复习、巩固。所以在讲授新知识接近尾声时，要及时总结和复习巩固。尤其对那些逻辑性很强的规律性知识，更应加强归纳总结。

2. 结合课堂教学目标

课堂总结要不离教学目标，随时抓住教学重点和知识结构，根据学生掌握知识的情况和课堂教学情境，随机应变地进行总结。总结要精简，做到有利于学生回忆和运用。

3. 深化课堂

在一节课快要结束时，应该概括本单元或本节课的知识结构，深化重要事实、概念和规律。经过精心总结而得出的系统、有效的知识网络，有利于帮助学生把零散孤立的知识纵横联合起来，了解概念、规律的来龙去脉。

4. 安排活动

安排恰当的学生实践活动，譬如练习、口答、讨论、小结和实验等。

5. 任务布置

布置作业要求明确，数量适中。结束环节的安排要连贯紧凑，切忌拖堂。

2.6.5　课堂结束的艺术

化学课堂教学完美有效的结尾可以深化学生的认知，启发学生的智慧，再次引起学

生认知情感的强烈共鸣，从而能够在理性中发现美、感受美、欣赏美和创造美，继而实现获取知识、陶冶情操和培养健全人格的教育教学目标。

可以将化学课堂教学看作一个有机的整体，其每一个环节都需要精心设计，特别是结尾环节，更不能忽视，不能过于简单和老套。课堂教学的结尾需要创新，需要讲究一定的艺术，这是由学生的认知规律和身心发展的特点决定的，同时也是提高化学课堂教学有效性的迫切需要。当认识到课堂结尾的重要意义时，新教师更需刻苦研究化学新课程理念、课堂教学的特点，在教学实践中努力开发、积极创新，努力提升课堂结尾的创新性、多样性、灵活性，为学生创设一个耐人回味的结尾，从而促进学生对课堂教学内容的消化、吸收和巩固，使得课堂教学的有效性获得明显的体现。

2.6.6　课堂结束案例展示

一堂优良课程在有一个好开头的同时，也需要一个良好的结尾。在进行化学课教授时，化学教师必须经过巧思妙想，精心设计出一堂课的结尾，如同一台晚会的压轴。好的结尾能紧紧地吸引学生，也能帮助学生认识、记忆、概括、深化知识，激发学生学习化学的兴趣，使学生愉悦地接收知识，同时做好课后作业以及下一节课的准备。

1. 以悬念结尾

这种结尾方式类似于章回小说中的“要知后事如何，请看下回分解”。在学生掌握授课内容的基础上，教师通过精心设计的问题，以“悬念”调动学生“胃口”，可以使学生养成善于思考的好习惯。例如，在学完“醇的性质”一节时，可以给学生留下这样一道题：“通过本节的学习，大家已认识了醇类的性质，试想一下，醇类含有羟基，苯酚也含有羟基，所以二者的性质极为相似。你认为这种说法对吗？”这种结尾达到设“悬”立“疑”，诱发学生强烈的求知欲、点燃学生思维火花的目的。在这种悬念的驱使下，学生自然抽出一定的时间预习有关苯酚的内容。

2. 以问题结尾

当学完一节化学课后，教师根据教学的重点内容和概念，精心设计出一个问题，让学生展开热烈的讨论。例如，在讲完“塑料 橡胶 纤维”一节后提出这样的问题：“设想一下，如果没有人工合成的塑料、橡胶、纤维材料，我们的生活将会怎样？请用生活实例说明。”以此结尾，将有利于学生形成善于合作的良好品质和勇于探索的创新精神。

3. 以实验结尾

化学是一门以实验为基础的自然科学，教师可根据教学内容设计一些小实验、小制作，引导学生课后去动手动脑，以加深对教材的理解，学会应用所学的知识去解决问题。例如，在讲完“化学反应为人类提供能源”一节时，可提出以下问题：“手边有一个锌片，两根导线，你能否利用课余时间再找一个合适的电极和一个能起到电解质溶液作用但不是溶液状态的物体，组成一个原电池？”类似的实验性结尾，不仅扩大了学生的知识领域，而且体现了理论联系实际和自我探究的学科特点，对培养学生对化学的学习兴趣和实验的动手能力大有帮助，同时这正体现了新课改的要求。

4. 以总结结尾

课堂结尾时，教师用准确、简洁的语言或图表，把课堂上所教的内容归纳总结，突出重要知识点，形成知识体系，就有利于学生掌握，达到巩固所学内容的目的。这是常用的结尾方式。例如，在讲完“金属钠的性质”时，可将钠与水反应的现象概括为：浮、熔、游、响。这样简洁的语言，便于学生理解、记忆。在讲完“铁及其化合物的氧化性和还原性”时，将内容概括为一个“铁三角”图形，这样直观、形象的图形便于学生掌握。

5. 以游戏结尾

经过一节课的紧张学习，学生会感到疲劳、精神不振。课堂结尾时如果能利用本节课所学的知识设计一个小游戏或小魔术，使学生在愉悦之中结束一节课的学习，教师何乐不为呢？例如，在讲完“氨气”性质时，在结尾可设计一个小魔术：预先用吸水性较好的白纸制成一束有叶片的花，在花和叶片上分别涂上酚酞溶液和硫酸铜溶液，晾干后插在花瓶里备用。表演时用喷雾器向花束上喷洒稀氨水，这时会出现色彩艳丽的“鲜花”——红色的花朵、蓝绿色的叶片。然后让学生解释现象。学生不能解释的，教师再给出答案。这样，会给下一节的学习带来积极的影响。

总而言之，课堂教学的结尾需要讲求实效，以便在教学中起到承前启后的作用。教师在教学中为提高课堂效率，应不断地对其进行研究。

2.7　课后反思能力

教师在课堂教学后把教学实况像放电影似的在头脑中重过一遍，回顾一下自己的教学目标是否达到，教学任务完成得如何，学生反馈怎样……然后把注意的焦点对准那些使自己激动以至于一时难忘的事情上。最后抓住时机，选择典型事例、新鲜感受、深刻体会……然后记录下来，这就被称为课后反思。何谓课后反思？简言之，就是分析教学技能的一种技术，是对教学活动的深入思考，这种深思使得教师能够有意识地、谨慎地、经常地将研究结果和教育理论应用于实践。课后反思是一种有益的思维活动和再学习活动。课后反思是教师通过对其教学活动进行的理性观察与矫正，从而提高其教学能力的活动。反思是取得实际教学效果并使教师的教学参与更为主动、专业发展更为积极的一种手段和工具。为了进入更优化的教学状态，使学生得到更充分的发展，教师在课后需要自觉地把自己的课堂教学实践作为认识对象进行全面深入地冷静思考和总结。

所谓的课后反思能力是指教师以自己教育教学活动为思考对象，对自己的决策、行为、方法以及由此产生的结果进行审视、分析、调整的能力。

2.7.1 课后反思的作用

说到底，课后反思是提高教师自身素质和提高教育教学水平的重要途径。课后反思是教师在课堂教学告一段落之后，把课堂上的反馈信息、自我感觉以及引发的诸多思考形成文字，促进教者及时总结教学中的经验教训，更有效地处理和运用教材，逐步掌握教学规律，从而提高自己的教学水平。反思是教师以自己的教育教学活动为思考对象，对自己所做出的工作行为、决策及由此产生的结果进行审视和分析。课后反思是教师进步的阶梯，是教师进步的重要途径。通过教学反思能够不断地、逐渐地提高教师自我的教学监控能力，提升教师的专业素质、综合水平等。进行课后反思有助于教师逐步培养和发展自己对教学实践的判断、思考和分析能力，从而为进一步深化自己的实践性知识，直至形成比较系统的教育教学理论提供了有效的途径。只有通过反思，教师才会不断地剖析自己在课堂教学中的优缺点，细致地、冷静地加以推理总结，具体地对于某一个问题的对策、某一个教学环节中学生的质疑，甚至某一个辩论回合展开思考。只有通过课后反思，教师的有效经验才能上升到一定层次，才会对后续的教学行为产生积极的影响。在反思中，已有的经验得以积累，成为下一步教学的能力，日积月累，这种驾驭课堂教学的能力将日益形成。一个优秀教师的成长过程中离不开不断的课后反思这一重要环节。总之，课后反思是一种有益的思维活动和再学习活动，也是回顾教学、分析成败、查找原因、寻求对策、以利后行的过程。课后反思能够进一步激发教师终身学习的自觉冲动，不断地反思可以不断地发现问题，从而提升自身的教学水平。

2.7.2 课后反思的特征

课后反思是一种教学反思，具有如下特征：

1. 课后反思的超越性

课后反思的精髓之处在于教师要敢于对一切提出质疑，尤其是怀疑自己，并且在怀疑中肯定自己成功的地方，积累经验并把失败作为教训。这是教师不断地突破自我、超越自我的方法，从而使其教学能力能够更上一层楼。

2. 具有个性化

课后反思是教师自觉地把自己的教学实践作为认识对象进行审视。没有任何时间、地点、条件的限制，是别人不可代替的，是教师的自我修炼的过程。教师的个性化人格特征是通过反思形成的。

3. 反思的时机性

教学中捕捉到的灵感、信息，教学中的独到之处，新的见解，教师通常会在头脑中一闪而过。如果在教学中对某一问题百思不解，那么在散步、睡梦中的奇思妙想，要及时记录下来，以备后用。

2.7.3　课后反思的类型

反思类型基本可以划分为纵向反思、横向反思、个体反思和集体反思。

1. 纵向反思

所谓纵向反思，是指把自己的教育教学实践作为一个认识对象放在长期的教育教学过程中进行思考和梳理。同时不断地获取学生的反馈意见，并把它作为另一个认识对象进行分析，最终把两个具体的认识对象合在一块儿整合思考。课后反思不是某一阶段的特殊任务，而是贯穿于教师的教学生涯。

2. 横向反思

何谓横向反思？简言之就是教师通过自我与校内同事或校外同行对相同或相似的教育教学活动进行对比后的反思活动。横向反思要求教师不要闭门造车，而是要自觉开展听课交流，研究别人的教育教学长处，利用他山之石进行学习比较，找出自己在理念上的差距以及解析手段、方法上的差异，从而提升自己。教师要达到登泰山而小天下的境界，就要必须不断学习先进教师的教育教学经验和先进的教育教学理论，提高自己的实践和理论水平。

3. 个体反思

所谓个体反思就是教师自我独立进行的针对教育教学活动所作的反思。个体反思是任何教师都必须开展的一项工作，尤其是新教师必须积极开展个体反思。一般情况下一堂课下来就总结思考，写好课后一得或教学日记；一周课下来或一个单元讲完后要反思，发现问题及时纠正；每月对自己一个月的教学活动要进行梳理；每期期中进行自我质量分析，这是比较完整的阶段性分析，通过期中考试后召开学生座谈会，听取学生意见，从而进行完整的整合思考；也可以对一个学期、一个学年或一届教学进行宏观反思。

4. 集体反思

集体反思指与同事一起观察自己的、同事的教学实践，与他们就实践问题进行对话、讨论，是一种互动式的活动，它注重教师间成功的分享、合作学习和共同提高，有助于建立合作学习的共同体。注重教师之间的合作与对话是集体反思性教学的一个重要特征，这是由教与学的社会性本质所决定。常言道：当局者迷，旁观者清，以旁人的眼光来审视自己的教学实践，能使自己对问题有更明确的认识，并获得对问题解决的广泛途径。教师可以互相观摩彼此的教学，详细记录所看到的情景，还可以用摄像机将教学活动拍下来，组织观看。每个观摩的教师都写教学反思，都以自己的教学实践去分析，促使大家各自思考，然后共同研讨，重在针对教学中普遍存在的困惑，进行集体反思，每个教师发表自己的见解，提出解决问题的思路。即便出现认识上的冲突，也可看作是一个智慧碰撞和切磋学习的机会。事实上，为了获得更新、更全面的认识，除了同事之间的集体反思外，还可以请教育教学专家介入，提出有促进性、针对性的建议，促使教师不断反思。

2.7.4　课后反思的要求

1. 要反思教学行为是否达到课时教学目标

教师在制定课时教学目标的时候，需要考虑知识与技能、过程与方法、情感态度与价值观这三方面的目标，把握好目标的具体性、可操作性、可实现性。在课后反思课堂教学过程和结果，课前订立的教学目标是否达到，是什么原因影响目标未完全达成，通过教学自己在以后订立课时教学目标时需要吸取哪些方面的教训，有什么经验需要沉积和保持等。

2. 要反思教学活动是否进行了沟通与合作

教学活动作为教育活动的一部分，没有沟通就无所谓有效教学，失去了沟通的教学是失败的教学。教师要明白教师的“教”是为了学生更好的“学”，教学活动一定是师生的双边活动，而且还要把学生的“学”作为教学活动的主体，因此，要实现此主体的主动学习，教学重点沟通与合作是完全必要的。在沟通合作过程中，师生双方都有必要敞开心扉、相互理解、相互接纳，相互作为平等的一员投入到真正意义上的教学之中去，以最大限度地取得教学效果。

3. 要反思是否创造性地使用了教材

根据新课程理念，教材的第一功能是作为教与学的一种重要资源，而非唯一的资源，它不再是完成教学活动的纲领性权威文本，而是以一种参考提示的性质出现，给学生展示丰富多彩的学习参考资料。既然作为参考性教学资源，说明教材内容的呈现绝对不是一成不变，教师应根据教学实际情况参考教材内容对教学设计做更科学、合理的安排，包括删减、增添教学内容；调整教材教学内容的顺序等。

4. 要反思教学过程是否调动了学生

教师要随时反思自己在教学过程中是否调动了学生，譬如：教学中有没有给学生思考的空间？小组合作学习有没有流于形式？讨论是否富有成效？过度使用电化教学手段是否有越俎代庖之嫌？有没有关注学生情感、态度、价值的变化？这些都是值得思考的问题。对这些问题必须认真回顾、仔细梳理、深刻反思、无情剖析，并对症下药，只有这样才能找到改进方法。

5. 要反思教学过程中是否有闪光点

教学中的闪光点出现可能会有两种情况，即教师教学设计中的预设、教学过程中的生成，而预设生成是教师无法把握和调控的，但是教师可以创设条件，去促使这种闪光点的生成。如教师可以对课堂上很多信息加以留意、捕捉和整合，并及时发动学生参与讨论，听取学生的观点，使得师生的奇思妙想进行有效碰撞，迸发出创新火花，从而拓展师生对问题探讨的思路，进一步提高教师教学水平。

2.8　师范生化学课堂上课能力的培养与提升实训内容

2.8.1　实训目标

通过培训，使师范生不断提升化学课堂教学中的课堂引入能力、课堂提问能力、课堂讲授能力、板书板画能力、语言表达能力、课堂结束能力和课后反思能力，引导和促进学生成为有见识、有能力、有责任感的自主学习者，培养其成为有理想、有抱负，德智体美全面发展，基础扎实且富有创新精神和实践能力的优秀中学教师，为其成为教育家奠定坚实基础。

2.8.2　实训内容

课堂引入、课堂提问、课堂讲授、板书板画、语言表达、课后反思。

2.8.3　实训程序

1. 根据分组情况进行集体备课

（1）根据分组情况（所教年级）进行教案编写，编写人说课。
（2）组内讨论。
（3）修改教案，再讨论，直至意见统一。

2. 师范生上课，组内其他成员集体听课，撰写听课记录

3. 课后评课，记录讨论内容

（1）个人根据听课的观察记录，尽量提出教学中存在的问题，便于修改进行下一

轮教学。

（2）记录讨论内容，尤其是讨论中提出的意见。

4. 撰写教学反思记录

5. 根据评课的内容修改教案和培养自己的教学技能

6. 再次循环实践

2.8.4 实训小结

针对实训中课堂教学的七个环节进行小结。

2.8.5 实训作业与实训报告

1. 教学反思

教学结束后自己反思，结合听评课活动撰写反思记录。

2. 撰写教学日志和周记

日志：记录每天教学中的重点内容、成功与问题；周记：每周进行总结，详细描述一周内日常教学中，成功或不成功地开展教学的一个具体课堂教学片段，并总结成功或不成功之处，或者以教学故事的形式进行呈现。

3. 撰写实训报告

2.8.6 实训评价

对某同学评价时，既要在组内互评，也要求指导教师对其进行综合评价，以帮助师范生课堂教学能力不断提高。

2.8.7 知识链接

（1）教学反思
http：//www.suishi520.cn/.
（2）教学反思——新课程下高中化学年轻教师快速成长的伙伴
http：//www.zxxk. com/ Article/0910/82399.shtml.

参 考 文 献

闭秀锦. 2009. 化学课堂教学导入浅探[J].中学教学参考，（17）：121.

陈良瑞. 2012. 科学调控课堂讲授时间策略探微[J]. 当代教育科学，(21)：36-37.
陈永红. 2002. 试论教师的教学语言修养[J]. 安徽警官职业学院学报，(1)：65-67.
成文林. 2010. 愉快教学法在化学教学中的应用[J]. 山西教育（教学），(3)：20-21.
丁世杰，赵维欣. 2001. 板书设计中的四个误区[J]. 教育艺术，(11)：28-29.
范卫庆. 2011. 教师课后反思的现状与对策[J]. 职业，(20)：137.
甘国俊. 2011. 初中物理教学课堂引入策略探讨[J]. 教育与教学研究，(1)：127-128.
何正高. 2011. 课后反思的认识和体会[J]. 基础教育研究，(2)：22-23.
贾珍霞. 2003. 大学英语课堂提问的调查分析[J]. 河北理工学院学报（社会科学版），(3)：165.
廖成基. 2010. 新课改下如何发挥好化学课堂提问的作用[J]. 宁德师专学报（自然科学版），(2)：205-208.
刘大军. 2013. 浅谈高中课堂引入多媒体技术的教学优势[J].传奇.传记文学选刊（教学研究），(1)：59.
刘庆. 2013. 高职课堂引入低碳教学理念的调查研究[J]. 教育与职业，(11)：172-173.
陆仁华. 2010. 化学课堂教学理念新变化[J]. 教育研究与评论（中学教育教学），(6)：75-78.
屠育凌. 2010. 课堂提问的思考[J]. 南昌教育学院学报，(8)：114.
王方林. 2002. 何谓有效的课堂提问[J]. 教育理论与实践，(7)：45-47.
王建英. 2011. 巧设课堂引入，提高高一数学学习兴趣[J]. 现代阅读（教育版），(8)：12.
王玲. 1997. 化学教学板书设计的原则和形式[J]. 教学与管理，(11)：22.
徐荣国. 2008. 例谈初中化学课堂教学中引入的作用与技巧. 中学化学教学参考，(11)：6-8.
徐勇. 2013. 提高课堂讲授有效性的抓手[J]. 科学咨询（教育科研），(2)：23-24.
周玉明. 2011. 新课程理念下化学板书设计的优化策略[J]. 中学化学教学参考，(10)：22-23.

第 3 章　师范生说课能力的培养与提升

学习目标：①了解中学化学说课的基本概念和特征以及基本原则。②掌握如何对中学化学教材的内容进行说课的设计。③能够对现有案例进行认真分析，提高自己化学说课的能力并能够运用说课的知识科学、流畅地说课。

说课是伴随着现代教学改革而涌现出来的新生事物，从推出到现在虽然只有二十多年时间，但由于其将教学工作实践和教学理论研究进行了有机结合，很好地解决了教学与研究、理论与实践相脱离的矛盾。这样不仅能促进教学工作的整体优化，从根本上提高教师素质，而且具有简捷、省时、高效，不受教学进度、学生场地、教学媒体等条件的限制，易于安排和便于控制等特点，已经逐渐被广大教育者认可和接受。近年来说课在越来越多的地区和学校广泛开展起来，经常被应用于教师基本功竞赛、教师招聘、新教师上岗、教研组备课等教学、科研、竞赛等活动中。

随着课程改革的推进，课改所倡导的新理念正深刻地影响和引导着教学实践。减轻学生负担，提高教学质量，做到学生精力的低消耗和知识的高收获，已经成为新形势下教育课程改革对教师们提出的高要求。说课，作为新的教研形式对于教育观念、教学方式的变革，对于教育理论的理解和掌握，对于教学的研究和反思无疑都是一种切实可行并行之有效的教研方式。因而，说课的内涵、功能，它与备课和上课的关系，如何有效地指导教学，在当前新课程改革背景下如何更好地运用并发挥它所特有的功能等问题是值得我们研究的。

3.1　说课的概念及其特征

3.1.1　说课的概念

说课的概念是什么？这是我们认识、把握和研究说课时必须要探讨的基本问题。近二十年来，说课活动已经逐渐展开并被广泛接受和运用，但到目前为止，关于说课的概念还没有统一的阐述。“说课，是指授课教师在充分备课的基础上，面对同行、专家或领导，系统而概括地解说自己所作的教学设计及其理论依据和对具体课程的理解，然后由大家进行评说、共同讨论、确定改进意见，再由授课教师修改、完善其教学设计，旨在提高课堂教学效率和教师教学业务素质的一种教学研究活动和师资培训的组织形式。”该定义包含说课的全过程以及说课的目的。“说课是指在一定场合下，教师依据教育理论、教学大纲、教材内容、教学条件、学生情况等因素，分析教学任务，陈述教学目标，讲解教学方案，然后让听者评说，达到共同提高的教学研究形式。”相对来说，这种说法虽然狭义，但却较为具体，它不仅说明了说课的思路和过程，更重要的是列举了说课时参考的理论依据以及说课的内容。说课形式新颖、灵活，它是指教师在上课前或上课后，在一定的时间范围内将自己对某节课课堂教学设计的思想与理念、教学重点与难点的确定、教学方法的选择、教学过程的实施以及实施教学后的反思等方面，向专家或同行所作的说明与分析。这种观点将说课的时间从备课后上课前扩展到了上课后，说课的内容也有了相应的延伸，明确指出了说课的一个特点：具有时间限制性。

从上面的几种定义我们可以看出，人们对于说课的概念是同中有异，相互交叉的。我们可以综合上述的几种说法，比较全面地来认识说课。说课是指教师在课前或者课后（一般是在充分备课后上课前），在一定的场合，一定的时间内，面对同行或专家，用“演讲”的形式阐述自己针对某节课或者某个问题的教学思想、教学设计等以及理论依据，抑或是对某个观点的看法，然后由听课者进行评说，共同讨论，达到互相交流，同步提高的目的的一种教学研究和师资培训的活动。

说课具有教研活动的一般性质。首先，它具有群体性，即由众多教师、同行参与；其次，说课具有交流性，即说课者与听课者要进行意见交流，沟通想法；再次，它具有一定的研究性，即交流的内容是说课者经过一定研究的结果。

3.1.2　说课的特征

在说课过程中，常常存在这样一些问题：一是说得过于简洁，仅仅包含了几个教学环节的内容；二是内容逻辑混乱；三是没有说课的味道，反而感觉更像是在演讲或作报告。说课应该让对方明白你阐述的意思，知晓你究竟想在课中做些什么，怎么做，为什么这么做。当然，这只是其中一部分，另外，你还要让他人能够认真仔细地听你说。一般来说，好的说课应该具有以下几个重要的特征。

1. 突出教学理念

任何一门学科、一堂课在教学设计中一定贯穿一定的教学理念，说课也是如此。在说课过程中，每一个环节的设计，说者需要阐明教学目标、教学环节等的设计思想和指导理论，也就是说清楚“为什么”这样设计而不那样设计。先进的教育理念将会引导教师将自己的教学设计成具有生命力和亮点的精彩课堂。

2. 体现教学能力

同一堂课，有的教师教授起来平平无奇，而有的教师则会构思奇妙、精彩迭出。要将平常课程打磨成一堂精彩示范课，需要教师具备多方面的综合能力，包括教学理论的丰富、教学设计思想、对课程结构的通常安排、对学生学习方式的引导等，通过说课，可以把一般的“教书匠”慢慢转化成为“教学大师”，这也充分说明教师的说课对教师教学能力的提高具有很大帮助。

3. 展现教学境界

教学是一门科学，也是一门艺术，其中的创造性必不可少，所以，创新是教学的灵魂，也是教学的最高境界。说课者对教学的创新便体现在他说课中对教学准确而独到的见解，对教学环节独具一格的安排，对于教学策略独树一帜的理解和独特的运用技巧。

4. 展示演讲才华

"说课"的"说"，就是要有良好的口头表达能力、语言组织能力，犹如艺术中的"说评书"中的"说"，这样的"说"能让故事紧扣听者心弦、高潮迭起、为之神往。总起来说，说课具有表演功能，也即优秀教师的说课要具有优秀演讲的特质，这样的说课能够思路清晰、言语清楚、设计巧妙、引起共鸣，使教学理念、教学思想充满魅力。

3.2 说课的目的和功能

3.2.1 说课的目的

说课的目的之一在于交流。交流教师们如何备课；交流彼此对教材的理解，依据课程标准和教材制定的教学目标，由学情和教情确定的重难点，未达到课堂教学目标和教学条件而选择和采取的教学方法，在组织教学时如何进行学法的渗透与交流；交流彼此是如何设计教学程序的。

当然，交流也不是最终目的，只是说课过程中的阶段性目的。说课的最终目的是使教学工作者能取长补短，博采众长，以此达到共同提高，全面提高教师的教学水平。即通过说课，提高教师的教育思想水平、科学文化水平、教学业务水平、教学方法水平以及教育科研水平。

说课更深层次的目的是活跃基层学校教学研究的气氛，调动教师参与教育教学的积极性，使众多教育工作者产生一种继续不断的共同上进的信念，引导教师能主动地去感悟领会先进的教育教学理论的真谛，能够灵活而有效地驾驭课堂教学。

3.2.2 说课的功能

说课是以教育学、心理学理论为指导，以同行为对象，以每堂课的具体知识为内容，以教学具体操作为借鉴，对教材、教法、学法及教学程序进行论证的教研活动，因此，说课具有其他教研活动所不能比拟的功能。说课的功能主要包括以下几点。

1. 提高教学效果

说课活动，实际是对教师上课前的一次"审阅"。通过说课，说者的教学布局、教学程序、深浅程度均可得到同行及领导的指点，帮助教师能更好地把握住教学的重点和难点，避免教师在课堂上无效劳动。说课，同时也为广大教师创造了表现各自教学风格的舞台，提供了展露自我教学能力的机会，最大限度地调动教师钻研业务的积极性，促使教师正确选择教学方法，科学地安排教学程序，合理地使用课堂有限的时间，搞好教育教学工作，从而有效地避免课堂教学的随意性和盲目性，为提高教育教学质量奠定可靠的基础。

2. 帮助教师提高理论水平

由于说课不仅要求教师们要说出教什么，怎么教，还要说出为什么要这么处理，其中又数“为什么这样教”为重点。教师们除了自己的教学设想外，还要依据教育教学原则、规律阐明这种教法的理论依据，使得听者能知其所以然。这样一来就要求教师不仅要有一定的专业知识，还必须具有正确的教育思想和教育理论水平，使得教师从传授型逐渐向研究型、学术型、专家型转化。

3. 促进教学相长，提高教师教学能力

由于说课是同行之间的一种教学经验交流活动，它可以使教师们彼此之间取长补短，促进教学能力和水平的提高。青年教师们由于刚参加工作，思维敏捷，思想开放，接受新事物能力强，敢于大胆参与教育教学改革，而老中年教师则有着丰富的教学实践和扎实的业务基础知识，并且在较长期的教学中摸索出自己独特的教学风格。但也普遍存在缺乏开拓精神的不足。通过说课，老、中、青年教师彼此之间可以互相学习，从而达到教学相长，提高教学水平和教学质量的目的。

4. 促进教研工作的有效开展

说课是群体教研活动的较好的形式，是教学与研究有机结合的好办法。说者根据要求不仅要说得准确，而且有理有据，还要说出水平，说出创意，这就要求说者在说教之前要下工夫认真钻研教材研究教法。而听者也要根据要求对说者作客观恰当的评价，这就给青年教师施加了压力，也为经验丰富的教师注入了动力。促使教师在教研中潜心钻研教育教学理论，并对教学业务进行认真探讨，学会怎么钻研教材，研究教法，加强综合训练及如何联系实际，生动、具体地教书育人，使教育教学工作更加具有活力和吸引力。

5. 促使师范生接受新的教育思想

在师范院校开展说课活动是转变师范生的教育观念，接受新的教育思想的有效途径。师范生为了“说”好课，迫切需求大量的与说课相关的教育理论信息。师范生要想练好“说课”功，就需要去专研、去理解课程标准、教育学、心理学等领域中的相关理论，并在实际说课中验证并加强运用。

6. 促使师范生的综合素质和教育教学技能的提高

说好一堂课，需要说课者有良好的心理素质、扎实的专业知识、丰富的教学经验、丰富的教学理论素养，这就要求师范生要经常研究教学规律，了解学生认知特点，揣摩教学模式、教学方法、教学手段，以试图在教育实习期间积极参与教学的实践等方式达到提升自我综合能力的目的。

3.3　说课的原则

说课属于教研活动的一种，它和其他形式的教研活动的开展一样，也应该在一定的原则下进行。说课的原则是说课理论的重要组成部分，它要阐述在说课过程中，教师应该依据怎样的教学规律进行说课，来提高说课的效果，达到说课的目的。一般来说，在说课中要遵循以下几个原则。

3.3.1　科学性原则

科学性原则是说课的基本原则，它是保证说课质量的前提和基础。在说课过程中，必须要保证教材分析、教学目标、教学内容、教学方法、学情分析等都应该是科学的。

教材分析正确、透彻。在说课中，说课者必须对教材内容相当熟悉，在说课的时候，才能够客观说出教材知识内容结构，才能准确说出知识教学特点。

学情分析客观、准确，符合实际。在说课中，教师应该清楚地知道，学生情况将会影响到教学设计思路、教学模式、教学方法等，因此，客观准确地对学情进行分析是上好一堂课的前提。

科学确定教学目标。教学目标的确定要符合大纲，或者课程标准、教材内容以及学生的实际情况。说课中的教学目标一般应该是课时教学目标，该教学目标的确定相当重要，一般对教学目标的确定应该满足具体、可操作、可实现，切忌“假、大、空”。

选择科学教学方法。教学方法是为教学内容服务的，教学方法的选择应该紧扣教学目的，符合课型特点和课题内容特点，有利于发展学生智能，有较强的可行性，同时教学方法种类很多，教师要科学地进行取舍，选择一种最适合自己学生的方法进行教学。

此外，科学性原则还要求教师说课所引用的教育理论是已经得到公认的，是被科学证明了的，对那些有争议的内容要小心斟酌，所引用的理论不能偏离具体的教学内容，避免架空分析，生拉硬扯，这样会削弱对重点内容的讲解，达不到说课的目的。

3.3.2　理论联系实际原则

说课是说者向听者展示其教学设想的一种方式，是教与研相结合的一种活动。因而在说课活动中，说者不仅要说明其教学构想，还要说清其构想的理论与实际两方面的依据，将教育教学理论与课堂教学实践有机结合起来，达到理论与实践的高度统一。因此在说课过程中，教师应该以理论为指导，用目前推行的有利于培养学生综合能力的理论指导自己的教学设计，从而指导自己的教学。同时，教师在说课过程中也要注意自己的设计思路、方法尽量上升到某种理论的高度，毕竟大多数情况下，我们需要考虑将理论运用于实践，在实践中检验理论的科学性。

3.3.3　实效性原则

说课的目的在于要通过说课这一简易、速成的方式或者手段来在短时间内集思广益，检验和提高教师的教学能力、研究能力，从而优化课堂教学过程，提高课堂教学效率。

要达到说课的时效性，需要做到说课目的明确、有针对性。也就是说课者必须清楚自己的说课是属于研究性说课还是示范性说课，一般情况下，研究性说课是针对自己的同行，主要目的是为提升上课的高度和效率；而示范性说课通常是为参加比赛或示范性引领作用而说课，说课者除了要考虑内容的科学设计、学生能力锻炼以外，还必须考虑把自己的教学特色和亮点展示出来供大家参考学习，带有一定的表演性质。因此，“实效性”也就成为说课者每次说课活动的核心，也是说课取得成功的关键所在。

3.3.4　启发性原则

当前的课堂教学大多要求教师充分利用启发式教学法，做到及时交流和反馈。为了弥补说课现场没有学生配合这一缺陷，要求教师在说课过程中要充分体现出启发性的原则，在说课时要阐述清楚在教学过程中如何引导学生动脑、动手、动口，并积极主动地去获取知识和发展智力。在课堂教学中，贯彻该原则的关键是使学生处于积极的思维当中，只有通过积极的思维，才能理解和掌握知识。启发方式多种多样，其中常用的是教师结合教材内容和学生的实际情况，提出启发性的问题，因为人的思维常常是在解决问题的过程中进行的，问题可以推动学生进行积极的思考。因此，在说课时，要把课堂上教师准备给学生提出的问题一一罗列出来，充分估计学生针对这些问题会有什么样的表现，对于学生的反应将采取哪些对策，做到胸有成竹。

3.3.5　创新性原则

“没有创新，就没有生命”，这句话用到说课中再适宜不过了。任何一门课堂，如果一直都是一味参考别人的教学模式、教学方法，没有加入自己对该课题的教学设计思想、对教学内容的领悟和对内容的把握，没有独到之处，长期“穿新鞋，走老路”，是不可能呈现出精彩亮点的。要做到在说课中创新，也不是件容易的事情，但也不是难到使教师们“望而却步”的程度，只要长期树立创新的意识和勇气，大胆假设，小心求证，保持自己的教学风格，探索出新的教学思路和方法，不断与同事就课程内容教学进行碰撞，长期坚持，就一定能够有“创新”的突破。

此外，对于化学学科来说，在说课过程中还要注意以下两点：一是突出实验性。化学是一门以实验为基础的自然科学，化学实验是形成化学概念、化学原理，并且正确认识化学变化规律、掌握物质性质的基础，是获取化学知识的重要手段，说课者在说课过程中要把每个实验的延伸意义挖掘出来，以便在实验目标达成后，通过教师的点拨，使学生对实验的认识达到一个新的高度，尽可能地发挥化学实验的作用，真正将素质教育落实到课堂上。同时，说课过程中必须要说清楚每一个实验步骤和仪器的使用、成败关键以及导致实验失败的因素等。二是要重视迁移性。化学教材中的每一种元素、方程式、物质的运用，实验、实验仪器的使用及每一类习题的解题方法，都是很有代表性的说课题材，希望通过这些内容的学习达到举一反三、抛砖引玉的效果，实现知识和能力的迁移。因此，在说课时，哪些内容需要迁移、怎样迁移、规律是什么等都需说清楚，像学习元素周期律、元素周期表之后，可以通过一些有代表性的元素或几个主族元素的学习来说清楚迁移规律，就可以迁移出其他元素或族的性质及递变规律，达到举一反三的目的。

3.4 说课的类型

如前所述，说课是指教师在课前或者课后（一般是在充分备课后上课前），在一定的场合，一定的时间内，面对同行或者教研人员，用口头语言的形式阐述自己针对某节课或者某个问题抑或是某个观点的教学思想、教学设计等以及理论依据，然后由听课者进行评说，达到互相交流，共同提高的目的的一种教学研究和师资培训的活动。从定义可以看出，说课的包容量是相当大的。因此，对“说课”可以从不同的角度产生不同的分类。

按说课的内容，可将说课分为课时说课、单元说课和全章说课。课时说课是指单说一节课的教学设计思路，单元说课则是针对一个单元的教学设计方案，全章说课则是面对一整章教学内容的全面思考、整体规划和分析。

按“说课”时间的长短，可将说课分为详细说课与概略说课。详细说课是指全面阐述教材处理、教学设计、教法依据，尤其是对教学过程中的每一个教学环节都要详细交代清楚，包括教师对课堂活动的设计构想，教学方法与教学手段的选择等，说课时间为20分钟左右或者更长。概略说课则是提纲挈领地陈述自己的教学方案设计，不必阐述细节，说课时间约为10分钟。

按照教学过程来分类，也可将说课划分为全过程教学式说课、教学过程中的某个片段说课以及某个专项知识点的说课。

按照说课的功能，还可将说课划分为以研为主的说课、以评为主的说课、研评结合型说课以及示范型说课。

以研为主说课主要是说课者向自己的同行进行说课，说课后所有听课人进行相互研讨、评价，指出说课者说课的优点和不足点，并对不足点进行讨论，找出解决这些不足点的方法与策略。比如说课者理论指导思想不够、教学设计思维不开放、课程内容结构安排不合理等都是大家在说课者说课后需要探讨的问题。长期这样做，可以提高教师的集体备课智慧，更有利于提高教师教学素养与教学水平。

研评结合说课的形式大多数是为上示范课做准备，说课者在听取其他教师的意见后，不断进行修改完善，可以充分发挥教师集体智慧，把大家的建议融合在后续阶段的上课中，这样说课后获得的效果更集中、更直接。

3.5　说课的内容

说课主要是体现备课的思维过程，重点不仅要解决教什么和如何教，更重要的是要说明为什么这样教，有什么理论依据和实践依据，要达到什么样的教学目的，完成对学生哪些能力的培养和突破。说课是为了上好课，也是对上课的总结、归纳、提炼和升华，具有教学研究和教育科研的价值。

说课开始时，首先是自我介绍，再报出课题，包括课题来源、适用对象、在课本中的具体位置；之后是整个说课的布局安排。一般来说，说课的内容应该包含以下几个方面。

3.5.1　说教材

主要说明“教什么”。教材是课程的载体。能否准确而深刻地理解教材，科学合理地组织教材，合乎实际地处理教材，高屋建瓴地驾驭教材，是备好课、上好课的前提，也是说课的首要环节。

1. 教材的地位和作用

任何一门课程的教材，从其内容到编排形式，都会构成一个系统，要体现出对教材的整体把握，就需要明确所选课题或章节内容在一个学段、一个年级的教材系统中所处的位置及其作用。在分析教材时，不可将此课时的内容独立地进行讲解，应将所选课题还原到原章节、原课本中来分析教学内容，同时还应考虑知识的延展性。所以，“说”者在这部分需要介绍的包括：教学内容是以学生所掌握的哪部分知识为基础而进行的，是前面哪些已学知识的应用以及后面学习哪些知识的基础；在整个知识系统中的地位；在学生的知识、能力方面有哪些重要作用；对将来的学习还会有什么样的影响等。在这些基础上确定该课的教学目的和教学重难点。

2. 教学目标

有了教学目标，教学才会有的放矢。制定教学目标必须依据课程标准、教材内容和学生特点。确定教学目标的要求，要全面、具体、可操作、可实现。在新课程背景下，“教学目的”和“学习目标”是一脉相承的。因此，全面是指在阐述教学目标时，“说”者要围绕新课标所要求的三维目标即知识与技能、过程与方法、情感态度与价值观而展开。具体是指要在本节课能够具体实现的目标。

3. 教材的重点和难点

所谓重点，是指在教学知识系统中，对于巩固已学过的知识，学习新知识起决定性作用的内容。把握重点，有利于在教学中分清主次，在说课中有所侧重。难点即学生难以理解和领会的内容。教师在分析教材时要根据内容和学生实际来确定难点，以便在教学中分散难点，逐步分析教学的重难点应将教材内容、教学大纲及学生情况综合考虑，共同确定。说课时这几部分内容应注意层次分明、由易入难。

3.5.2 说教法

主要是说明“怎样教”和“为什么这么教”。这里的“说教法”可理解成教师为本节课内容的讲授所使用的手段与方法。师范生在说课中主要说清楚，教师教学利用哪些方法，而这些方法的选择是基于哪些方面而做出决定的，比如教学内容特点、学生特点等。教师选择教学方法一定要考虑这些方法是否具有启发性、是否能够调动学生学习积极性、是否能够促使学生主体参与到学习中去。

3.5.3 说学法

“学法”顾名思义就是学生要“怎样学”和“为什么这样学”。该部分主要是教师对学生学习方法的一种建议，是对学生学习的一种引导。针对不同教学内容，教师要让学生清楚，他们应该使用不同的学习方法，并且让学生意识到学习是多种学习方法的综合使用。

3.5.4 说教学程序

这是说课的主体部分，是说课者教学设计思想最重要的体现，也是考察说课者综合素质的重要部分。教学程序主要包含：课题的引入、课堂教学内容的整体安排、师生互动活动的体现、教学效果的反馈、板书设计等。比较好的“说教学程序”应该有一个非常精彩的吸引学生的引入，在课程结构安排中要能体现清晰逻辑顺序（比如第一环节……，第二环节……），还要能在课堂结尾中有些开放性、启发性的问题呈现给学生，使得学生听完这节课后仍然觉得余味无穷。

说课主要基于“以学生发展为本”的新课程理念，它没有固定的程序。目前通行的说课程序还有“五说”和“四说”。“五说”是指说教材、说学生、说教法、说学法、说过程，还有一种理解是说教材、说教法、说学法、说程序、说拓展；“四说”即说目标、说思路、说内容、说方法。说课者只要将“我教什么”、“我将怎样教”和“为什么这样教”这三个问题讲述清楚就基本上达到了说课的目的。

3.6 说课与备课和上课的关系

在开展教学研究中，练好“五功”（备课功、说课功、讲课功、评课功、写课功）是深化课堂教学研究的重要形式。在这“五功”中，说课和备课以及讲课（上课）是其中的重要内容。那么说课与备课和上课之间有什么异同，又有什么样的相互关系呢？

3.6.1　说课与备课的关系

1. 说课与备课的相同点

主要目标相同：无论是课前说课，还是研究性说课，它们与备课终极目标一致，都是为了上好一堂精彩的课题做的充分准备。

任务一致：说课和备课都是课前准备的手段之一，都是为成功上课做准备。

2. 说课与备课的不同点

对象不同：说课对象大多数都是同行，备课对象一般情况下都是中学生。

实现方式不同：说课主要是通过说课者的“说”，而备课的主要思想需要通过教师、师生的共同交流来完成，绝不仅仅只有教师在课堂上“说”就能完成的。

二者归属领域不同：说课是有计划、有目的、有组织、有准备的集体备课研究活动，属于教学研究的活动范畴；而备课是教师在上课前的准备，是常规教学中的一个重要的环节，属于教学活动的范畴。

活动形式不同：说课是一种集体的活动，需要大家的参与，而个人备课是属于个人教学前行为，是一种外在静态活动。

3. 说课与备课的相互关系

备课是说课的基础，任何说课都需要事先备课。二者关系可以用“谋而后动”来形容，其中“谋”为谋略，为上课而做的准备，“动”就是说课，备课的谋略需要说课来进行阐释，进行研究，说课把备课的基本要求总结成比较全面、系统、科学、合理的备课模式，简单清晰地规范在备课的基本要求和基本方法之中，理论性、指导性、实践性和操作性都较强，为教师的备课提供了正确的思路和恰当的方法，提高了备课能力。

3.6.2　说课与上课的关系

1. 说课与上课的区别

一是性质和对象不同。上课是具体的施教过程，是教师与学生之间的现场双边活动，对象是学生；说课则是在同行之间开展的一种教学研究活动。二是内容不同。上课的内容是教授并指导学生，让学生掌握具体的知识和技能，同时掌握一定的学习方法；说课则是阐述自己的教学构想，说明自己如何教，学生怎么样学，并进行理论论述，说课的内容要在上课时实施的。三是限制不同。首先是时间，上课有严格的时间限制，一般是规定时间；而说课的时间可选择 15 分钟或者 20 分钟；其次是地点，上课必须在课堂，而说课则在任何适当的地方都可以，相比之下更加灵活。

2. 说课与上课的共同之处及相互关系

说课是为上课服务的。说课中的教学设计及其理论指导将会让上课显得更加丰满，说课在为上课定制“嫁妆”，成功的说课暗含着一堂精彩的课，减少上课的随意性和盲目性，使说课后的上课目标更明确、课程内容设计更具科学性，增加课堂教学效果。

上课是说课内容中教学设计思想的检验，是重要的实践环节，为说课提供有力的直接证据。二者相辅相成，共同为实现教学目标服务。

综上所述，我们可以总结出说课、备课及上课的关系，即说课是在备课的基础上进行的，是备课思想的再表达和再过滤，而上课是备课思想和说课设计的最后检验，三者都是一名教师提高教学设计和上课综合能力需要经历的成长历程。

3.7 师范生化学说课能力的培养与提升实训内容

3.7.1 实训目标

通过培训，使师范生能够熟悉说课的程序，可以自己设计说课稿，能够结合说课理论熟练进行说课。

3.7.2 实训内容

对人教版化学必修教材自主选择内容进行说课。

3.7.3 实训程序

1. 根据分组情况进行集体说课稿设计的备课

（1）根据分组情况（所教年级）进行说课教案编写。

（2）组内讨论。

（3）修改说课教案，再讨论，直至意见统一。

2. 说课及听课

师范生逐一进行说课，组内其他成员集体听课，撰写听课记录，并提出意见。

3. 课后评课，记录讨论内容

（1）个人根据听课的观察记录，尽量提出说课中存在的问题。

（2）记录讨论内容，尤其是讨论在听同学说课过程中提出的意见。

4. 修改与提高

根据说课评课的内容修改教案和提高自己的说课技能。

5. 再次循环实践

3.7.4　示范训练

指导教师组织学生参与课堂教学案例分析。具体步骤为确定说课课题、组织学生准备、选举学生说课、对说课进行评价、对说课进行总结。

3.7.5　实训小结

针对说课中环节的训练分别进行小结。

3.7.6　实训作业与实训报告

1. 教学反思

说课教学结束后自己反思，结合说评课活动撰写反思记录。

2. 撰写教学日志和周记

记录每次说课中的重点内容、成功与问题。

3. 撰写实训报告要点

1）教学观摩要点

①你在别人说课中观察到什么？②你能准确抓到说课要点吗？③你从别人说课中学到什么？④哪些有助于你成为一名成功的说课教师？给你的启示和帮助是什么？

2）教学反思要点

反思可以从听评课框架中某一个角度进行，并结合下面内容开展：①你起初的说课计划与你的课堂说课实践相符合吗？②你说课的教学目标是否明确、具体、可操作、可实现？③你的说课过程流畅吗？不连贯的原因是什么？④听者的反应怎么样？如参与度、兴趣、与教师的互动、作业情况等。⑤听你说课的人的反应对你的已有经验和观念是否产生冲击？如果是，产生什么样的冲击和挑战？⑥在说课中你遇到的困难和障碍是什么？⑦你觉得还有哪些技能需要提高？

4. 要特别关注自己所涉及的关键教学事件

很多师范生在刚开始说课的时候会遇到很多的问题，但是有一些问题怎么也解决不好，或者说总是遇到，而这些问题对自己教或者学生的学产生一定负面的影响，这些事件可能就成为关键教学事件。请把这个教学片段记录下来，关注它们，并思考如何解决，这对专业技能成长有着极其重要的作用。

5. 具体要求

（1）听课记录（纸质）、评课记录（纸质）、反思记录（每节课均要有）。

（2）听课记录、评课记录、反思记录的电子文档及关键教学事件上传临时实训 QQ 群讨论。

（3）撰写实训报告一份。

3.7.7 实训评价

对某同学的说课进行评价时，既要在组内互评，也要求指导教师对其进行综合评价，以帮助师范生课堂教学能力不断提高。

3.7.8 案例链接

高中化学说课稿“钠”

【说教材】

今天，我说课的内容是人教版《全日制普通高级中学教科书（实验修订本·必修）化学》第一册第二章第一节“钠”的第一课时。

教材的地位和作用：本章碱金属编排在化学反应及其能量变化之后，可以把前一章氧化还原反应和离子方程式的知识在此更好地应用，并得到巩固，也为下一章元素周期律提供了丰富的典型金属元素的感性认识，本章实质上起到了承前启后的作用。钠是碱金属中具有代表性的一种金属，学好钠的性质可为后面学习其他碱金属打下良好的基础。所以，本节教材是本章的重点。

教学重点：从钠的原子结构特征认识钠的化学性质。

教学难点：对实验现象的观察和分析。

【说教学目标】

（1）知识目标：使学生认识钠是一种很活泼的金属，了解钠的物理性质，掌握钠的化学性质。

（2）能力目标：通过学生动手实验，培养学生的实验能力、观察能力和思维能力。

（3）德育目标：通过实验培养学生严谨求实的科学态度和科学方法以及合作学习的精神。

【说学情】

学生在生活中经常接触到碱金属化合物，比如食盐，但是对其单质及其化合物的性质知之甚少，可以利用其认知盲点来进行启发教学。同时，由于学生难免会存在知识技能基础差，学习兴趣不浓的情况，而本节课实验又多且易做，所以应尽量在教师的启发引导下让学生动手、动眼、动口，充分调动学生的积极性，同时，分设不同层次的问题，进行探究。

【说教学方法】

本节课我主要采用实验探究法。

【说过程分析】

1. 创设情景，提出问题

钠为什么要保存在煤油中？直接放入空气中会变成什么呢？把钠投入水中有什么现象？会不会“一石激起千层浪”？带着这些问题去观察实验，可以激发学生的求知欲和探索欲。

2. 演示实验，观察现象

通过实物钠归纳出钠的颜色、状态、硬度、密度、熔点、沸点、导电、导热性等物理性质。演示钠在空气中点燃，观察其产物；再演示钠和水的反应，让学生总结，最后我归纳其反应现象：“浮”、“球”、“游”、“消”、“红”。（课本上对生成气体的检验方法效果不好，我对此进行了改进：用一装有半瓶水的塑料瓶，瓶塞上扎一黄豆大的钠的大头针，瓶倒置使钠和水充分反应，取下塞子，点燃火柴靠近瓶口有尖锐的爆鸣声，效果得到大大改进。）

3. 分析现象，深入探究

钠是银白色的，其表面颜色是灰暗的，而钠在空气中燃烧后又呈现淡黄色，这些说明了钠在常温下易被空气中的氧气氧化成氧化钠，钠点燃则与氧气反应生成了过氧化钠，条件不同，产物不同。钠与水反应的实质是钠与水电离出的氢离子反应，当氢离子浓度越大，反应越剧烈，钠与稀盐酸的反应会发生爆炸原因就在于此。

4. 总结性质，得出结论

通过钠的性质得到钠是一种活泼金属，具有很强的还原性。结合钠的性质去解释钠的用途，利用多媒体演示钠的用途。

5. 课后延伸

下课后小组研究：

（1）钠为什么保存在煤油中？

（2）把钠投到苯和水的混合液中钠在水和苯间跳“水上芭蕾”，为什么？

（3）钾与硫酸铜溶液反应的本质是什么？写出其离子方程式。

【说板书】

第一节　钠

一、钠的物理性质

银白色的金属光泽，硬度小，密度小（0.97 g/cm^3），熔点低（97.81℃），导电导热能力强。

二、钠的化学性质

1. 钠与非金属的反应

$4Na+O_2 \xlongequal{} 2Na_2O$（白色）

$2Na+O_2 \xlongequal{燃烧} Na_2O_2$（淡黄色）

$2Na+S \xlongequal{燃烧} Na_2S$

$2Na+Cl_2 \xlongequal{燃烧} 2NaCl$

2. 钠与水的反应

$2Na+2H_2O = 2NaOH+H_2\uparrow$

3. 钠与酸的反应

$2Na+2HCl = 2NaCl+H_2\uparrow$

4. 钠与盐溶液的反应

$2Na+2H_2O+CuSO_4 = Cu(OH)_2\downarrow+Na_2SO_4+H_2\uparrow$

5. 与某些熔融的盐反应

$TiCl_4$（熔融）$+4Na = Ti+4NaCl$

三、钠的存在和主要用途

1. 存在：化合态 NaCl

2. 用途：制作高压钠灯，制备钠的化合物

四、钠的制法

2NaCl（熔融）$= 2Na+Cl_2\uparrow$

参 考 文 献

蔡文联. 2001. “化学说课”法在教育实习中的应用[J]. 漳州师范学院学报（自然科学版），（3）：69-73.

常振铎. 1999. 说课、备课的异同及其相互关系[J]. 人民教育，（1）：42.

胡爱月. 2010. 试谈新课程背景下化学说课比赛的准备工作[J]. 新课程研究（基础教育），（3）：183-184.

李宝玉. 2002. 浅谈化学说课[J]. 成才，（1）：19.

罗晓杰. 2005. 说课及其策略[J].教育科学研究，（2）：42-45.

罗永富. 2007. 一堂生物化学说课稿[J]. 卫生职业教育，（23）：74-75.

沈世红. 2002. 对化学说课的思考[J]. 安顺师范高等专科学校学报，（2）：90-94.

史克昌. 2002. 浅谈说课与备课的关系[J] .教学与管理，（25）：33.

肖增英，武民. 1997. “说课”活动初探[J]. 教育理论与实践，（5）：61-62.

尹泳一. 2012. 从说课比赛看教师的专业成长——牡丹江市 2010 年初中化学说课比赛[J]. 当代教育科学，（2）：59-60.

周景田. 1999. 浅谈“说课”及其类型[J].辽宁师专学报（社会科学版），（1）：104-105.

第 4 章　师范生听课能力的培养与提升

学习目标：①了解中学化学听课、评课的基本概念和特征。②掌握如何对中学化学课堂进行听课以及如何对课堂进行评价。③能够对现有案例进行认真分析，提高自己听评化学课题的能力。

师范生即是未来的教师，而要成为一名合格的教师，不只是要树立牢固的专业思想，身具良好的师德修养，拥有广博而坚实的专业知识和教育科学知识，还必须要熟悉教学业务，掌握教学方法和教研技能，而对于师范生熟悉专业、提升能力最简单的一种途径就是听课。

4.1　听课的概念、作用

对于教学活动来说，听课是一个经常性的而且是必不可少的环节。会不会听课、能不能听好课、怎样去听课关系到听课的质量好坏和是否能够抓好常规教学的问题。

4.1.1　什么是听课

听课是凭借眼、耳、手等自身的感官及有关的辅助工具，从课堂情景中获取相关的信息资料，从感性到理性的一种学习、评价及研究的教育教学的方法。

听课是教师基本技能之一，学会听课、会听课才是教师自我快速提高的一种重要手段，也是与同行专家学习的一个好机会。

4.1.2　听课的作用

1. 听课有利于促进教师的专业化发展

教师本人自己上课通常感受不到上课中的种种不足，相同的教学内容，不同的教师讲出来风格迥异。教师经常听取别人的课，可以吸取别人课堂失败的教训，可以借鉴别的教师课堂成功的经验，从而在实践课堂中改进自己的教学方法或模式，促使自己专业上的提升。

2. 听课有利于了解教师的教育教学理念及水平

一堂好课必然少不了先进的教学理念的指导，听课也是教师对教学理念的进一步理解和升华，可以学到上课教师是如何将理论与实际巧妙联系起来，如何掌控新课程提倡理念的运用，这些对听课教师而言都显得很重要。

3. 听课有利于总结推广先进的教学经验和方法

新课程改革对教师又提出了更新、更高的要求，教师要想适应新课程的要求，就需要培训和学习。听课就是最好最直接的学习提高方式，教师集体听取优秀教师的优秀示范课，将上课教师的先进理念、优秀教学经验进行研究推广，更有利于大多数教师教学的成熟。

4. 听课有利于学校良好教学风气的形成，促进教学改革深入有效地进行

很多学校将听课制度作为教学规则，学校的每位教师每学期都需要不间断听取同行的课堂教授，这样可以促进良好的学习氛围，教师间相互了解彼此教学能力、教学风格和教学专长，也可以营造相互学习的谦逊之风，共同促进教学改革的深入实行和提高教学质量。

4.2　化学听课的类型

新课程理念下的听课，需要教师进行多方面的准备。教师需要带着目的、带着疑虑走进教室，带着反思、回味离开教室，使得每次听课都有实效性的收获。同时不同的听课目的，不同的听课内容和任务决定了不同的听课类型，不同的听课类型又决定了要采用不同的听课方式。一般情况下，听课可以分为以下几种类型。

4.2.1　按听课目的划分

1. 学习型听课

学习型听课就是教师在听课的时候，要做到虚心好学、认真观察、取人之长、补己之短，从别人的讲课中去寻找具有指导性意义的经验和方法，最后用来完善自己的教学指导思想，提升自我教学水平。

2. 指导型听课

指导型听课即听课者对讲课者授课内容进行客观、科学的评价，以帮助授课者找出讲授中出现的教学设计上、教学方法上、内容结构安排上的一些问题。听课者必须在听课过程中，详细全面记录、认真分析思考，最后在评课的时候做到实事求是、评论充分、启发认识，指出问题所在并提供解决问题的建议和方法，使上课教师受益匪浅。

3. 考查考核型听课

考查考核型听课的目的是为了对教师在业务能力考核、优质课评选、升级考核、评定职称等时候能做出比较客观的鉴定意见。通过考查考核型听课，我们也可以从各个方

面去考察一个教师的教师专业知识、教师基本能力、教学风格等，对于客观评价授课教师的优劣提供确凿的判断依据，同时也有利于对教师人才的选拔。

4. 总结推广型听课

总结推广型听课的目的是帮助有建树的教师总结推广教学经验。总结推广型听课的听课对象是一些在某些方面，如教学方法、教学模式、教学经验有独到之处的教师，听课者将授课者这些优点和缺点统一记录，对优点加以推广使用，对不足点进行商讨，使该授课者教学经验更趋完善。

5. 调查研究型听课

调查研究型听课是上级主管部门或学校对教学工作或某一方面的问题，以调查研究为目的而进行的听课。该项听课可能有以下几个特点：为了解该学校或该地区教师授课的整体水平而进行的抽样听课；对某专业区域内的某内容的教学水平进行一个简单调研，以总结得出结论。

6. 检查评估型听课

检查评估型听课，目的是检查教师教学的实际情况，发现、印证并解决问题；评课最好采用集中评议，主要在于指导教学，提出改进意见。

这种类型的听课，因具体的检查目的不同，往往采用不同的听课形式。

单一形式：适用于因学生对某些教师的教学工作反映强烈而采取的听课形式。这种形式的听课，目的在于检查和了解教师的教学态度，督促其改进教学工作，因而可事先不通知教师本人。

集中形式：这种形式适用于对某一年级或某一学科进行教学检查时的听课，以有利于进行同级或同学科教学情况的对比分析。

抽查形式：适用于上级部门对学校整体教学工作检查性的听课。视具体情况按一定比例进行抽查，抽查方式可以是随机抽查，而抽查范围则应涉及所有年级的所有学科。

统一形式：既适用于学校对全体教师进行教学检查时的听课，也适用于上级主管部门对一所学校进行的全面检查时的听课。

总之，无论是听何种类型的课，听课前都应确定具体目的和要求，否则，就可能得不到有效、真实的听课信息，也就达不到听课的目的。

4.2.2　按学习内容和学习任务划分

1. 化学新授课

化学新授课主要是传授新化学知识和新技能，包括概念和理论新授课、元素及化合物新授课和化学用语及实验技能新授课等。这类课一般教学模式是：提出学习的课题，探索解疑——认识主题，整理归纳——订正完善，运用练习——迁移发展。听课时应重点关注：教师如何进行兴趣引导，如何创设授课意境，学生怎样自学，如何开展合作研讨，师生如何进行互教，怎样进行练习评价。

2. 化学复习课

化学复习课包括元素及化合物知识、化学基本概念、化学理论、化学技能（化学用语和实验）等。化学复习课的任务是复习知识、完善知识、总结知识、构建网络和应用知识，教学应遵循系统性、重点性、针对性、主体性和层次性原则，重点是让学生“记住—理解—会用”基础知识和基本技能，应准确把握复习的深度和广度。因此听课时应关注是否教会学生复习化学的方法，是否注重将化学知识进行归纳总结、收敛与发散，是否注重比较与记忆，是否注重理论联系实际，是否注重师生的交流互动，是否激发学生兴趣，提高学生学习积极性，是否教学生建立一定的学习和答题模式等。

例如，在进行元素及化合物知识复习时，由于内容多、涉及面广，往往易死记硬背，不易掌握。复习时可以元素周期律的性质递变规律作为知识主线，根据物质结构和元素周期表，逐一地判断某主族元素及其化合物的通性，同主族元素或同周期元素性质的递变规律；根据强弱电解质理论推知一种盐的水溶液是酸性还是碱性；根据氧化还原理论推断出物质的氧化性与还原性强弱；根据离子反应发生的条件和金属活动性顺序或非金属活泼性强弱，推测某一反应是否发生等。

引导学生按照一定逻辑关系建立学习和答题模式。如分析物质化学性质时一般可按“与单质（金属、非金属）、化合物（氧化物如水等、酸、碱、盐）反应”顺序建模；实验复习可按“原理—装置—操作—现象—结论—分析—评价”建模；常见气体的制备复习可按“所用药品—化学原理—气体发生装置—除杂装置—干燥装置—气体收集装置—验满装置—尾气处理装置”建模；装置连接顺序可按“气体发生装置—除杂装置（干燥装置）—干燥装置（除杂装置）—主体实验装置—尾处理装置”建模；实验操作顺序可按“检查装置气密性—连接装置（从下往上，从左往右）—加入固体药品—加入液体药品—实验”建模，以及化学平衡计算的“三段式（起始量、变化量和平衡量）”模式，平衡理论题的四步答题模式：存在什么平衡—改变什么条件—平衡移动方向—移动结果等。

3. 化学习题课

无论是新授课，还是复习课，习题教学都是不可缺少的环节。化学习题课主要包括习题的设计、练习和评析。习题教学的目的是巩固知识，传授方法，培养能力。习题教学要做好：精选例题—精选习题—练后评析—解题总结几个环节，听课时应关注是否注重习题的时效性，关注习题设计是否“少而精”，知识覆盖面是否广，习题是否具有典型性，例题是否具有示范性，教师在分析讲解时是否注重讲思路，讲方法，讲规律，讲变化，是否引导学生进行“一题多变和多题变一”，达到举一反三的目的，是否突出学生的主体地位。

4.2.3　按照中学化学知识模块划分

1. 化学概念课

概念是同类事物的共同特征的反映，概念学习实质上是认识同类事物的共同本质特征，是化学知识的基础、教学的重点和难点。在中学化学课程里面，对于有些抽象性概念学生很难理解，教师需要利用模型、图表，联系生活中的化学知识，用简单易懂的语言将概念分解，降低学生学习难度，同时也要注意概念教学中的内涵和外延以及概念中的交叉关系等。如听取化学“物质的量”概念的时候，教师需要联系“物理量”、“宏观和微观”、“生活中的‘集体’单位”等知识由浅入深，条理清晰地进行教学。

2. 化学理论课

化学理论课在高中化学教学中占有重要的地位，主要包括：物质结构、元素周期律和元素周期表、化学反应速率与化学平衡、电解质溶液、电化学等。

化学基本理论的教学内容比较抽象，学生较难理解。理论的形成都是由特殊到一般、具体到抽象、现象到本质的过程，通过归纳、推理、概括和演绎等逻辑判断逐渐产生的。因此，听课时应关注是否应用直观教学手段将有关理论具体化、形象化、直观化，常用的直观教学手段包括模型展示、化学实验、多媒体展示、图像、数据等。

3. 化学实验课

化学实验是化学的学科标志，授课教师认真上好实验课有利于学生学习知识和联系生产实际，培养学生的观察能力、分析和解决问题的能力以及思维能力，可以教会学生正确地掌握实验的基本方法和基本技能，增强学生化学计算和绘制图表的能力。听取这种类型的课，听课者主要看授课教师是否对学生实验操作进行要求，课堂实验是否有序进行，学生实验的组织、讨论、决定等。

4. 元素化合物课

元素化合物知识（包括无机物的元素化合物知识和有机物知识）是中学化学学习的主要内容之一，是学习化学概念、化学原理和化学实验等的基础。由于元素化合物知识以大量叙述性材料为特征，它的学习是一种掌握事实的学习，学习时易于产生兴趣，却难于保持；易于理解，却难于记忆与运用。

教师在听这种课时，要关注：

（1）是否充分利用理论做指导，揭示知识内在联系。如高中化学按教材顺序进行元素化合物教学时，通常以元素周期表的学习为界，“表前元素”的学习采用归纳法，从个别到一般，将元素性质的理解向原子结构、元素递变规律的方向归纳，而“表后元素”

的学习，则采用演绎法，抓住“结构决定性质，性质反映结构”的观点，物质的存在、制法和用途都是由性质所决定的，因此充分利用“性质决定制法与用途”观点进行。

（2）关注是否以实验为基础，元素化合物的知识教学不能离开实验、标本、模型和其他直观手段，实验的设计与组合要能深刻地揭示反应规律，有利于掌握化学事实，为能激发、调动学生思维宜多采用“实验—探究”法。

（3）关注是否重视元素化合物与社会、生活、环境、科技的密切联系。

（4）是否抓住元素化合物知识中的核心内容进行整合教学，教给学生研究物质性质的思路和方法，落实元素观、分类观和转化观。

（5）是否通过元素化合物的教学，培养学生的社会责任感和热爱科学的情感。

（6）是否教会学生熟悉研究物质的一般程序：观察现象—分析原因—推测延伸—设计实验—验证推论—归纳总结。

【案例展评】

化学概念教学案例

——“气体摩尔体积概念”的教学片段

【复习引入】

1. 什么叫摩尔质量？

2. 我们如果知道了摩尔质量，能求出 1 mol 物质的体积吗？若不能，还需要补充什么条件？（密度）

【学生活动】

求 1 mol 下表中的物质的体积（气体物质是 0℃，101 kPa 下的密度，其余物质是 20℃下的密度）。

物质	状态	粒子数	质量（g）	密度	体积
Fe	固体	N_A	56.0	7.7 g/cm^3	7.2 cm^3
Al	固体	N_A	27.0	2.7 g/cm^3	10 cm^3
Pb	固体	N_A	207.2	11.3 g/cm^3	17.3 cm^3
H_2O	液体	N_A	17.0	1 g/cm^3	17 cm^3
H_2SO_4	液体	N_A	97.0	1.73 g/cm^3	53.6 cm^3
H_2	气体	N_A	2.016	0.0799 g/L	22.4 L
O_2	气体	N_A	32.00	1.43 g/L	22.4 L
CO_2	气体	N_A	44.01	1.977 g/L	22.3 L
空气	气体	N_A	27.90	1.29 g/L	22.4 L

【提出问题】

1. 根据上表的计算，能得到什么结论？（1 mol 固体或液体的体积各不相同，而气体的体积却大约都相等。）

2. 为什么 1 mol 固体或液体的体积各不相同，而气体的体积却大约都相等呢？

【学生讨论】

（1）决定物质的体积大小的因素有哪些？

（2）决定 1 mol 物质的体积大小的因素有什么不同？

（3）决定 1 mol 固体或液体物质的体积大小的因素主要有哪些？

（4）决定 1 mol 气体物质体积大小的因素主要有哪些？

【引导归纳】

（1）影响物质体积的因素

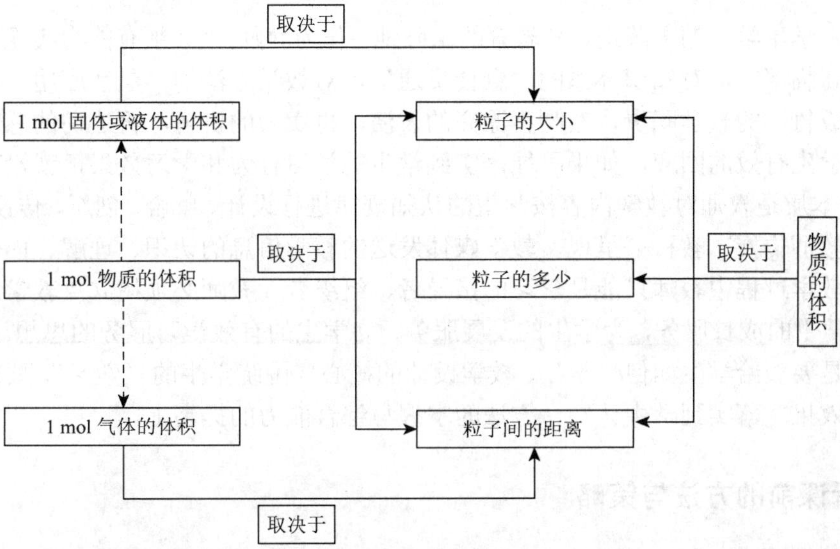

（2）一定温度和压强下，1 mol 任何气体（纯净和不纯净）的体积大约相同。

（3）气体摩尔体积概念：单位物质的量的气体所占的体积。

常用符号 V_m 表示，单位为 L/mol。表达式为 $V_m = \frac{V}{n}$。

【学生讨论】

（1）条件：一定温度和压强（如标准状况—— 0℃，101 kPa），1 mol。

（2）范围：任何气体（纯净或不纯净）。

（3）结论：体积相同（标准状况下为 22.4 L/mol）。

【巩固练习】略。

评析：

本节课教学思路体现化学概念知识教学设计的要求：

1. 概念的形成有赖于提供的事实基础，提供尽可能丰富的事实，使概念学习有足够的感性材料，如通过学生计算获得了丰富的 1 mol 固体、液体和气体物质的体积数据。

2. 最关键的一步是从计算数据事实中抽象概括出共同的本质特征，即 1mol 固体或液体物质的体积各不相同，而气体物质的体积却大约都相等，再通过知识结构中已有摩尔质量概念类比同化产生新概念——气体摩尔体积。

3. 初步形成气体摩尔体积概念后，遵循了学习规律，及时巩固概念的条件、适用范围，强化了内涵，拓展了外延。

4. 本片段另外的亮点在于：

（1）通过计算 1 mol 空气的体积，自然地引导学生明确气体摩尔体积概念不仅适用纯净气体，也适用于混合气体；

（2）通过图表来归纳影响物质体积的因素，直观形象，学生易于掌握；

（3）练习在设计上紧扣概念去分析错误的原因，有利于深刻理解概念。

4.3　化学听课能力的培养方法与策略

课堂是学生学习的主阵地，是教育的主阵地，作为教师，“必须有能力实现对学科教材的‘居高临下’，对知识体系的‘融会贯通’，对教学方法的‘灵活应用’，对学情的‘胸有成竹’的教学职责，教师再漂亮的表演，再卖力的讲解，再迫切的感情，如果不能唤起学生有效的回应，如果不能落实到学生的学习行为和学习效果，就没有任何价值。”教学本质是教师对教学内容按学生的认知规律进行设计、整合、创新、传授的过程，是学生对教师传授、教科书呈现、教学媒体发送的教学信息的认识、理解、内化、建构的过程。教学过程中教师只能是学习的指导者、组织者。教师必须树立“教学服务”的意识，为学生的成长服务，为学生的发展服务，为学生的有效学习服务的思想。“教学的根本目的是要教给学生如何‘学’，教学设计的核心要围绕学生的‘学习’，要落实到学生的学习效果，落实到学生认知、方法的掌握与综合能力的提高上。”

4.3.1　听课前的方法与策略

为了增强听课的有效性与目的性，听课前应充分做好准备，只有做到有备才能无患。

1. 熟悉听课内容和课程标准

化学新课程理念立足于学生适应现代生活和未来发展的需要，着眼于提高21世纪公民的科学素养，构建知识与技能、过程与方法、情感态度与价值观相融合的化学课程目标体系，化学课程以进一步提高学生的科学素养为宗旨，着眼于学生未来的发展，体现时代性、基础性和选择性，兼顾学生志趣和潜能的差异与发展的需要。化学是一门以实验为基础的学科，在教学中创设以实验为主的科学探究活动，有助于激发学生对科学的兴趣，引导学生在观察、实验和交流讨论中学习化学知识，提高学生的科学探究能力。因此听课前首先要熟悉本节课的教学内容，其次要掌握新课程标准中对该部分内容的具体要求，再次要了解授课教师的教学特点和听课班级学生的基本情况，根据本节课具体内容，从知识与能力、过程与方法、情感态度与价值观三个维度进行设计，在掌握教学常规知识的基础上利用新课程标准分析所要听的内容，并按照自己对教材的理解，设计出授课思路，带着预设的思路和问题去听课，这样听起课来就心中有数，通过比对就会明确自己在教材处理上存在的差距，听课效果就会更好。

2. 听课时的角色定位

为了增强听课的效果，师范生在听课前要端正态度，应该把自己定位为审美者和参与者。听课教师应该以一个学习者身份去听课，去感受优秀教师的授课风格，去享受教学过程，去欣赏授课教师如何精细安排课程结构，如何做到逻辑的高度严密性。听课教师还应该在思想上向听课的学生靠拢，以学生的视角去感受课堂讲授，才能获得比较真实的课堂教学情形，经常这样换位思考，必定会让自己在上课中不断进步。

4.3.2　听课中的方法与策略

师范生在听课中要紧扣学生的学习活动内容，掌握听课的基本方法，做到听、看、记、想的有机结合，定会收到好的效果。

1. 听的方法与策略

1）听授课教师的教学设计是否符合学生的认识规律

师范生听课不同于学生听课，听课的目的是模仿、学习授课教师的教学思想与方法，应从教师和学生两方面去听。

教师方面：主要是听授课教师怎样建构课堂教学，也就是怎样复习旧知识，怎样引入新知识，怎样讲授新课，怎样巩固新课知识，怎样培养学生的问题意识，怎样进行归纳总结，怎样结尾及怎样布置作业和课外实践活动等。

学生方面：主要是听学生的发言，通过听学生的发言甄别教师的教学目标的达成和学生智慧的生成，也就是听学生怎样回答问题，怎样提出问题，怎样组织学生讨论问题，怎样启发学生思维，怎样进行学法指导，只有在听课后对本节课的成功和失败进行客观分析，才能做到心中有数。

2）听授课教师如何把学习方法传授给学生

教学方法包括教师教的方法和学生学的方法。教法和学法都有自己最适宜的范围，只有分别对其进行优化组合，才能取得最佳效果。优秀教师不仅能选择和组合学生喜欢的教法，而且能因材施教地帮助学生选择正确的学习方法，为学生适时提供思维空间、兴趣空间和发展空间。听课时应特别关注授课教师选择和传授学习方法的时机，关注授课教师如何对基础不同的学生进行分层教学，尤其要关注课堂上授课教师是如何把学习方法传授给学生的，学生讨论的内容及所占用的教学时间等。

3）听授课教师的教学艺术

教学艺术包含内容广泛，有教学思路、教学方法、教学组织、教学语言、教学活动等，任何一项都可以做到用心感悟后思路的扩展与升华。苏联霍姆林斯基认为：听课的要点一是看目的是否明确，目的是否达到；二是看教师是在教学生死记，还是在教学生思考；三是看全班每个学生是否都在积极地活动；四是看学生是否学到了学习技能；五是看教师的智力实质、学术眼界、育人精神在课堂上的表现和展开等。

因此听课者可以从课堂引入、课堂内容的展开、课堂结尾重点问题的处理和对学生学习知识的引导等方面学习授课教师是如何巧妙处理的，一个优秀的教师，必定经常博采众长，才能不断提升自身素质。

4）听授课教师的教学语言

课堂教学活动多是通过教师的教学语言传递信息的，语言是艺术教学的重要组成部分，艺术的语言是精准、简练、精巧、精彩、幽默的。妙趣横生、丰富多彩、生动活泼的教学语言，可以调节学生的心理，增强感染力，提高学生对教学信息的接受和反馈效率。要听教师的语言是否科学准确、言简意明；是否幽默生动有趣、富有感染性；是否具有激励性以及是否机智等。

2. 看的方法与策略

1）看教师

看教师的主导作用发挥得如何，主要关注：

组织能力，包括是否能抓住学生的注意力、学生活动的开展是否井然有序、课程讲解是否详略得当、是否能带领学生短时高效完成教学任务。

调控能力，包括教师对课堂气氛的调节、对课堂生成问题的处理。

教学机智，观察教师是否具备敏捷快速地捕捉教学过程中各种信息的能力，是否能灵活利用各种教学资源，果断处理课堂突发事件，调整教学计划，重组教学结构，激活课堂教学。

练习设计，教师设置的问题是否与本堂课重点内容息息相关、能否对学生学习重点知识起到巩固作用、问题是否适合学生、能否考虑学生的差异性。

2）看学生

看学生的主体作用发挥得如何，主要是学生学习中的状态：

参与状态，看学生是否主动参与、是否全员参与、参与的面有多大。

合作状态，看课堂上是否有多向信息联系与反馈、学生的活动时间是否充足、学习讨论是否有良好的合作氛围、交流过程中学生有怎样的合作技能。

认知状态，看学生是否具有问题意识，敢于发现问题，提出问题，发表自己的见解，看学生提出的问题是否有价值、探究问题是否积极主动、是否具有独创性。

情绪状态，看学生是否有高兴愉悦的状态、是否能够紧跟教师思路、是否配合教师的教学、是否乐意参加课堂活动。

3. 想的方法与策略

听课者在课堂上不仅要学会听、看、记，还要学会想，想一想这堂课教学目标是否明确，是否实现；想一想这堂课教学效果怎样，为什么会出现或达到这样的效果；想一想这堂课有些什么样的失误，如果是自己上这堂课，又将如何去处理；想一想这堂课学生到底学到什么知识，这些知识是否都得到了巩固等。一个会思考的教师必定是一个很优秀的授课者。

4. 记的方法与策略

听课是同行间进行教学研究的主要形式，也是借鉴学习他人教学经验的主要途径，因此，有效地做好听课记录，对记录内容进行研究和反复思考，也是教师教学经验积累的重要途径之一。

听课时，应特别注意“手脑并用”，要对课堂的有些情况做出初步的分析和判断，尤其要认真做好听课记录。一般情况下，听课过程中涉及很多内容，包括教学内容、教学方法、教学效果、课堂活动和课堂气氛、师生互动情况等。要完整地记录教师和学生的一言一行是不可能的，听课记录的内容必须根据听课的目的有侧重和选择。听课记录包括教学实录和教学评点。

1）教学实录

教学实录包括：

（1）被听课教师姓名、听课时间、学科、班级、课题、第几课时等；

（2）教学过程，包括教学环节和教学主要内容以及教学时采用的方法；

（3）各个教学环节的时间安排；

（4）师生活动情况；

（5）教学反馈手段以及教学效果。

教学实录的记录方式因人而异，有些简要记录，有些习惯详细记录。

2）教学评点

课后大家可能会对授课者的教学思路、教学目标、教学重难点的突破、教学方法的选择等进行详细评价，听课者可以详细记录之，并在之后进行认真研究，吸取别人优秀的教学经验，注意预防出现别人在教学中的不足。

4.3.3　听课后的整理、交流、反思

1. 整理听课记录

整理听课记录主要是对课堂的思路和结构进行重新梳理，方便清晰地看出一堂课的完整度和每部分内容的设计思想，还要把当时听课产生的想法做出相应整理。

2. 与授课教师交流

课后与授课教师进行交流，授课者对教材的地位和作用的分析、对重难点的把握、对教材的处理、对教学目标的确定、对教法的选择、对学法的设定、对教学程序的设计等方面是如何进行的，理解授课者的设计意图。在与授课教师进行交流后，教师还要学会反思，达到所谓“思则活，活则深，深则透，透则新，新则进”，反思教学的行为，可以促使听课教师不断完善自己的教学，增加教学创新，逐步提升自我发展能力。

4.4　师范生化学听课能力的实训

4.4.1　实训目标

（1）了解听课的概念和意义；

（2）掌握听课的类型；

（3）掌握听课的策略，学会评课。

4.4.2 实训内容

（1）根据化学学科特点，撰写教学案例；

（2）实地听课（听同学的课，听中学化学教师的课）；

（3）听课后进行评析与反思。

4.4.3 实训程序

实训程度为学习新课标→熟悉中学教材→自行预设案例→听课→评议→反思。

4.4.4 示范训练

师范生以小组为单位，相互授课听课，对听课着重进行探讨。

4.4.5 实训作业与实训报告

小组同学进行现场授课，其他组员认真进行听课记录。

4.4.6 实训评价

全组同学之间对听课内容进行相互评价。

【资源链接】

1. 教师如何听课评课

http: //www.5ykj.com/Article/xxywjxth/66197.htm.

2. 听课后如何进行评课

http: //wenda.so.com/q/1367174364063509?src=150.

参 考 文 献

寒天. 1999. 特级教师教学艺术全书[M].延吉：延边人民出版社：110-130.

教育部. 2003. 普通高中化学课程标准[M].北京：人民教育出版社：45-80.

况晨光. 2005. 感悟教育[M]. 南昌：江西人民出版社：25-55.

李富林. 2009. 课堂教学论稿[M]. 北京：光明日报出版社.

李如密. 2002. 教学风格初探[M].北京：人民教育出版社：150-154.

王磊. 2009. 中学化学实验及教学研究[M]. 北京：北京师范大学出版社：67.

吴丽君. 2004. 对师范生进行听课技能训练之我见[J]. 国际炎黄文化，（2）：14.

吴丽君. 2005. 新课程改革期待师范生快速成长[J].扬州大学学报，（5）：43-44.

吴丽君. 2010. 新课程理念下培养师范生听课能力的研究[J].教育与职业，（3）：164-165.

张智强. 2007. 化学理论性知识教学策略研究[D]. 济南：山东师范大学.

第 5 章　师范生评课能力的培养与提升

学习目标：①了解化学评课的概念、类型；了解教师自评、他评以及学生评价方案的主要内容。②理解化学评课的目的、特征。③掌握化学评课的基本内容、要求和方法，能进行化学评课表的设计与评课文稿的书写。④掌握教师化学课堂教学评价方案构建的基本思路。⑤能够模拟中学化学课堂实际，充当化学教师，在小组中根据自己制定的课堂教学评价方案，体验对小组内其他同学的课堂教学进行评价并写出评课文稿。

评课能力，从实质上讲是一种课堂教学评价能力，是师范生教育素养的重要组成部分，评课能力的高低，一方面反映了听课人员能否客观公正地评价被听课教师的课堂教学质量；另一方面也直接反映了听课人员自己教学能力的高低和教学质量的价值取向。评课犹如品美食，若不能对别人做的菜从色、香、味等做出正确评价，如何能自己动手做出好的菜；评课没有高度，怎么能设计一堂好课，更不要说上一节好课！

5.1　化学评课的概念、目的及其特征

课堂教学评价是教学工作的关键环节，是对上课、听课、观课活动的教学延伸，是在上课、听课、观课活动结束之后，对上课教师的课堂教学是否符合现代教学观，师生在课堂教与学的得失、成败进行评议的一种教学研究活动，是加强教学常规管理、开展教育教学科研活动、深化课堂教学改革、推进素质教育的重要手段，是检查、总结和指导教学的先决条件和重要依据，是加强教学管理，调动教师积极性，提高教学质量的一项有效措施。在全面实施新课程的今天，课堂教学的成功与否，直接关系到新课改的成败。而课堂教学评价的科学性、导向性，直接影响着课堂教学的质量与效率。

5.1.1　化学评课的概念

所谓评课，顾名思义，即评价课堂教学，是在听课活动结束之后的教学延伸，对其执教教师的课堂教学的得失、成败进行评议的一种活动，是加强教学常规管理，开展教育科研活动，深化课堂教学改革，促进学生发展，推进教师专业水平提高的重要手段。

教学评价，是指依据一定的客观标准，以搜集相关信息为基础，运用科学的方法，对师生的教学活动及其效果进行价值判断的活动。广义的课堂教学评价通常有过程和结果、教师和学生两个方面的维度。教学评价为改进教学、提高教学质量提供科学可靠的依据，它是教学工作的依据。化学课堂教学评价就是以化学课堂教学为研究对象，以化学课堂教学的客观标准为依据，通过相关信息的收集，运用科学的评价方法和手段，对化学课堂教学的过程和效果给予价值判断的活动。化学评课即化学课堂教学评价，是教师评价最基本也是最重要的项目。它是以化学课堂教学为研究对象，以教学原则为依据，对其教学过程和效果给予价值判断的过程。

对教师的课堂教学进行评价通常考虑以下三个方面。

一是对学生活动进行评价，这种评价则是以学生的心理发展为评价中心，评价教师在课堂教学中是否设计学生活动，学生是否参与这些活动以及是否达到学生活动的目的，是否锻炼和提高学生认知、情感以及实验操作等技能。

二是对教学过程进行评价，这种评价主要是对教学过程重点、教师、学生、教学环境等进行评价。

三是对教学效果进行评价，这是对教师课后的一种综合评估，根据学生在课堂上的表现和学生对知识技能的实际掌握情况，以小测验的方式或口头问答的方式进行。

5.1.2 化学评课的目的

美国著名的教育评价学者斯皮尔伯格就教育评价说过一句非常精辟的话:“评价的目的不是为了证明，而是为了改进”。化学评课是运用教育学、心理学、化学教学论等有关理论，按照一定的标准对施教者的教学行为过程进行分析、评议，指出其成败得失，认定其优劣的教学研究活动，是化学教师提高自身教学水平的有效途径。通过评课使教师总结经验、吸取教训、改进不足，使听课者获得启迪借鉴，从而取长补短，最终达到迅速全面提高教学质量和教学能力的目的。

化学评课的目的在于：用化学教育、教学的基本规律规范课堂教学；为教学设计、教学组织提供指导；保护、激励教师教学的创造性；帮助教师分析自己教学的优势和薄弱点，为优化教师教育思想与理念、教学目标、教学内容、教学方法与手段、教学过程、作业设计、教学管理以及教师教学基本功指明方向；评测、甄别教师的教学水平，诊断教师课堂教学中存在的问题；为教学研究和教学管理提供信息，带动学校教学科研水平的提高。

课堂教学评价的出发点是分析、研究、诊断和激励，不能以个别课堂教学的评价代替教师的专业水平的认定；为了加强评价的可操作性，使评价科学、公正、客观、全面，要研究制定标准和实施方法。对教师专业发展水平的认定又要充分考虑学科特点、教学资源和教师个人在工作条件、经验上的差异；评价内容要反映制约课堂教学的关键性问题，防止单纯从外在组织管理和形式、教学程序上作简单的评价；评价要坚持教师自评为主，他评为辅，尽量要有教学同行、教学研究和管理人员、学生和家长的共同参与。加强自主教学反思，充分吸收学生、同行、教学研究者、管理人员的意见；评价结果的表述要有利于教师明确自己在课堂教学中的长处和不足，激励发展，不要把评价等同于简单的等级和分数评定。在化学课堂教学评价中应特别重视诊断性评价和形成性评价，充分发挥评价的导向、激励、改进的功能，通过评价过程的反馈、调控作用，促进教师的专业发展，同时也促进教育行政部门不断加强对教师队伍的管理和建设，最终达到全面提高化学课堂教学质量的目的。

5.1.3 化学评课的特征

化学是在原子、分子水平上研究物质的组成、结构、性质及其应用的一门基础自然科学，其特征是研究分子和创造分子。迅猛发展的化学已成为生命科学、材料科学、环境科学、能源科学、信息科学等领域的重要基础，它在解决人类社会发展过程中面临的有关问题、提高人类的生活质量、促使人与自然和谐相处等方面发挥着重要的作用。化学在其长期发展过程中形成了自己特有的用于表达和交流的语言系统，即化学用语。化学是一门实验的科学，它是以实验为基础的自然科学。化学实验是化学研究的基本方法，是获得化学知识、探索化学规律、认识物质世界的基本手段。化学是一门实用的科学，化学即生活，生活即化学，化学使生活更美好。

《基础教育课程改革纲要（试行）》中明确指出："建立促进教师不断提高的评价体系。强调教师对自己教学行为的分析与反思，建立以教师自评为主，校长、教师、学生、家长共同参与的评价制度，使教师从多种渠道获得信息，不断提高教学水平。"评课作为教师评价体系的一个组成部分，关注点不仅要注重教师的行为表现，更要充分注重学生的课堂行为表现，要看大多数学生能否在最大程度上实现有效学习。因此化学评课要关注以下几点：

第一，关注"三维"目标的达成。三维目标既包含智力因素，也包含非智力因素，课后如何体现学生在知识与技能、过程与方法、情感态度与价值观三方面有增长将成为评课教师重点关注的对象，同时还要关注学生在课堂上学习兴趣、对问题的思考和寻找解决的方法、是否灵活运用所学知识解决生活中的化学问题等。

第二，关注学生的学。学生是学习的主体，学生在课堂上学习情况自然成为关注的焦点。评课者主要关注学生自身在学习知识上的表现，是积极主动还是消极应付，是有着极大的兴趣还是对学习索然无味。同时主要还要关心教师在课堂上如何带动学生去主动构建知识，如何启发学生主动学习，是否注重学生全面性发展，有无注重对学生学习能力差异性的考虑等。

第三，关注教师的主导作用。新课程提倡"教为主导，学为主体"，教师在课堂上的"导"不容小觑。评课者主要关注教师在课堂中的情境创设、教学活动组织、开展小组合作学习、问题设置是否有效、语言的激励性、能否营造和谐学习氛围等。

第四，关注课堂教学的开放性。新课程倡导下的课堂，是一个开放的课堂，评课者关注教师是否采用开放的教学方式、设计开放性的教学问题、开放使用教学资源、促使学生对问题考虑的开放性、是否灵活采用多种教学方法进行教学等。

【问题讨论】

1. 中学化学评课的目的有哪些？请结合实际说出你的看法。

2. 中学化学评课的概念及主要方式有哪些？

3. 中学化学评课的主要特征是什么？

【资源链接】

◇资料卡片　叶澜"新基础教育"课堂教学七条◇

（1）保证学生自主学习的时间和空间（自主学习的时间不得少于 1/3，学习空间的结构要体现开放性、多样性与灵活性）；（2）关注每一个学生的学习状况；（3）实现师生之间的民主与平等；（4）培养学生的质疑问难；（5）促进师生的有效互动；（6）实现学生的"书本世界"与"生活世界"的沟通；（7）注意教学行为的反思与重建。

◇资料卡片 朱益明等:《中小学教师素质及其评价》,124 页,桂林,广西师范大学出版社,2003。◇

(1)一种改进教学的技术;(2)对教学过程的一种有意识的干预;(3)一种满足学校和教师发展的双重需要的有目的的活动;(4)促进教师和管理人员之间建立良好的关系;(5)要求双方相互信任、相互理解、相互支持;(6)有自己固定的程序,又需要灵活运用;(7)迫使双方进行深入的思想交流;(8)要求指导者比教师对教与学有更深入的了解;(9)要求对教学指导者进行必要的专业训练。

5.2 化学评课及评课能力的类型

5.2.1 化学评课的类型

1. 根据评课的侧重点不同,可分为五种类型

(1)以学习借鉴施教者教学经验、教学风格为重点的观摩性评课。

(2)以验证某项教学改革实验为重点的论证性评课。

(3)以研究某一教学课题为重点的研讨性评课。

(4)以评定授课效果优劣为重点的鉴定性评课。

(5)了解教学情况的调研性评课,意在研究教学规律,改进教学方式,提高教学质量。

2. 根据评价的主体不同,可分为教师自评、他人评价和学生评价

(1)教师自评也叫教学反思,是指教师在教学实践中,批判性地审视自己的教学行为,并对自己的教学活动状况进行自我反思和自我鉴定的过程,是教师自我认识、自我分析、自我提高的过程。叶澜教授说过:“一个教师写一辈子教案不一定成为名师,如果一个教师写三年教学反思就很可能成为名师。”也就是说,一个教师要成长,经常性的教学反思即教师自评是很重要的。教师自评很大程度上采取教学反思的形式,主要对自己的教学行为、教学构思、教学决策、教学研究能力反复思考,是一种积极改进自我教学方法的问题,可以提高教师本人的教学水平、教学研究能力,这也是一个自我监督、自我调节、自我激励、自我强化的过程。

新课程评价“建立促进教师不断发展的评价体系,强调教师对自己教学行为的分析与反思,建立以教师自评为主,校长、教师、学生、家长共同参与的评价制度,使教师从多渠道获取信息,不断提高教学水平”。教师拥有得天独厚的资源——学生,自己又最清楚课堂教学过程中的问题所在,教师是课堂教学实施的主体,很容易掌握学生对课堂的反馈信息,很容易发现问题并找到解决办法,而且这种方法机动灵活,便于随时进行,既能改进课堂教学又能促进学生发展和教师自身的专业成长。因此,开展教师自评时,要注意及时更新教育理念,把自我评价与他人评价结合起来以解决课堂教学中存在的问题。

（2）他人评价是指由同行、领导、专家等课堂教学活动以外的人员通过对课堂教学的观察，对课堂教学活动的运行，用统一的评价标准做出的价值判断。同行能够紧密结合课堂教学活动实际，做出比较全面、准确的分析评价。领导听课主要是为了了解课堂教学活动过程的科学性和实效性，为客观、恰当地评价教师的教学效果和水平，进行教学工作总结或为评价体系改革提供第一手资料，有利于评价管理体制的改革。专家或教学研究人员对课堂的现场点评指导能够为教师带来最新的教学理念和教学方法，找出教师课堂问题的本质所在，指出教师努力的方向，对教师的专业引领有很大的作用。

（3）学生评价是指由学生对教师课堂教学的评议。学生是课堂教学活动的主体，对教师组织的教与学活动深有感受，注意听取学生的分析评价，搜集其教学效果的反馈信息，对于改进教学、提高教学效率是十分必要的。

3. 根据评课的内容不同，可分为整体评价和专题评价

整体评价是对化学课堂教学进行综合的、全面的、切合实际的分析评价；而专题评价则是根据教学研究和教学改革的需要，就课堂教学的某一方面进行比较集中、深入的分析评价。但由于各个要素之间总是相互联系、相互影响的，即使进行专题评价，也可能涉及非专题的有关方面，并且有必要在专题评价的基础上进行整体综合评价。

4. 根据评价的方法不同，可分为定性评价和定量评价

定性评价是从质的方面对课堂教学做出描述性的分析和评价；定量评价是从定量分析的角度对评价对象进行评价打分。

5.2.2　评课能力的类型

根据评课所产生的效果不同，从低层次到高层次，评课能力可以分为四种类型。

1. 照搬理论判断式评课

它是课堂评价者运用目前国际上比较流行的教育先进理念对课堂上反映出来的总体情况进行明确判断，给予哪些环节符合理论指导，哪些环节有违理论所提倡的内容。这种评价可以加强听评者对理论内容的深刻理解，可以感受理论指导在教学中的重要作用。但是，评课者可能会成为“唯理论者”，只关注理论是否在教学中得到贯穿，而没有考虑到教学的实际情况，如授课教师的异同、教学方法的改变、教学环境的改变、教学对象的改变、教学资源的改变等，只把理论作为判断课堂优劣的唯一标准肯定会违背客观教学规律。

2. 应用理论原因剖析式评课

这种方式有助于教师找准问题、完善教学，以免重蹈覆辙。但是这种方式只指出病

因，而没有开出具体治病良方，对教师教学能力的提高作用不大，能起到一些警示或浅显启发作用。

3. 献计献策式评课

这是一种用建设与创立来代替判断和分析的评价。这种评价能够找到病因，也能够开出治病良方。评课者具有丰富的教学经验，在理论上也颇有沉淀，能够对授课教师的教学方法、实验安排、活动设置、问题抛出等找出问题所在，并且提出完善这些环节的建议和方法，使听评者耳目一新，具有很大启发性。

4. 独特发现式评课

这种方式对评价者要求很高，除了要有丰富的教学经验、渊博的专业知识外，还要求评课者有广阔的视野、见微知著的敏锐性与洞察力，能够洞察其他人没有觉察到的问题，能够发现教学亮点、教学普遍性现象、教学风格品质、教育根源性问题，能够多次提出问题及其解决问题的方法，可以让听评者觉醒、顿悟和产生“原来如此”的感觉，随之而来的是听评者思想境界的一种享受和提升。

【问题讨论】

1. 化学评课的类型主要有哪些？你认为还可以从哪些方面给予课堂教学评价？
2. 化学评课的能力的类型有哪些？各有什么优点和不足之处？

【资源链接】

◇资料卡片　叶澜.扎实、充实、丰实、平实、真实——什么样的课算一堂好课.◇
（http: //www.cnki.com.cn/Article/CJFDTotal-ZHJY200407005.htm）

◇资料卡片　教师怎样自评一节课◇

教师反思自己的课上得如何，可以从以下几个方面来进行反思：

（1）一节课的学习目标是否适度、明确并告诉学生？（明目标）
（2）教学内容是灌输还是先让学生独立自学和操作？（自主学）
（3）学生不会的问题是否通过相互讨论和帮助来解决？（合作探）
（4）教师的点拨是否精当并退到最后一步？（精点拨）
（5）教师是引领学生整体建构还是一开始就陷入细节之中？（整建构）
（6）教师是否注意引导学生归纳知识的规律和学习的方法？（找规律）
（7）一节课的教学环节是否合理恰当，活而不乱？（巧组织）
（8）一节课的学习目标是否高效率达成？（高效率）
（9）一节课所学的基本知识和技能是否每个学生都能掌握？（人人清）

5.3　如何进行化学评课能力提升

如何评好课，对许多教师来说是个老生常谈的问题，那么作为师范生如何有效地提升化学评课的能力呢？首先在思想上重视，必须明确评课是教师必备的基本技能，它与备课、上课是相互促进的关系，是教师提高自身教学水平的有效途径。其次要强化理论学习，加深对评课的理解，了解化学评课的特点、原则、内容、类型、要求等，进一步加深对化学评课理论和方法的理解与掌握，认真学习课程标准，深刻理解新课标的基本理念、课程目标、内容标准及教学实施建议等，把握所评内容在教材中的地位、教学目标要求、重点难点、学生学习的心理障碍、教学时应采取的教法与学法、教学手段和媒体及教学前后顺序的安排等。第三要抓好评课实践训练，形成评课初步技能，重视将试讲练习中的训练和教学观摩中的训练相结合，在实践中提高能力。

5.3.1　化学评课的内容

1. 评教学目标

教学目标是教学的出发点和归宿点，是教学最终实现的目的，同时它也是教师进行教学方法、教学设计、教学实施的主要依据，是衡量教学效果最主要参考的标准之一。

如何评价教学目标，主要是看教学目标是否符合课程标准或考试大纲，教学目标属于学期目标、单元目标还是课时目标；要看课时目标的确定是否在一堂课程教学中可操作、可实现；看教学目标是否结合学生学习能力情况；是否结合课堂教学环境和教学资源；是否能锻炼提高学生综合能力等。

2. 评教材处理

教材是课程内容的物化形态，是课程标准的具体展现形式，是教师教与学生学的主要依据。教材的处理是教师依据学生的认知水平、学科发展状况，为了更利于学生有效学习而进行的一种创造性活动。评课还要看教材的组织和处理，讲授是否准确、科学；教材处理和教法选择上是否符合课程标准的要求，突出了重点，突破了难点，抓住了关键，达成了具体的教学目标；还要看教师是否能根据学生认知水平、实际教学条件（实验设备设施、多媒体设备等）灵活处理运用教材中的正文、图表、思考与交流、资料卡片、科学探究、实践活动等栏目。

3. 评教学思想、程序和结构

教学思想是教师上课的脉络和灵魂，是教师在课堂教学中的行为、情感中透露出来的或隐含着的价值取向。教师教学思想最核心的内容是教学观、学生观和评价观。教学思想具体体现在教学活动的各个环节中，教学思想决定行动的方向，影响教学设计的思路，教学思路是根据课程标准、教学内容和学生认知水平设计出来的。

评教学思想，一要看教学思路设计是否符合教学内容及学生实际；二看教学思路的层次、脉络是否清晰；三看教学思路的设计是否有一定的创造性、新颖性；四看教师在课堂上的教学思路实际运作效果是否清晰。

教学程序是师生为实现教学目标，围绕教学内容共同参与，通过对话、沟通、合作与交流等形式推进教学活动的过程。课堂教学结构是在一定的教学思想的指导下为完成一定的教学目标，对构成教学的因素所设计的比较稳定的、简化的组合方式及其活动程序。课堂教学结构是否优化直接关系到一节课的教学目标能否完成以及能否调动学生的学习积极性。课堂教学结构不是固定不变的，而是随教学目标、教学策略、学习评价的不同而变化的。教学程序、课堂结构反映一系列教学活动组织的编排、组合、衔接与过渡。教学程序、课堂结构反映教师课堂教学活动的层次、环节、教学技法以及它们之间的联系、顺序、时间分配。

在教学环节的时间分配上要看：教学各环节时间分配和衔接是否恰当，讲与练时间搭配是否合理；教师活动与学生活动时间分配，是否与教学目的和要求一致；学生的个人活动与集体活动时间的分配是否合理，不同程度学生活动时间的差异；非教学时间所占的比例等。

4. 评教学方法和手段

教学方法和手段是教师在教学过程中为完成教学目标、任务而采取的活动方式的总称。包括教师“教”的方式及学生在教师指导下“学”的方式，二者相互统一、互为依存。

教学有法，教无定法，贵在得法。我们通常从以下几个方面来评析教学方法与手段。

（1）教学方法的选择是否适合学生具体情况，是否有利于教师的“教”和学生的“学”。

（2）教学方法的多样化。“教学有法，但无定法”，教学方法是多种多样，教学活动的复杂性决定教师不可能以一种方法教授到底，不同知识用不同教学方法，教师要学会灵活运用多种教学方法，提升教学效果。

（3）教学方法的改革与创新。教学方法既有常规，也有创新，好的教学方法常常会让人耳目一新，给课堂教学效果添砖加瓦，有利于学生创新能力的培养。

（4）现代化教学手段的运用。看教师是否能灵活使用投影仪、计算机技术、电影剪辑、白板等现代化多媒体教学手段。

（5）实验的设计与运用。化学科学是一门以实验为基础的自然科学，离开化学实验，化学科学就不会产生和发展。教师要运用化学实验在科学探究中激起学生的疑问、提高学生兴趣；帮助学生形成化学概念，理解和巩固化学知识；让学生获得比较熟练的化学实验技能；培养学生的自主探究能力；掌握科学方法，培养学生实事求是、严肃认真的科学态度；综合运用所学的化学知识和技能，进行化学实验设计和实验操作，分析和解决生产生活的实际问题。在实验过程中学生积极地动脑动手，体验科学家科学探究的过程和方法，获得科学探究的乐趣和成功的喜悦。

5. 评教学基本功

教学基本功是教师最基本的教学技能，教师的教学基本功表现在以下几方面。

（1）教态：教师在课堂上应该是仪表端庄，举手投足都很自然，给学生以亲切感，教学热情理性。

（2）语言：教学语言的表达是一种艺术。课堂中教师的语言应该达到简洁、干练、清晰、生动、准确、专业、丰富、快慢适中、抑扬顿挫、富于变化。

（3）板书：主副板书明确、版画构建合理、字迹工整美观、内容具有条理性且重点突出。

（4）操作：教师能够熟练操作化学课堂中的所有仪器、设备，达到精准、规范、从容、成功率高。

6. 评教学效果

课堂教学效果是评价课堂教学的重要依据，其评析包括以下两个方面。

一是课堂时间分配合理，时间利用效率高，学生能够当堂解决所有重难点知识内容。

二是学生课堂气氛活跃、学习活动性高、积极参与学习活动、学生掌握知识进度快、巩固率高。

课堂效果的评析，可以现场观摩后做出评价，也可以借助小练习，对学生进行当堂测评，对结果分析后做出评价。

5.3.2 化学评课的原则和基本要求

1. 评课的原则

1）评课要坚持“以学生的发展为本”

要从学生全面发展的需要出发，既要关注学生学习得怎样，还要关注学生发展得怎样，课堂上要坚持“学为主体”课程理念来指导教学。

2）评课要坚持评教与评学相结合，注重“评学”

课堂是双向主体的活动，在评价中要关注教师的“教”，即教师能否实现教学目标，能否突破重难点，能否注重新课程理念的运用，能否提高学生寻找问题、分析问题、解决问题的能力，能否做到公平教学，对学困生一视同仁；同时评课更要关注学生的“学”，学生是否对课题有极大的兴趣，是否主动参与学习，学生的学习是否真实有效，学生是否有效参加课堂活动等。

3）评课要提倡创新，注重教师的个性化教学

课堂创新不容易，但是评课者要鼓励教师在课堂上大胆创新，只有创新课题，才更能让课堂焕发活力，授课教师要保持自己的个性，发扬自己好的教学风格。评价时既要对课堂教学的一般特征进行评述，也要经常提倡创新教学，有利于教师在课堂教学中的进步。

4）评课实事求是

课堂教学评价者的评价要以实际记录和对课堂的客观理解为主，评价者要考虑授课教师本身条件、教学环境、教学资源限制、学生学习状况，发挥评价的激励功能，对教师授课给予中肯、客观的评价。

2. 评课的要求

1）评课要主次分明、重点突出

评课不能平均使力，不分主次。对一堂课的评价，主要抓住课堂设计、学生活动、教学实效、课堂组织几个方面进行点评，要求评价人观点鲜明，条理清楚，重点突出。

2）评课应尊重事实，客观公正地进行评价

评课不带任何私人情感，不搞群体帮派，只对一些真实的数据、课堂现象、授课过程做出客观公正的评价，能够反映授课者的真实水平，不得加以夸大或缩小。

3）评课要坚持理论联系实际

课堂评价要坚持理论的指导思想，不得杂乱评价教学事实，也要坚持理论和实际相联系，不能空谈理论，没有实际教学素材支撑，显得大而空，没有实在的教学指导意义，只有将教育教学理论与教学案例结合，才显得饱满和有说服力。

4）评课要因“人”而异

评课要因“人”而异，执教的对象不同，评课的侧重点以及方式方法也应有所不同，表现在几个方面。对新手教师，主要对教师基本功扎实的程度和教师备课的精细程度方面鼓励、引导，让他们对教学有较大兴趣，有利于新手教师的成长；对优秀教师而言，主要对教师教学理论的运用、教学情境的构思、教学结构的安排、教学事件的处理提出评价，增强他们对教育教学的研究能力，有利于他们尽快成为化学骨干教师；对性格不同的教师，敏感型的、豪爽型的、性格内向型的等，注意语言的表达方式，也可以私下与之交谈。

5）评课时要有民主的氛围

评课不是搞批斗，好像所有人都可以针对授课教师进行炮轰，而忽略授课教师本人的发言。一般而言，评价会谈开始阶段，都需要请授课者对自己课堂的设计、安排、预期教学效果等进行自我评价，然后请评课者与之有效良好沟通，达到畅所欲言、民主讨论，最终每一个发言者的讲话使评课变成一堂优质的教学研讨课程。

6）评课要讲究说话技巧，掌握谈话的方法与策略

评课者的语言要做到简明、易懂；语气做到平和谦虚。评课还要注意授课人的心理变化，掌握评议的尺度，不能只顾自己说得高兴，而不管别人心情如何。评课者建议肯定要提，但是要提得委婉含蓄，尽量使用商量的语气。评课者可以站在授课教师的角度，要以朋友的身份去帮助授课教师考虑、分析问题，用诚恳的态度提出中肯的意见，这样的评课才能使授课者和其他听课者都乐于接受。

3. 评课的几个误区

（1）只听课不参加评课。

（2）蜻蜓点水，不痛不痒，只拣好话说，使上课者和听评者没有充分认识不足和遗憾。

（3）评课没有主次，没有重点，面面俱到。

（4）专挑毛病，只说不足，或者当面不说，背后评论。

（5）脱离实际，套话、空话多，没有指导作用。

4. 评课时要注意的问题

评课者有可能是专家，是相对的学术权威，但不是皇权，不能把自己的观点强加于施教者，要严格用听课标准进行评课。对课堂教学中的问题既要提出来，也要共同协商解决问题的方法。评价者始终要清楚，对授课教师的评析不是终身审判，只是为更好达到教学目标，寻找更优秀的教学设计思想和教学方法、教学手段，因而不能求全责备，面面俱到。在评议过程中，还需要注重学生的参与评价，因为学生才是直接接受知识教学的主体，他们对知识的学习掌握程度、是否提高自己能力和扩展思维的感受才最真实，这也体现评课主体呈现多元化、民主化，对一堂课进行多角度、全方位扫描，有利于增强评课的针对性、科学性和实效性。

【问题讨论】

1. 化学评课的内容和依据有哪些？化学评课必须遵循哪些基本原则？

2. 化学评课的要求及注意的问题有哪些？化学评课的方法和步骤是怎样的？

【资源链接】

1. 教学教程

http: //baike.baidu.com/view/2472471.htm.

2. 普通高中化学课程标准课程的基本理念

http: //wenku.baidu.com/view/6fc2e10e7- 6c66137ee061937.html.

5.4　师范生化学评课能力的案例分析

5.4.1　反思型评课案例分析

随着新课程理念的推广，中学化学课堂教学方式、评价方式等发生了相应的调整和改变。如何合理设计、优化化学课堂教学程序，使之成为一堂学生想学、爱学的好课，应该是每个化学教师努力的方向。

一堂有效的化学课，就是教师运用最新的教学理念、教学策略，通过对教材的巧妙处理和对教学过程的精心组织筹划，充分调动学生学习的积极性，让学生产生想学、爱学的心理，从而实现教学目标和学习目标，提高课堂教学效率。

1. 案例

“钠”的课堂教学实录

【情景引入】

（录像画面简介）若干神秘“水雷”惊现珠江。7 月 7 日，在珠江石溪附近，前前后后共漂着七个白色的来历不明的金属桶。突然，从漂在水面上的一个桶内窜起黄色火焰，紧接着一声巨响，蘑菇状的水柱冲天而起。这个桶接着又连续爆炸了多次，还有许多未燃尽的白烟飘进旁边的公司内。这些物体一遇到水就不停地冒泡，有时甚至还突然着火，给附近居民造成极大的威胁。消防队员、广州化工集团的化学品专家赶到事故现场。广州日报大洋网报道——《炸起千层浪　珠江金属钠“水雷”谜团待解》（导入——扣人心弦）。

【教师质疑】

如果你是消防员，一般物质失火怎样灭火？（学生答：用水、用泡沫灭火器、干粉灭火器、用沙隔绝空气）现在是同学们都不熟悉的钠，在采取消除危险措施之前首先应该做什么？

【学生抢答】

甲：观察、分析现场具体情况！

乙：快速调查爆炸物钠的物理、化学性质并根据其性质研究对“水雷”的处理对策。

【教师引导】

说得非常好！这节课我们就做一次消防员，来研究钠的性质，并试着解决钠“水雷”造成的危险。

【交代任务】

每四人分成一组。每组实验桌面上都有相应的试剂、仪器。

试剂：钠、蒸馏水、酚酞试液、过氧化钠粉末。

仪器：镊子、滤纸、玻璃片、小刀、烧杯、小试管若干、试管夹、酒精灯、火柴、三脚架、石棉网、坩埚、坩埚钳、长玻璃导管、脱脂棉、铝箔、尖嘴导管、塞子、木条。

【教师引导】

通过预习教材，我们了解到研究物质的性质有哪些方法？（学生答：观察、实验、分类、比较）请大家参照课本第 47 页的“实验 3-1”内容，打开每个实验台上的试剂瓶，探究钠这种金属单质的物理性质。

【实验小组】

立即热烈讨论开来。

有的在小组内还当起了小老师：以前老师讲过，研究一种物质的物理性质应该从颜色、状态、气味、熔点、沸点、硬度、密度、溶解度、导电导热性等方面来考虑。

有的开始反驳：颜色、状态、气味都好解决，可是熔点、沸点我们怎么能测出来？

我在旁边笑到：查资料啊。同学们恍然大悟。

【小组总结】

分析讨论与实验观察后，归纳总结钠的物理性质（略）。

【板书】

一、钠的物理性质：熔点低、硬度小、密度小

【教师质疑】

在观察钠的物理性质，你认为钠和我们初中学过的铁、铜相比有什么不一样的地方吗？

【实验小组】

学生甲：密度小、熔点也低、硬度小。

学生乙：除了物理性质外，我认为钠比铁、铜的化学性质要活泼，因为刚刚切开的钠有光泽，几秒钟后就变暗了；还有钠不像铁、铜可以露置在空气中，而是保存在煤油中的。

学生丙：还有刚才的录像上我看到钠“水雷”遇到水就不停地冒泡，我推测钠可能会与水反应！

【教师提示】

那大家就参照课本第 49 页的“实验 3-3”内容，用实验来验证这个推测。如果能和

水反应，要验证产物是什么。注意要切割黄豆粒大小的钠，不可太大。

【实验小组】

每组同学紧张有序地进行实验。有进行实验具体操作的，有专门监督操作是否正确的，还有专门观察、记录实验现象的。

【小组汇报】

钠与水的反应现象及原因并进行归纳总结（略）。

【教师引导】

在实验现象中小球四处游动，大家解释说是反应生产的气体产生的推动力，那么你认为这种气体是什么？如何用实验来验证？

【实验小组】

学生甲：我觉得生成的是氧气，因为水中含有氧元素，金属钠将氧气置换出来。我们可以用排水法收集起来，用带火星的木条检验。

学生乙：不，我认为是氢气。因为在钠与水反应的现象中能听到嘶嘶的响声，有可能是这种可燃性气体的轻微爆炸。我也可以用排水法收集一小试管，并盖上一个带尖嘴管的塞子，点燃观察火焰的颜色、用干燥的小烧杯罩住来检验。

学生丙：我同意乙的结论。但我想将收集到的气体直接移近酒精灯检验看是不是发出噗噗的声音来验证是氢气就可以了。

【教师引导】

大家说的都有道理。那我们让事实说话。大家都要用排水法收集生成的气体，但要考虑一下钠在水里可不是静止不动的，在收集时需要将其固定；还有钠与水反应速率很快，要想收集到得减慢反应速率。大家可以借助实验桌面上已经扎好小孔的铝箔。

【实验小组】

进行验证性实验。

【小组汇报】

陆续有小组汇报验证结果：该气体就是氢气。学生乙的推测完全正确！

【板书】二、钠的化学性质：

1. 钠与水反应：

现象：浮、熔、游、响、红

密度比水小　熔点低　反应放热生成气体　可燃性　有碱生成

方程：$2Na+2H_2O = 2NaOH+H_2\uparrow$

【类比过渡】

钠与铁都属于金属，在化学性质上有没有类似之处呢？

【实验小组】

铁可以在氧气中剧烈燃烧，火星四射，生成黑色难熔物。钠这么活泼，可能在空气中就能和氧气反应。

【教师引导】

大家结合课本第 47 页的“实验 3-2”内容来实验钠在空气中能否燃烧。

【教师巡视】

有的同学看到燃烧时产生的黄色火焰，高兴地叫了起来。说和刚才看的录像上的颜色一样！

【小组汇报】

通过设计实验探究学习，归纳钠在空气中燃烧的现象为：剧烈燃烧，产生黄色火焰，生成淡黄色固体。并指出产物是氧化钠。

【实验小组】

学生甲：我认为产物不应该是氧化钠，它和水反应生成氢氧化钠，没有气体产生。可是刚才我不小心滴了一滴水，淡黄色固体上立即产生了大量气泡，这与氧化钠的性质不符啊。

【教师引导】

这位同学观察得很仔细，不放过任何一个细节，对自己的错误操作，也不放过。当年我国化学家黄鸣龙也是因为自己操作错误，但没有立即否定实验结果，从而发现了制备同一物质可以在不同条件下进行，引起当时化学界的注意。大家可以回忆，刚切开的钠是银白色的，几秒钟后就变暗是不是发生了化学反应，产物是什么？

【讨论结论】

常温下生成氧化钠，加热生成过氧化钠，两者中氧的价态不同。

【板书】

2. 钠与氧气反应：

常温：$4Na+O_2 = 2Na_2O$

加热：$2Na+O_2 \overset{\triangle}{=} Na_2O_2$

【教师引导】

氧化钠能分别与水、二氧化碳发生化合反应。过氧化钠是不是也一样？大家结合课本第 55 页“实验 3-5”来做探究。

【小组汇报】

过氧化钠和水反应生成氢氧化钠和氧气，并且放出热量。

【板书】

3. 过氧化钠的化学性质：

$2Na_2O_2+2H_2O = 4NaOH+O_2\uparrow$

$2Na_2O_2+2CO_2 = 2Na_2CO_3+O_2$

【教师引导】

目前没有制备二氧化碳的药品和装置，怎么能实现过氧化钠与二氧化碳的反应呢？（学生思考了半天，小声议论着，呼出的气体中就有二氧化碳，可以吗？）教师给出肯定回答，并指导学生利用脱脂棉实现过氧化钠与二氧化碳的反应。

【回归问题】

通过对钠和钠的两种氧化物的研究，你作为研究员应该怎样解释钠“水雷”导致的现场险情？

【讨论解决】

水面之所以漂着金属桶是因为钠的密度比水小，“遇到水就不停地冒泡”是因为钠和水反应放出氢气，“蘑菇状的水柱冲天而起”“巨响”是因为反应剧烈、放热，氢气发生了爆炸。“桶内窜起黄色火焰”是大量钠与水反应放热使部分钠燃烧。

【回归问题】

如果你是消防员，现在你该怎样处理钠“水雷”导致的险情?

【讨论解决】

把金属桶打捞上来扔到煤油中；向金属桶内撒沙；钠失火不可以用泡沫灭火器，因为钠燃烧生成的过氧化钠能和二氧化碳反应生成氧气，会越烧越旺；也不可用水来灭。

2. 教学反思

1）设计理念

根据新课程的基本理念，从学生已有的知识、经验出发，经过自主、探究、合作等多种活动，使学生主动体验科学研究的过程，归纳科学研究的方法，激发学习化学的兴趣，强化科学探究的意识，促进学习方法的转变，培养学生的创新精神、实践能力，从而也提高学生的学习成绩。

2）教学策略与自评

钠这节课因为有实验和奇妙的现象，教师们都能上得生动，但仅仅停留在课堂气氛活跃、学生感到新奇上，这还只是停留在新课改的浅层面上。而真正贯彻新的教育理念，让学生自主地去实验、探究、归纳总结，并切实培养他们的科学素质和严谨态度，却是每一个教师都需要深入探究的。这节课围绕神秘钠“水雷”惊现珠江一事，展开对钠的性质的研究、探讨，并最终解决“水雷”带来的危险，让学生也过了一把“消防队员”和“科研人员”的瘾，社会责任感大大增强，确实达到了发现问题、研究分析问题、解决问题的目的。

这节课的最大优势在于，结合了新课程理念，合理设计课堂教学程序，实现了课堂教学的自主性、探究性和有效性。虽然从知识点完整性上来讲有些漏洞、显得零乱，但最终培养了学生学习化学的主动性和积极性。让学生真正体验到了学习化学解决实际问题的乐趣。

（1）本着“自主”原则。

这节课，最大的感触就是：教师要相信学生，放开手让学生亲手去做。新课程改革重视学生的自主学习、探究学习，而教师往往会担心学生不会实验操作，怕出危险而不敢让学生自己来做实验。而实际上，学生已经具备了基本的实验操作能力，同时他们更希望自己来获得体验获得知识。教师只要强调好学生应该注意的事项，由学生自主预测、设计、操作、观察、结论、解释，这种体验最深刻，最宝贵。而教师滔滔不绝的“讲授”会让学生越听越疲倦，甚至昏昏欲睡。所以让恰到好处、画龙点睛的“讲授”吸引住学生，让未知、神秘的实验迷住学生，放开手把自主还给学生，才是教师要做的。

（2）坚持“探究”路子。

新课程理念指导下的发现式学习、探究性学习和体验式学习，对于激发学生的主动学习更为有利。本节教学中设计了钠能否与水反应以及探究生成气体的成分、钠在空气中燃烧的产物、过氧化钠与水反应等探究性内容，看起来知识点很多，起初我担心学生掌握不了这么多内容，但下节课检查发现学生掌握的特别好、特别扎实。据学生反应，他们就喜欢这样的化学课，不是老师自己讲，而是自己动手查阅资料，自己讨论、探索，并最终解决了实际问题，不枯燥，非常有趣。

（3）实现“有效”教学。

这堂课我并没有满足于课堂气氛活跃、学生动手实验上。由于本节教学内容多，在环节设计上我精心设计了“有效”的提问并适当进行“有效”的总结，以免浪费宝贵的课堂时间。教师能有效地激发学生“投入”学习，则需要有效地“提问”并“激发”学生讨论、思考，使教师与学生、学生与学生保持某种“互动”的状态。教师的提问，必须有严密的科学性、逻辑性，即教师善于提问。一方面所提出的问题是促进学生发展的，对学生的知识、技能有提高的，并且，是由浅入深、循序渐进的；另一方面问题提出后还要善于引导学生去讨论、思考、探究，给予学生充足的讨论、思考、探究时间，鼓励学生积极回答，即使学生回答错误，也不能打击学生的积极性。

5.4.2　他评课案例分析

1. 案例

“氯气的性质”听课纪录

<table>
<tr><td colspan="5">课题：氯气的性质</td></tr>
<tr><td colspan="3">活动一（5 min）</td><td colspan="2">目标指向一</td></tr>
<tr><td>情境或问题</td><td>教师活动</td><td>学生活动</td><td colspan="2">知识技能要素</td></tr>
<tr><td>情境：江苏淮安氯气泄漏的场景：
场景①：黄绿色气体弥漫在空气中；
场景②：大片小麦枯黄；
场景③：老鼠等动物死亡，几十人在医院抢救；
场景④：槽罐被置于水塘中，一群人分别扛着一袋物质往水塘跑。
导向性问题：请依据图片分析氯气有何性质？</td><td>提供素材
引导学生分类
叙述性质
组织学生拓展观点
引导学生挖掘易忽略的信息</td><td>聆听、阅读素材
讨论
集体回答：黄绿色气体、能溶于水、有剧毒
学生A回答：密度比空气大，并阐述自己的见解</td><td colspan="2">氯气的物理性质及毒性</td></tr>
<tr><td colspan="5">量化纪录：提问次数（3）、个别回答人数（1）、师生互动时间（3 min）</td></tr>
<tr><td colspan="3">活动二（3 min）</td><td colspan="2">目标指向二</td></tr>
<tr><td>情境或问题</td><td>教师活动</td><td>学生活动</td><td>知识技能要素</td><td>活动经验结构</td></tr>
<tr><td>情境：展示一瓶正放的氯气。
导向性问题：
①依据集气瓶的放置，能说明氯气有何物理性质？
②关于氯气的化学性质，你知道多少？</td><td>展示样品
提出问题
组织学生回答
组织学生拓展观点</td><td>集体回答：氯气的密度比空气大
学生B：氯气能与金属钠反应
学生C拓展：氯气能与氢气反应</td><td>激发学生的原有认知：
①Cl_2+H_2
②Cl_2+Na</td><td>依据集气瓶的放置判断气体的密度大小</td></tr>
<tr><td colspan="5">量化记录：提问次数（2）、个别回答人数（2）、师生互动时间（2 min）</td></tr>
<tr><td colspan="3">活动三（6 min）</td><td colspan="2">目标指向三</td></tr>
<tr><td>情境或问题</td><td>教师活动</td><td>学生活动</td><td>知识技能要素</td><td>活动经验结构</td></tr>
<tr><td>研究素材：氯原子结构示意图。
形成性问题：为何氯气能与金属钠、氢气反应？请用结构图表示氯化钠、氯化氢的形成过程？</td><td>①组织学生讨论；
②组织学生到黑板演；
③组织学生评价、完善</td><td>①学生讨论交流；
②学生D到黑板板演氯化钠的形成过程；
③学生E到黑板板演氯化氢的形成过程；
④学生评价</td><td>①氯原子结构示意图
②用结构示意图表示氯化钠、氯化氢的形成过程</td><td>用微粒结构示意图解释非金属单质的氧化性或金属单质的还原性</td></tr>
<tr><td colspan="5">量化记录：提问次数（3）、个别回答人数（2）、师生互动时间（2 min）</td></tr>
</table>

续表

课题：氯气的性质				
活动四（10 min）			目标指向四	
情境或问题	教师活动	学生活动	知识技能要素	知识技能结构
情境：演示实验：铜在氯气中燃烧；氢气在氯气中燃烧 导向性问题： ①请用简洁语言叙述实验现象？ ②上述实验现象说明什么问题？	组织并引导学生回答、拓展观点、评价	①学生观察、记录； ②学生 F 叙述实验现象，学生 G 补充； ③学生 H 阐释实验现象说明的问题	①铜在氯气中燃烧的实验现象 ②氢气在氯气中燃烧的现象 ③反应方程式： Cl_2+Cu Cl_2+H_2	
发展性问题：结合金属活动性顺序分析下列反应： $Cl_2+Na\rightarrow$ $Cl_2+Cu\rightarrow$ 依据上述反应可推导出什么规律？	引出发展性问题 组织学生讨论 参与学生讨论 小结	分组讨论 呈报结果 组间评价		①排在铜前面的金属均能与氯气反应 ②具有可变价态的金属与铜反应，生成高价金属氯化物
量化纪录：提问次数（6）、个别回答人数（5）、师生互动时间（5 min）				
活动五（10 min）			目标指向五	
情境或问题	教师活动	学生活动	知识技能要素	活动经验结构
情境： ①展示一瓶氯水； ②播放氯水见光分解的动画实验； ③播放氯气能使湿润有色布条褪色的动画。 导向性问题：氯气能与水发生化学反应吗？ 形成性问题：若能反应，产物是什么？ 发展性问题：请设计实验检验氯水中含有盐酸？ 发展性问题：是何种物质使有色布条褪色，是氯气、盐酸还是次氯酸？	提供情境素材 提问 追问 引导 追问 组织讨论交流 参与讨论 组织学生回答 评价、小结	观察 思考 集体回答 分组讨论 呈报结果 实验设计 学生实验 讨论交流 评价、小结	①氯水的成分及氯水性质的多重性 ②次氯酸的性质	运用质量守恒定律推导反应的可能产物
量化纪录：提问次数（5）、个别回答人数（3）、师生互动时间（7 min）				
活动六（5 min）			目标指向六	
情境或问题	教师活动	学生活动	知识、技能、策略	
问题①：通过本节课的学习，你对氯气有了哪些认识？ 问题②：本节课我们获得了哪些规律性的知识？ 问题③：本节课我们运用了哪些已有经验推导新知识？	提问 引导 完善	聆听 回答 记录	①知识：氯气的性质及相关实验 ②技能：绘画结构示意图、书写反应、实验设计及操作、语言表达等 ③策略：结构推导性质、用质量守恒定律推导物质成分、运用演绎归纳推导同类物质的性质	
量化纪录：提问次数（3）、师生互动时间（5 min）				

2. 课堂教学点评

1）评教育理念

本节课教师提问次数 22 次，个别回答次数 13 次，师生互动时间 24 分钟，多数学生乐于参与教学，教学中多次使用了对比、类比、演绎、归纳等方法，学生对氯气（含氯水）的性质及相关实验达到了基本了解程度、对分析问题和解决问题的方法达到了基本了解程度、对氯气对生活及生产的影响达到了基本了解程度，基本体现了新课程所倡导的科学发展观、道德观、学习观及绩效观，但教师讲解的时间约占教学总时间的 60%，说明本节课没有采用实验探究教学，教学设计还有较大开发空间。

2）评目标定位

本节课定位的目标是：了解氯气的物理性质及氯气与铜、氢气反应的现象，理解氯气的化学性质，分析氯气与金属反应的规律及氯气与水反应的产物，基本符合学生的认知能力及课标要求。

3）评核心内容

本节课从氯气泄漏事故及氯原子结构出发，引出系列问题，然后结合实验现象，依次呈现出氯气的物理性质、氯气与氢气及铜的反应、氯气与金属反应的规律、氯气与水的反应，充分体现了从生活走向化学及线索引探的思想。

4）评问题设置

在本节课中，教师善于设计台阶式问题，从导向性问题到形成性问题再到发展性问题，降低了提问的难度，课堂教学连续性较好。

5）评学习策略

本节课通过多媒体播放氯气泄漏的场景及氯水见光分解的动画、展示氯水样品、演示实验，使学生的认识从感性上升到理性；在分析氯气化学性质时，应用了辩证逻辑推理（结构决定性质）及形势逻辑推理（演绎—归纳—演绎），使学生认识从理性抽象到理性具体，可见学习策略的使用是合理且必要的。

6）评教学监控

本节课主要采用问题讨论综合教学法，评价方式比较单一，缺少一些解决实际问题的题目。

【问题讨论】

与同学讨论化学课堂教师自评和他评的主要内容和方法有哪些？

【资源链接】

1. 高中化学新课程课堂教学案例研究

http://www.doc77.com/p-116697759377.html.

2. 高中化学探究学习（二）（课例：盐类水解）

http://v.youku.com/v_show/id_XNDc1 Njk2NjYw.html.

5.5　师范生化学课评课能力的实训

5.5.1　实训目标

通过实训掌握中学化学课堂教学评价的基本内容和要求，能根据不同的课型要求实施教学评价，最终达到能正确客观地进行课堂教学评价的目标，从而提高师范生化学课评课能力。

5.5.2　实训内容

以《高中化学（必修 1）》和《高中化学（必修 2）》为内容，分两个阶段进行，第一阶段是到中学去听课，对中学化学老师的课堂教学进行评价，从而提高自我的课堂教学评价能力；第二阶段是通过同学模拟教学进行听课评价，然后自己授课，让同学评价与自我评价和反思相结合，从而提高课堂教学评价能力。

5.5.3　实训程序

首先要拟订好课堂评价量表，课堂教学评价的着眼点至关重要，要重视量表的制订，对评价的理念、思想和内容要求都要细化，这样才不至于大而统，无法评价。然后到中学去试着听课和评课，初步掌握课堂教学评价的方法，最后模拟课堂教学，进行自我反思评课以及同学之间进行互评，逐步提高评课能力，具体流程如图 5-1 所示。

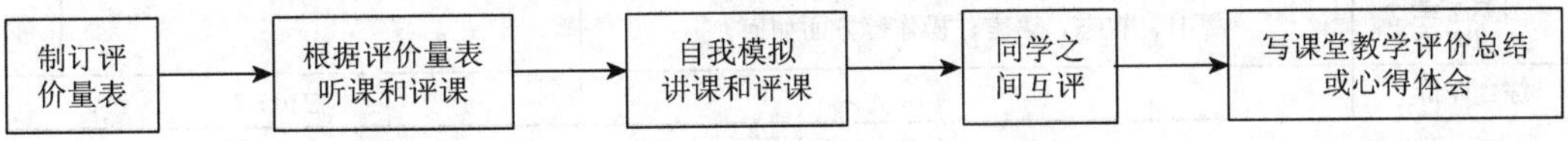

图 5-1　实训流程图

5.5.4　示范训练

小组内同学讲课，根据表 5-1 进行评价。

表 5-1　课堂教学评价表

课题			课型（元素化合物新课）				
评价项目	评价内容		等级				权重
			A 1.0	B 0.7	C 0.6	D 0.4	
1. 对教学目标的评价	知识技能目标	能叙述事实或现象。（了解）					5
		能解释事实或现象。（理解）					
		能设计实验方案。（应用）					
	能力方法目标	能从事实或现象中抽象出物质的化学性质，能进行类比推理、归纳推理和演绎推理。（分析）					10
		能构建物质间的联系，能灵活运用组成（结构）→性质→用途。（综合）					
		将所学知识形成决策。（评价）					
	情感态度目标	能感悟知识价值、生命价值、人文价值，主动构建知识。（体验）					5
2. 对处理教材的评价	核心内容	是否关注物质性质产生的背景知识及所学知识的价值。（生活→科学→社会）					5
		是否关注具体例证并形成规律性知识。					5
		能否构建分析问题的程序。					5
	使能目标	能否循序渐进达成目标。（起点知识→使能目标①→使能目标②→使能目标③→终点目标）					10
3. 对教学程序的评价	认识程序	能否体现认识事物的程序。（感性认识→感性具体→理性抽象→理性具体）					5
	探究程序	能否体现探究问题的程序。（情境设置→提出问题→师生活动→目标指向）					15

续表

课题		课型（元素化合物新课）				
评价项目	评价内容	等级				权重
		A	B	C	D	
		1.0	0.7	0.6	0.4	
4. 对课堂互动的评价	①能否展现课堂教学的科学性、流畅性、生动性；②能否展现课堂教学的主体性、激励性、探索性；③能否展现课堂教学的民主性、合作性、竞争性。					10
5. 对学习状态的评价	①能否引起学生的注意与预期、浓厚的学习兴趣、较大的参与面；②课堂气氛是否活跃、互动有效；③学生思维是否得到启发并能提出问题、思考问题、分析问题。					10
6. 对教学效果的评价	①学生是否了解相关生活事实、实验现象、物质的主要性质；②学生是否理解反应本质；③学生是否能将物质的性质用于制备、检验、鉴别、提纯等；④学生是否能分析反应规律；⑤学生是否能综合知识技能；⑥学生是否能评价所学知识的价值。					10
7. 对教学基本功的评价	板书、教态、语言、操作等方面如何。					5
综合评价		总分：				

5.5.5　实训作业与实训报告

对这篇教学设计及讲课实录进行评价，写一篇实训评价报告。

5.5.6　实训评价总结

通过对课堂教学评价的实训，同学们初步掌握了中学化学课堂教学评价的基本内容和要求，拥有初步的课堂教学评价能力。但存在的问题主要是评价指标体系的构建还缺乏科学性，在评价理念上还存在诸多问题，往往关注教师本身较多，而关注学生较少，特别是师生互动方面做得不够。

【知识链接】

1. 教师评课用语集锦

http: //www.jxteacher.com/content.aspx?id=dcb6ba35-b173-472c-b76a-9fd1351545b4.

2. 教师应该怎样评课

http: //www.jxteacher.com/qyt/column22544/0bbd7af5-9172-451e-7c45-c67117a4032C. html.

3. 教师评课标准

http: //www.jxteacher.com/sxpd/column657/ea539407-0ed7-49f5-a747-a56a59cebb22.html.

4. 听课评课　促进教师成长

http: //www.jxteacher.com/ms/column22139/33716631-2732-4b51-9061-54790110c2d9. html.

5. 观课议课的程序与实施

http: //blog.voc.com.cn/blog_showone_type_blog_id_671419_p_1.html.

【习题选作】

1. 对同学的教学设计作业进行课堂教学评价，要求制定出评价量化表。

2. 自行联系在职中学化学教师，请教他们在中学化学课堂教学评价中的评价经验。

参考文献

顾志跃等. 2009. 如何评课[M]. 上海：华东师范大学出版社：145-148.
顾志跃等. 2009. 如何评课[M]. 上海：华东师范大学出版社：78-85.
韩玲. 2013. 谈化学课堂的有效教学[J]. 课程教育研究，(3)：137.
江坚志，郑长龙，盖立春. 2007. 化学“同课异构”评课中应注重量化分析[J].中学化学教学参考，(11)：9，50-53.
教育部基础教育司. 2002. 走进新课程——与课程实施者对话[M]. 北京：北京师范大学出版社：89.
李森. 2005. 现代教学论纲要[M].北京：人民教育出版社：87-95.
刘志军. 1999. 论主体性课堂教学评价标准的建立[J]. 教育科学，(2)：15-18.
娄延果，郑长龙. 2004. 新课程理念下教师化学课堂教学效果评价方案的构建[J]. 化学教育，(6)：27-33.
覃兵. 2010. 课堂评价策略[M]. 北京：北京师范大学出版社.
王后雄. 2007. 高中化学新课程教学案例研究[M]. 北京：高等教育出版社：78.
王艳玲. 2001. 关于科学评课的思考[J]. 教学与管理，(9)：27-29.
吴丽君，关彦琦. 2010. 试论新课程理念下对师范生评课能力的培养[J]. 教育与职业，(29)：65-66.
徐世贵. 2000. 怎样听课评课[M]. 沈阳：辽宁民族出版社：89-98.
杨启亮. 2000. 论教学评价中的“反教学”现象[J]. 山东教育科研，(11)：3-7.
叶澜. 1997. 让课堂焕发出生命活力[J]. 教育研究，(9)：49-54.
叶澜，吴亚萍. 2003. 改革课堂教学与课堂教学评价改革——“新基础教育”课堂教学改革的理论与实践探索之三[J]. 教育研究，(7)：42-50.
张祥明. 2002. 新课程的实施倡导发展性教育评价[J]. 福建教育学院报，(10)：103-104.
中华人民共和国教育部. 2003. 普通高中化学课程标准[S].北京：人民教育出版社.
钟启泉等. 2003. 普通高中新课程方案导读[M]. 上海：华东师范大学出版社：134.
周雪春. 2006. 新课程下高中化学教学评价的探索与实践[J]. 化学教育，(5)：25-29.
朱华贤. 2007. 听课、评课：“热闹”还是“门道”——我看评课的四种境界[J]. 教师，(9)：47-48.

第 6 章　师范生化学实验能力的培养与提升

教学目标：①了解化学实验培养的能力。②掌握化学实验能力的培养策略。③能运用实验能力对化学实验进行改进和创新。

6.1　关于化学实验能力

实验能力是以一定的知识作为基础，用思考和行为对未知事物（或现象）探索，或对已知事物（或现象）求证的能力。化学实验能力还是以化学知识为基础知识，通过化学实验，对化学现象感观，进而推断出其反应过程或是生成的产物，或通过更具体的实验方法来求证其结果的能力。

化学实验需要化学基础知识、物理知识、观察、分析、设备操作使用等，还需要有记录和在其基础上总结的能力，所以，化学实验能力是实际操作能力、观察能力、运用知识分析推断能力、创新改进能力的综合。

新旧课程教学大纲中都明确指出：化学是一门实验性学科，化学学科重要的概念、原理和规则多数是由实验来推导或验证的，所以，化学学科的特点是实验。化学实验是化学学科认识的源泉，通过化学实验的观察，可加深学生对化学概念、原理和规则的理解，化学实验也是训练应用科学方法的有效途径，通过实验过程培养出学生的科学态度和创新精神。学生在各种形式实验探究中发现问题、分析问题并解决问题，进而获得相关的化学知识，理解科学本质，培养科学方法和科学态度，提高学生的学习能力和学科素养。

现行人教版高中新教材各类实验总数为 149，具体实验分布如表 6-1 所示。

表 6-1　新教材实验分布

教材		课堂实验	学生实验		合计
			科学探究	实践活动	
新教材	必修 1	27	6	0	33
	必修 2	16	5	2	23
	选修 1	4	4	3	11
	选修 2	6	4	1	11
	选修 3	4	2	1	7
	选修 4	15	5	2	22
	选修 5	15	4	2	21
	选修 6	15	3	3	21
合计		102	33	14	149

现行人教版新教材实验总数为 149，除了《高中化学（必修 2）》的第一章的第一个

实验（钾的燃烧、钾与水反应）在书中特别注明由老师演示外，其他都是以实验、科学探究和实践活动等形式出现，教师可根据学校实验能力、学生实验能力、实验功能来自我划分课堂演示实验或学生分组实验，可自行决定是边讲边实验还是学生独立分组实验。这就要求教师要具备指导学生做实验的能力。

无论旧教材还是新教材，在实验数目上都占相当大比重，新教材实验总数比旧教材有增加，新、旧教材各类实验总数为 149 和 140。而这些实验是分解在各章节、各知识板块的，前十章能力的培养和提升都离不开化学实验的支撑。化学教材中实验内容、形式的编排和设计，对于能否达到这些目标起着非常重要的作用。师范生作为中学准教师，自身的实验能力直接关系到能否充分发挥教材实验的作用，挖掘实验功能，实现教材实验编排的目的，胜任中学教学工作。

所以，进行师范生实验能力培养的目的是使师范生理解中学科学实验教学的意义，掌握实验教学的基本原理和方法，掌握中学科学实验的演示要求和技能，学会指导学生实验，并能够解决实验教学中的基本问题，培养指导实验教学的能力，具备从事中学化学教学的初步能力，为未来的教育创新和自我提升奠定良好的基础。

6.2　化学实验能力的培养内容及其策略

新课标较原教学大纲增加或强化了科学探究的相关要求：体验科学探究过程，学习运用以实验为基础的实证研究方法；体会定量研究的方法对研究和学习化学的重要作用；认识实验假说模型比较分类等科学方法对化学研究的作用；能根据实验试题要求，做到设计评价或改进实验方案。同时在技能方面要了解控制实验条件的方法和作用，分析或处理实验数据，得出合理结论；学会常见物质的分离提纯（过滤、蒸发、蒸馏、萃取、重结晶）的实验技能，知道通过化学实验和某些物理方法（红外光谱、氢核磁共振氢谱）确定有机化合物的结构。结合培养师范生实验能力类型可将培养内容及其策略具体细化为以下三个方面的内容。

6.2.1　实验操作能力的培养内容及其策略

“教学（验证性、探究性）课堂演示能力”是师范生自身应具备的基本能力，这一目标表明师范生应具备一定的实验操作能力，方能胜任教学工作。

实验操作能力可细化为：选择化学仪器和试剂、装配仪器、控制条件、独立实验操作等能力。

1. 选择化学仪器和试剂

1）化学仪器的选用

化学仪器的类别丰富多样，要想正确选择和使用仪器，必先明了各仪器的功能、使用规则及注意事项，根据实验内容正确选择。所以，对仪器的分类、功能介绍、使用规则、规范操作要一一清楚。

（1）记住常用仪器的名称、图形、用途、使用时的注意事项。

（2）弄清哪些玻璃仪器能加热、哪些不能加热、哪些能直接加热、哪些需垫石棉网等。

（3）注意计量仪器的规格、精确度及正确的读法和使用，能确定产生误差的结果及原因。

2）化学试剂的选用

许多实验的成败都与试剂的选择有关，选择试剂时通常要根据不同实验的实验目的来选用试剂。比如：

（1）除气体中的杂质。化学试剂选择的原则通常是不引进新杂质和物质易于分离。如除去 CH_4 的 $CH_2{=}CH_2$，通常用溴水而不选 $KMnO_4$ 溶液；CO_2 气体中含有杂质 SO_2 气体，通常用饱和碳酸氢钠溶液除去而不选用碳酸钠溶液。

（2）酸化试剂的选用。某些溶液的配制或某些反应的发生需要酸性环境，即需要酸化，酸化时要考虑的问题有：酸性的强弱、酸的氧化性与还原性、酸是否具有挥发性、是否会引入新杂质等。例如，配制 $FeCl_3$ 溶液只能用盐酸酸化，用其他酸会引入杂质；$KMnO_4$ 溶液的酸化应该用硫酸，不能用盐酸或硝酸。

（3）根据实验仪器选用试剂。比如干燥问题，若选用 U 形干燥管或球形干燥管干燥气体，则要选用固体干燥剂；若选用洗气瓶，一般选用浓硫酸液体干燥剂。

（4）鉴别物质时，应根据物质的特征反应选用试剂。例如，检验水一般用无水硫酸铜，而不选浓 H_2SO_4、碱石灰等干燥剂。

2. 装配仪器

（1）连接仪器装置的原则：从下往上，从左到右。

（2）拆卸仪器装置的原则：从上往下，从右到左。

（3）用橡胶管连接导管的方法：左手拿住玻璃导管，右手将橡胶管口蘸蒸馏水润湿，放在玻璃导管口小心向内旋转橡胶管。

3. 化学基本实验操作

1）化学基本实验操作内容

（1）药品的取用和存放；

（2）仪器的洗涤和试纸的使用；

（3）连接仪器装置以及检查装置的气密性；

（4）物质的溶解、过滤、蒸发和结晶；

（5）物质的加热；

（6）蒸馏、分液、萃取和升华；

（7）渗析和盐析。

2）化学基本实验操作策略

（1）把握操作的基本要领，平时养成严格、规范的操作习惯，反思违反操作要领时所造成的实验后果；

（2）培养实事求是、严肃认真的科学态度。

4. 控制条件

一般的化学实验通常在常态下进行，也有的化学实验要在特定环境下才能成功，我们首先要弄清反应环境和条件，必须控制好实验条件，方能完成实验。比如：

（1）无氧环境：制备 $Fe(OH)_2$ 需无氧环境，用加热法除去水中的氧，用长滴管伸进试管的方法滴加氢氧化钠溶液，避免在液体滴加过程中引入空气中的氧。

（2）试剂量多量少问题：由氢氧化钠得到氢氧化铝时，氢氧化钠溶液量的控制。

（3）酸碱性环境：如制备酚醛树脂要分别得到线形和网状结构产品。

（4）加热方式：醛类的银镜反应只能水浴加热。

（5）制备氢氧化铝不能在强碱性环境中实现。

6.2.2　实验分析能力的培养内容及其策略

“指导（科学探究、实践活动、实验讲解）学生实验能力”是师范生自身应具备的综合实验能力，这一目标表明师范生应具备实验分析的能力，方能正确指导学生实验，驾驭课堂。

实验分析能力包括观察实验现象，准确记录实验现象，分析实验现象，实验数据分析，得出结论，实验报告书写，判断、推理、探索新知识。

1. 化学实验现象

1）观察实验现象

实验现象的观察，原则上应从眼睛看（颜色的变化、是否有气体沉淀生成）、耳朵听（爆鸣声）、鼻子闻（气味）、手触摸（温度变化）等方面全面体察。但是，也应根据每个实验目的的不同，引导学生重点观察某个或某些现象。

2）记录实验现象

实时准确记下所观察到的实验现象。

3）分析实验现象

能用化学专业术语、化学原理正确解释现象。对有疑问的现象，反复实验、查阅资料。实验现象是物质性质的反映，用化学原理解释实验现象就是运用有关化学基本概念、化学基础理论（主要指物质结构原理、化学反应速率原理、化学平衡移动原理）、元素单质及其化合物的性质等化学知识对实验所发生的相关现象进行分析阐明，得出结论。用化学原理解释实验现象是实验联系理论的关键所在，有助于学生将感性认识上升到理性认识，进一步理解和掌握已知的理论知识。

2. 化学实验数据分析，得出结论

1）化学实验数据的收集

实验数据的采集是化学计算的基础，一般来讲，固体试剂称质量，而液体试剂和气体则测量体积。

（1）称量固体质量时，中学一般用托盘天平，可估读到 0.1 g，实验准确度要求高的实验中可以用分析天平或电子天平，可精确到 0.0001 g。

（2）测量液体体积时，一般实验中选用适当规格的量筒，可估读到 0.1 mL，准确度要求高的定量实验如中和滴定中选用滴定管，可估读到 0.01 mL，容量瓶作为精密的定容仪器，只用于配制一定物质的量浓度的溶液，不用于量取液体的体积。

（3）气体既可称质量也可量体积。称气体的质量一般有两种方法，一种方法是称装置在放出气体前后的质量减小值，另一种方法是称装置吸收气体前后的质量增大值；量气体体积的装置有多种，常见的如图 6-1 所示，测出气体体积的同时还要测出气体的温度和压强，以便换算成相应的物质的量。

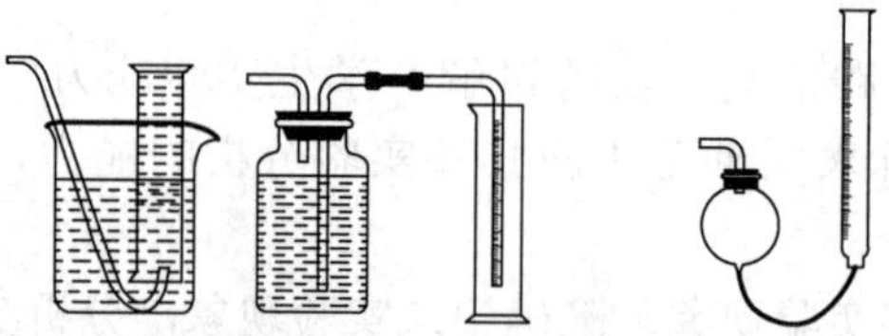

图 6-1　气体体积的量取

（4）用 pH 试纸（测得整数值）或 pH 计（精确到 0.01）直接测出溶液的 pH，经过换算可以得到溶液中的 H^+或 OH^-的物质的量浓度。

为了数据的准确性，实验中要采取必要的措施，以确保离子完全沉淀、确保气体完全吸收，等等，必要时可以进行平行实验，重复测定同一数据，然后取其平均值进行计算，如中和滴定实验中测量酸或碱的体积要平行做 2～3 次滴定，取体积的平均值求算未知溶液的浓度。

2）实验数据的分析

对实验数据进行分析，通常有以下几种方法：

（1）将原始数据列表进行分析，得出结论。如探究浓度对化学反应速率的影响时，测出不同浓度时看到某种现象所需的时间，列表分析得出结论。

（2）将原始数据绘制成曲线。如中和滴定中的 pH 随所加酸或碱的体积变化的滴定曲线，溶解度随温度变化的溶解度曲线。

（3）运用数据进行计算，得出结果。如中和滴定中求算酸或碱的物质的量浓度，利用方程式计算反应物的消耗量或产物的生成量，求算混合物的百分组成等。

（4）将测定结果与理论值进行比较，分析产生的误差及其原因。如中和滴定中的误差分析，化学反应中的转化率计算等。

3）化学实验结论的获得

化学实验结论是通过化学实验对物质的组成、性质、化学变化规律或化学原理所下的最后的判断，也可以是对已知结论的证实或证伪。比较、归纳、分析、综合等科学方法是化学研究和学习的常用方法。

（1）比较法。

按事物的一种或多种属性所作的比较称为比较法。

按比较的性质，分成定性比较与定量比较。定性比较就是通过事物间的本质属性的比较来确定事物的性质；定量比较是对事物属性进行量的分析以准确地确定事物的变化。

（2）归纳法。

简单地说，归纳方法就是从个别前提得出一般结论的方法。归纳所得到的结论不一定是正确的，但归纳法却是科学发现的重要思维方法。如门捷列夫的元素周期表就是通过归纳的方法发现的。

（3）分析法。

所谓分析法，就是把事物分解为各个部分、侧面、属性，分别加以研究，是指“执果索因”的思想方法，即从结论出发，不断地去寻找须知，直至达到已知事实的方法，是认识事物整体的必要阶段。

（4）综合法。

所谓综合法，是把事物各个部分、侧面、属性按内在联系有机地统一为整体，以掌握事物的本质和规律，是指“由因导果”的思想方法，即从已知条件出发，不断地展开思考，去探索结论的方法。分析与综合是互相渗透和转化的，在分析基础上综合，在综合指导下分析。

3. 实验报告书写

实验报告是要全面体现整个实验的源头和结论，所以，它必须具备一定的内容和格式。

实验报告的格式可为：

实 验 名 称

【实验目的】

【仪器设备及药品】列出实验中主要使用的仪器设备及药品。

【实验原理】

【实验过程】

实验内容及实验装置图（编号、名称、装置图）	实验现象	现象解释（原理或反应方程式）	结论	备注

【结果与分析】应用文字、表格、图形等将数据表示出来，根据实验要求对数据进行

分析讨论和误差处理。

6.2.3 实验设计能力的培养内容及其策略

“创新（实验设计、改进、评价）实验能力”是师范生自身应具备的创新能力之一，它是较高要求。这一目标表明师范生在扎实的实验操作能力和指导学生实验能力的基础上还应有对教材实验的改进和挖掘、创新，方能增加新的教学亮点，提高学生实验和学习兴趣，加强课堂的凝聚力、吸引力。

实验设计能力可细化为：通过对问题的分析选取课题、设计实验方案、实验改进、评价实验、实验探究。

1. 分析问题选取课题

根据实验中出现的反常现象提出实验课题，或者根据教材实验中的环境问题、安全问题、分离提纯问题等来选取新的实验课题，比如粗盐的提纯，不仅是过滤除难溶性杂质，更重要的是设计实验除可溶性杂质。所以，尾气处理装置、安全瓶和防倒吸装置、分离提纯等都是创新的热点，要理解其原理，选择或设计最简便的装置。

2. 设计实验方案

根据实验内容进行实验方案的设计，策略是：原理决定实验用品，实验用品决定实验装置，原理决定实验步骤，由实验过程观察现象，推理结论。流程可为：原理（化学方程式）—实验用品—实验（操作）—现象—结论。比如，人教版《高中化学（必修 1)》“卤素间的置换”：

根据实验原理，卤素间的氧化性：$F_2>Cl_2>Br_2>I_2$。

主要反应有：

$$2NaBr+Cl_2=\!=\!=2NaCl+Br_2$$

$$2KI+Br_2=\!=\!=2KBr+I_2$$

拟定实验用品：药品：NaBr 溶液、KI 溶液、氯水、溴水、四氯化碳。仪器：试管、滴管。

实验步骤：

（1）取 1 mL NaBr 溶液于试管中，滴加氯水，观察现象。溶液从无色变为黄色。

（2）再向上述液体中加少量四氯化碳，振荡，静置，分层，下层为橙红色。

（3）另取一支试管加 1mL KI 溶液，滴加溴水，观察现象。溶液从无色变为棕黄色。

（4）再向上述液体中加少量四氯化碳，振荡，静置，分层，下层为紫红色。

3. 实验改进

1）气体实验装置的改进设计

气体实验装置的评价、改进设计主要是环境问题、安全问题，那就要在气体干燥方法、尾气处理装置、安全瓶和防倒吸装置上加以注意。

例如氨气的实验室制法。教材中只有制备氨气的发生装置，连一个导管，用一个小试管向下排空法收集。教师要引导学生分析该反应原理，确定实验用品、发生装置、气体收集装置，接下来要引导学生评价整套装置的缺陷、漏洞，找出改进的方法，并设计改进实验。学生就会在气体干燥净化、验纯、尾气处理上面做改进，从而完善氨气的实验室制法。

通过分析，学生就会练习、熟悉气体实验室制法的一系列操作：①原理，选取装置，仪器组装（从下到上，从左到右）；②检验装置的气密性；③加入药品；④排尽装置内的空气；⑤实施化学反应；⑥净化、验纯和收集；⑦尾气处理；⑧拆除装置。

2）性质实验装置的改进设计

一是要注重对教材实验的改进和挖掘；二是要对实验进行创新设计。

策略：以教材实验为载体，从反应原理、装置原理和操作原理等方面进行改进。应先明确实验目的和要求，再依据化学原理、物质性质和实验设计的基本要求进行设计。

在性质探究实验中，尾气处理装置、安全瓶和防倒吸装置等都是改进的热点，要理解其原理，选择或设计最简便的装置。

3）制备实验装置的改进设计

制备一种物质，应根据目标产品的组成来确定原料及反应原理，设计反应路径，选择合适的仪器和装置。最后，根据生成物的性质将产品分离提纯出来。此类实验的改进策略为以下几方面。

（1）在设计物质制备的实验方案时，要优化每一个具体环节。遵循的优化原则是：原料廉价，原理绿色，条件优化，仪器简单，分离方便。

（2）一些物质的制备，由于其性质上的特殊性，需要设计一些特殊的装置来完成。如实验室制备 $Fe(OH)_2$ 固体，由于 $Fe(OH)_2$ 遇空气易被氧化而变质，故其制备实验装置必须严格防止制备的 $Fe(OH)_2$ 固体与 O_2 接触；再如，常见有机物的制备中，由于有机反应缓慢、副产品多、原料容易挥发，所以常见有机物的制备装置都要加装冷凝回流装置，使原料回流、充分反应，提高产率。

4）探究性实验的设计

科学发展的历史，就是不断发现、科学进步的历程，就是人们在实践中不断提出问题、分析解决问题的过程。提出问题对于我们学习化学知识、掌握化学技能也是极其重要的。能提出问题，首先得发现问题，而问题不是凭空想象的，而是在学习新知识、新方法中进行思考、对比、质疑而引出的，在教学中，教师需要有意识地培养学生这种提出问题、发现问题、解决问题的能力，具体体现在“科学探究”部分，例如：学习浓硫酸的吸水性和脱水性时，浓硫酸使硫酸铜晶体（$CuSO_4·5H_2O$）失水，硫酸铜晶体发生了化学变化，而浓硫酸体现了吸水性还是脱水性？四氯化碳和苯都能萃取碘水中的碘，分层时一个在上层，一个在下层，若在碘水中同时加入苯和四氯化碳时，溶液会不会分三层？各层的颜色又如何？此外，实验中出现的异常现象也是思想迸出火花、提出问题的重要节点，不要轻易放过。

比如上面提到的浓硫酸吸水性和脱水性的问题，通过分析可知，若浓硫酸吸收的是晶体离解出来的水分子，则浓硫酸体现的是吸水性，若必须要浓硫酸作用硫酸铜晶体才能失水，则浓硫酸体现的是脱水性，究竟是哪种情况，只能通过实验进行验证。所谓猜想就是根据已有的知识对问题的解决提出的几种可能的情况。

在提出各种猜想问题后，老师再引导学生在猜想的基础上进行合理的假设。如将硫酸铜晶体置于浓硫酸中失水变白，就无法说明硫酸铜晶体的失水过程是自发的还是必须要浓硫酸作用，这个实验方案就不科学，必须重新设计，要使硫酸铜晶体与浓硫酸不直接接触，但不接触又怎么能相互作用？新的问题提出，就要设计新的实验方案，可将浓硫酸加入试管中，用玻璃纤维塞住试管中部，硫酸铜晶体置于玻璃纤维上，再将试管密封放置，观察现象。再如：老式房屋修建所用的红砖，其成分是三氧化二铁还是氧化亚铁，或者两者都存在。我们可以实验探究，将其粉碎溶解在稀硫酸中，假设一：只含 Fe^{3+}，假设二：只含 Fe^{2+}，假设三：两者都含有。在假设的基础上，设计实验分别验证 Fe^{3+}和 Fe^{2+}是否存在，问题就迎刃而解了。

6.3 化学实验能力的培养案例分析

在阐述了怎样培养实验能力后，我们现在来进行具体的化学实验分析，看看通过化学实验如何来指导学生观察实验现象、分析现象本质、改进实验，从而增加实验综合能力。

6.3.1 案例1展示及分析

1. 案例展示

【案例1】人教版《高中化学（必修1）》“浓硫酸与蔗糖的反应”。

【实验目的】1. 掌握浓硫酸、试纸的规范使用，准确观察实验现象。

2. 培养从实验现象探究实验本质的能力以及实验改进能力。

【实验原理】浓硫酸的特性：脱水性、吸水性、强氧化性。

$C+2H_2SO_4（浓）\xlongequal{\triangle}2SO_2\uparrow+CO_2\uparrow+2H_2O$

【实验用品】药品：98%的浓硫酸、蔗糖、蒸馏水、石灰水。

仪器：烧杯、玻璃棒、胶头滴管、品红试纸。

【实验步骤】

1. 在200毫升的烧杯中放入20克蔗糖，加入几滴水，搅拌均匀，然后再加入15毫升质量分数为98%的浓硫酸，迅速搅拌，观察实验现象。观察现象，蔗糖先变黄，后变黑，烧杯壁发烫；

2. 继续迅速搅拌，直至黑色固体体积迅猛膨胀，产生大量有刺激性气味的气体；

3. 快速用润湿的品红试纸靠近气体，试纸褪色；

4. 用内壁涂有澄清石灰水的烧杯罩在气体上方，尽可能吸收气体。

2. 案例分析

该实验本身是一个性质实验，但我们把实验的时间进行调整，可以改变实验功能和作用。在学习浓硫酸的特性时知道，浓硫酸有脱水性、吸水性、强氧化性，可以使蔗糖变黑碳化，碳化过程放出大量的热，浓硫酸又可在加热条件下与碳反应。教材中的“黑色面包实验”是放在脱水性这里的，对浓硫酸与碳反应没有实验。所以，我们就把浓硫酸与蔗糖反应的实验放在学习浓硫酸与非金属反应时补做，既看见了浓硫酸脱水性、吸水性，又看见了浓硫酸与碳反应的强氧化性，这就把一个普通实验变成了一个性质验证实验，还可以探究其气体产物二氧化硫。

6.3.2　案例 2 展示及分析

1. 案例展示

实验题目讲解是在实验综合能力基础上的延伸，是中学实验内容之一。在教师清晰准确的分析下，让学生找出实验目的，理清实验过程，方能回答实验题中的各问题。教师的这种能力，直接关系到学生解答实验题的能力。

【案例 2】2009 年北京理综第 27 题。某学习小组探究浓、稀硝酸氧化性的相对强弱，按下图装置进行实验（夹持仪器已略去）。实验表明，浓硝酸能将 NO 氧化成 NO_2，而稀硝酸不能氧化 NO。由此得出的结论是浓硝酸的氧化性强于稀硝酸。

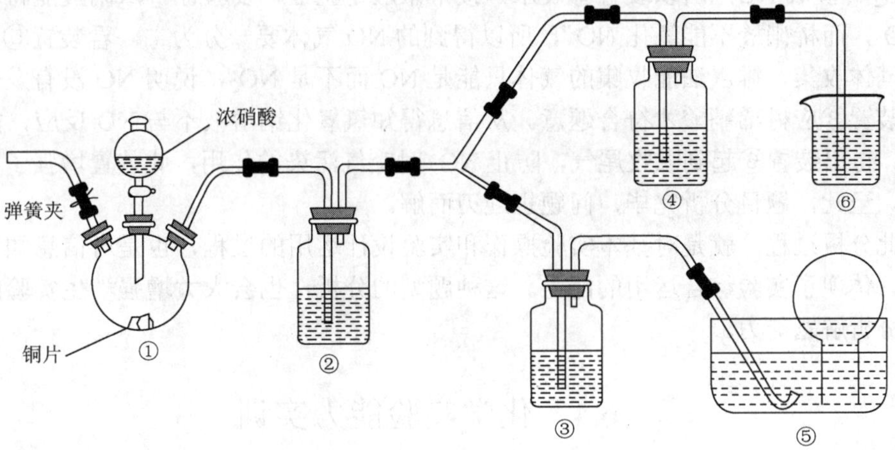

可选药品：浓硝酸、3 $mol \cdot L^{-1}$ 稀硝酸、蒸馏水、浓硫酸、氢氧化钠溶液及二氧化碳。

已知：氢氧化钠溶液不与 NO 反应，能与 NO_2 反应。

$2NO_2 + 2NaOH \overline{\overline{\quad}} NaNO_3 + NaNO_2 + H_2O$

（1）实验应避免有害气体排放到空气中。装置③、④、⑥中盛放的药品依次是____。

（2）滴加浓硝酸之前的操作是检验装置的气密性，加入药品，打开弹簧夹后____________________。

（3）装置①中发生反应的化学方程式是________________。

（4）装置②的作用是__________，发生反应的化学方程式是________。

（5）该小组得出的结论依据的实验现象是__________。

（6）实验结束后，同学们发现装置①中溶液呈绿色，而不显蓝色。甲同学认为是该溶液中硝酸铜的质量分数较高所致，而乙同学认为是该溶液中溶解了生成的气体。同学们分别设计了以下 4 个试验来判断两种看法是否正确。这些方案中可行的是（选填序号字母）________。

a. 加热该绿色溶液，观察颜色变化

b. 加水稀释该绿色溶液，观察颜色变化

c. 向该绿色溶液中通入氮气，观察颜色变化

d. 向饱和硝酸铜溶液中通入浓硝酸与铜反应产生的气体，观察颜色变化

2. 案例分析

本案例就要求教师对物质性质非常熟悉，即掌握浓硝酸与铜反应、NO_2与水的反应；同时，教师要有为学生分析信息的能力，提高学生运用信息的能力，因此教师首先要让学生明确此题目的是“探究浓、稀硝酸氧化性的相对强弱”，信息知识为“浓硝酸能将NO氧化成NO_2，而稀硝酸不能氧化NO”，实验方法就应该是“浓硝酸能将NO氧化成NO_2，而稀硝酸不能氧化NO”。此题已有实验流程，教师就要给学生逐一分析实验设计思路和原理，理清过程，分析实验流程，讲清楚每步实验的目的和作用，在实验中必须出现浓、稀硝酸和NO、NO_2。装置①中显然产生NO_2，要得到纯净的NO，后续实验必将NO_2转换成NO，所以装置②装水。接下来应是验证，要验证“浓硝酸能将NO氧化成NO_2，而稀硝酸不能氧化NO”，所以得到的NO气体要一分为二。看装置⑤，你会发现有气体收集，排水法能收集的气体只能是NO而不是NO_2，说明NO没有发生反应，所以装置③应盛稀硝酸才符合题意。从信息得知氢氧化钠溶液不与NO反应，能与NO_2反应，得出装置⑥起到吸收尾气，防止NO_2对空气污染的作用，此装置增强了实验的严密性。至此，题目分析完毕，问题也迎刃而解。

此分析过程，就是对基本实验操作和实验设计运用的过程，也是对信息知识的运用过程，体现了实验综合运用的能力。这种题型的分析，也会大大增强学生实验的兴趣与实验分析解题能力。

6.4　化学实验能力实训

实训，即“实习（践）”加“培训”，源自于IT业的管理实践和技术实践。目前引入到各领域是对现有理论、事实的检验，主要用于加深学员对知识和技能的理解和认识。化学实验实训教学是整个教学工作的重要组成部分，是培养学生动手能力，促进学生综合素质全面提高的重要手段。

6.4.1　实训目标

实验实训教学是重要的实践教学环节之一，它的宗旨是通过实训，使师范生对化学实验能力培养的内容有一个感性认识，为师范生化学实验能力提升奠定基础，同时达到培养学生理论联系实际的学风，严谨的科学态度以及分析问题、解决问题的能力，达到巩固理论知识、训练基本技能、培养创新能力的目的。

6.4.2　实训内容

实验操作能力：化学仪器的选择和试剂的滴加、装配仪器、控制条件、独立实验操作等能力。

实验分析能力：如何观察实验现象，准确记录实验现象，分析实验现象，实验数据分析、得出结论，实验报告书写，判断、推理、探索新知识。

实验设计能力：通过对问题的分析选取课题、设计实验方案、实验改进、评价实验、实验探究。

6.4.3　实训程序

实训整体思路：以巩固理论知识、训练基本技能、掌握实验技能、培养学生综合能力为目的的实训，应分层次进行，按照基础实验、综合实训和设计实训组织教学，并逐步减小基础验证性实验的比例，加大综合性、设计性实训的比例。

实训遵循程序：

第一，明了本次实训目的；

第二，知道本次实训的技能素质训练要求（能力、素质培养的要求）；

第三，清楚本次实训课项目的具体要求。实训课项目的具体要求应包含：实验名称、实验目的、实验要求、实验所需仪器、实验过程、写好实验报告。

6.4.4　示范训练

示范训练案例可以自选实验进行，可以从以下几个实验中选取，即固体药品的取用、控制条件、配制 0.0100 mol/L 的 NaCl 溶液、中和滴定实验、实验室气体的制法、物质的制备及改进、探究实验等。

【案例】探究 $Fe(NO_3)_3$ 溶液可以蚀刻银的原因

1. 实验名称：探究 $Fe(NO_3)_3$ 溶液可以蚀刻银的原因。

2. 实验目的：掌握银镜反应，溶液的配制，pH 的测定。

3. 实验要求：得到 $Fe(NO_3)_3$ 溶液可以蚀刻银的原因，按指定的实验报告格式写好实验报告。

4. 实验所需用品：试管、胶头滴管、酒精灯、烧杯、试管夹、铁架台、铁夹、石棉网、玻璃棒、量筒、容量瓶、硝酸银、稀氨水、乙醛、$Fe(NO_3)_3$ 溶液、pH 试纸、稀硝酸等。

5. 实验过程：

（1）制备银镜；

（2）$Fe(NO_3)_3$ 溶液与银镜反应，发现银镜溶解。

（3）提出假设：

假设 1：Fe^{3+} 具有氧化性，能氧化 Ag。

假设 2：$Fe(NO_3)_3$ 溶液显酸性，在此酸性条件下 NO_3^- 能氧化 Ag。

（4）设计实验方案，验证假设。

甲同学从上述实验的生成物中检验出 Fe^{2+}，验证了假设 1 成立。

乙同学设计以下实验验证假设 2。

实验步骤	预期现象和结论
①测定上述实验用的 $Fe(NO_3)_3$ 溶液的 pH	若银镜消失，假设 2 成立
②配制相同 pH 的稀硝酸溶液，将此溶液加入有银镜的试管内	若银镜不消失，假设 2 不成立

（5）思考与交流。

甲同学验证了假设 1 成立，若乙同学验证了假设 2 也成立，则丙同学由此得出结论：$Fe(NO_3)_3$ 溶液中的 Fe^{3+} 和 NO_3^- 都氧化了 Ag。

你是否同意丙同学的结论，并简述理由：不同意。甲同学检验出了 Fe^{2+}，可确定 Fe^{3+} 一定氧化了 Ag；乙同学虽然验证了此条件下 NO_3^- 能氧化 Ag，但在硝酸铁溶液氧化 Ag 时，由于没有检验 NO_3^- 的还原产物，因此不能确定 NO_3^- 是否氧化了 Ag。

6. 写好实验报告。

6.4.5　实训小结

通过上述示范训练的交流互动，既达到了独立实验操作能力的形成，又培养了实验改进、评价实验、实验探究的意识，并逐步形成实验改进、评价实验、实验探究的能力，最终实现“化学实验能力的培养与提升”的目标。在具体的教学实践中，我们通常可以调整教材中实验的出现方式，改变实验功能，变教材中的验证性实验为探究性实验，加大实验的探索性比重；也可以调整实验顺序，变分组实验为边讲边实验，增加学生的动手参与机会。比如：浓硫酸与铜的反应，可以探究不同温度时的反应，可以探究中间黑色固体的成分，可以探究气体产物，以及最后试管中的白色固体物质。浓硫酸与蔗糖的“黑色面包”实验，可以放在浓硫酸与金属单质、非金属单质反应之后，分组进行边讲边实验，让学生讲自己观察到的现象，让学生运用刚刚学到的知识对各步出现的现象进行解释，交流讨论，共同研究其原因，得出结论。巩固所学知识，理解知识内涵，学会运用知识等。

6.4.6　实训作业与实训报告

1. 案例展示

实训作业 1：证明海带中存在碘元素

1. 目的要求

（1）证明海带中确实存在碘元素的方法思路。

（2）海带中碘元素的测定原理和实验操作技能。

2. 实验内容

（1）取 3 克左右的干海带，把干海带表面的附着物用刷子刷净（不要用水冲洗），用剪刀剪碎后，用酒精润湿，放入坩埚中。点燃酒精灯，灼烧海带至完全变成灰烬，停止加热，冷却。

（2）将海带灰转移到小烧杯中，向其中加入 10 mL 蒸馏水，搅拌、煮沸 2～3 分钟，过滤。

（3）在滤液中滴入稀硫酸（3 mol/L），再加入约 10 mL H_2O_2（质量分数为 3%），观察现象。加入几滴淀粉溶液，观察现象。

3. 主要仪器设备及药品

坩埚、坩埚钳、酒精灯、泥三角、铁三角、玻璃棒、烧杯、漏斗、带铁圈的铁架台、酒精、海带、过氧化氢、淀粉溶液、稀硫酸、蒸馏水等。

实训作业 2：中和热的测定

1. 目的要求

（1）测定强酸强碱反应的反应热。

（2）学会有效数据的判断和取舍。

（3）掌握定量实验的基本方法和步骤。

2. 实验内容

（1）测定原理如下：

$$\Delta H = \frac{(m_{酸} + m_{碱}) \cdot c \cdot (t_{终} - t_{始})}{n}$$

式中，$c = 4.17$ J/（g·℃）$= 4.17 \times 10^{-3}$ kJ/（g·℃）；n 为生成 H_2O 的物质的量。

（2）组装如下图装置：

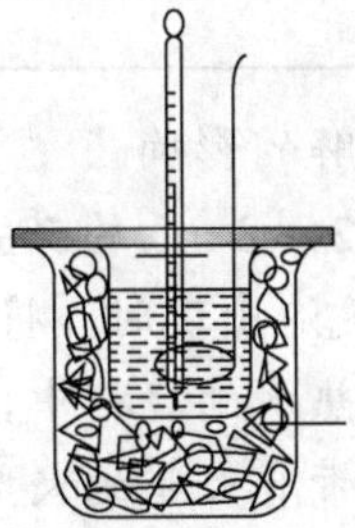

（3）用量筒量取 50 mL 0.5 mol/L HCl 溶液，倒入烧杯中测其温度，记录。

（4）另用量筒量取 50 mL 0.55 mol/L NaOH 溶液，测其温度，记录。

（5）上述组装好的装置中，倒入氢氧化钠溶液，准确读取混合溶液的最高温度，记为终止温度，记入下表。

盐酸溶液温度/℃	NaOH 溶液温度/℃	中和反应后溶液温度/℃

（6）重复实验步骤(2)～(5)三次。

（7）数据处理，计算。

3. 主要仪器设备及药品

500 mL烧杯、100 mL烧杯、温度计、50 mL量筒、环形玻璃搅拌棒、碎泡沫塑料（或纸条）、泡沫塑料板、0.5 mol/L盐酸、0.55 mol/L NaOH溶液。

实训作业 3：过氧化氢分解催化剂探究

1. 目的要求

（1）掌握过氧化氢的分解实验操作。

（2）探究不同温度、不同催化剂对过氧化氢的分解的影响。

（3）总结探究实验的设计方法及实验操作方法。

2. 实验内容

（1）探究不同催化剂对过氧化氢的分解的影响。

在 3 支大小相同的试管中各装入 2～3 mL 约 5%的 H_2O_2 溶液，再向其中 2 支试管中分别加入少量 MnO_2 粉末、1～2 滴 1 mol/L $FeCl_3$ 溶液。对比观察现象。

操作	现象	结论
加入 MnO_2		
加入 $FeCl_3$		
不加其他试剂		

在两支试管中各加入 2 mL 5%过氧化氢溶液，再向过氧化氢溶液中分别加入 1 mol/L $FeCl_3$ 溶液和硫酸铜溶液各 1 mL，摇匀，比较过氧化氢的分解速率。

加入试剂	0.1 mol/L 三氯化铁	0.1 mol/L 硫酸铜
产生气体快慢		
结论		

（2）探究不同温度对过氧化氢的分解的影响。

在2支大小相同的试管里，装入2～3 mL约5%的 H_2O_2 溶液，分别滴入1～2滴 1 mol/L $FeCl_3$ 溶液。待试管中均有适量气泡出现时，将其中一支试管放入盛有5℃左右冷水的烧杯中；另一只放入盛有40℃左右热水的烧杯中，观察现象并进行对比。待放入热水烧杯中的试管里出现大量气泡时，用带有火星的火柴梗检验放出的气体。

实验条件	现象	结论
热水中		
常温		
冷水中		

3. 主要仪器设备及药品

试管夹、试管、烧杯、火柴、酒精灯、药匙、胶头滴管、5%H_2O_2 溶液、1 mol/L $FeCl_3$ 溶液、0.1 mol/L 硫酸铜溶液、MnO_2 粉末、5℃左右冷水、40℃左右热水。

2. 实训报告

实 验 名 称

（一）实验目的：

（二）主要仪器设备及药品：列出实验中主要使用的仪器设备及药品。

（三）实验原理：

（四）教学研讨内容：

实验内容及实验装置图（编号、名称、装置图）	演示实验的教学目的	实验成功的关键	操作要领及注意事项	备注

（五）结果与分析：应用文字、表格、图形等将数据表示出来，根据实验要求对数据进行分析讨论和误差处理。

6.4.7　实训评价

实训示范是为了让师范生感悟独立实验操作、实验改进、评价实验、实验探究的过程；实训作业是为了让师范生体验独立实验操作、评价实验、实验探究、实验优化的过程，身临其境，在实际操作中实现“化学实验能力的培养与提升”的目标。

因此，认真思考、做好实训作业，对师范生自身实验能力的形成和提升起着决定性作用。在实训过程中，师生之间应广泛开展交流，生生之间在一起的时间多，更应该时时交流讨论。特别是在实验之前要交流讨论，有利于学生弄清实验原理、步骤，做到心中有数才实验；在实验过程中遇见反常现象或特别现象、没预测的现象，更应该交流讨论，不放过任何探究学习的机会，让自己在实训中成长起来。

实训评价包括学生自我评价和小组评价，其评价格式如下（仅供参考）。

实训过程学生自我评价：

实训实验名称	
实验原理掌握情况	
实验步骤掌握情况	
实验可否改进	
实验收获	

学生姓名：________；班级________；_______年_______月______日

实训过程实验小组评价：

被评价的学生	
实验过程中合作的情况	
实验过程中提出方案的情况	
实验操作的规范化	
完成实验的能力	

小组名称：_______；班级_______；_______年______月______日

6.4.8　知识链接

"化学实验能力的培养和提升"实验内容相关教材：由人民教育出版社、课程教材研究所、化学课程教材研究开发中心编著，人民教育出版社出版的《普通高中课程标准实验教科书》化学必修 1、必修 2、选修 3、选修 4、选修 5 等五本教科书中涉及的实验。

参考文献

戴欣敞. 2006. 信息技术条件下中学生化学实验能力培养的实例研究[D]. 南昌：江西师范大学：24.

段迎春. 2005. 化学实验能力的关联度分析[J]. 安庆师范学院学报（自然科学版），（1）：66-69.

冯淑平. 2010. 提高学生化学实验能力的几点做法[J]. 科学之友，（12）：148.

何志强. 2013. 新课改下关于加强学生化学实验能力培养的思考[J]. 成功（教育），（1）：216.

李艳彬. 2005. 培养中学生化学实验能力的研究与实践[D]. 呼和浩特：内蒙古师范大学：47.

吕洪杰，徐明波. 2013. 浅谈新课标下师范生化学实验能力的培养[J]. 湖北师范学院学报（自然科学版），（2）：103-105.

亓永英. 2003. 再论化学实验能力[J]. 学科教育，（12）：32-35.

徐梦. 2011. 中学生化学实验能力的培养[D]. 武汉：华中师范大学：63.

徐梦. 2013. 对当代大学生的化学实验能力结构的解析[J]. 知识经济，（5）：163.

许国民. 2012. 浅谈学生化学实验能力的培养[J]. 职业技术，（10）：07.

作涛. 2004. 学生化学实验能力评价初探[D]. 兰州：西北师范大学：56.

第7章　师范生化学课堂教学设计能力的培养与提升

学习目标：①了解中学化学课堂设计特征及其设计原则。②能对化学课堂设计能力进行理解运用。③能够对教材内容进行课堂设计。

7.1　中学化学课堂教学及其教学设计

7.1.1　中学化学课堂概述

狭义的中学化学课堂是进行中学化学教学活动时的教室；广义的中学化学课堂指进行各种中学化学教学活动的场所。中学化学课堂同其他任何课堂一样，具有四个要素，即教师、学生、教学媒体、教学内容。教师和学生之间围绕教学内容进行教学活动，其中学生是学习的主体，是学习的主人。教师在教学媒体的辅助下，通过一系列的教学实践活动帮助学生获取化学双基知识，提高化学科学素养，形成探究和实践能力，同时形成科学的人生观和价值观。在中学化学课堂中，通过师生互动作用、评价作用、激励作用、总结作用，以达到化学知识教育和人文教育的和谐统一，即中学化学课堂是实现中学化学课程目标的主要途径。

7.1.2　化学课堂教学设计

1. 化学课堂教学设计的含义

化学课堂教学是化学教学最基本的形式。化学课堂教学设计是化学教师为有效地完成课堂教学任务而进行的教学规划；是化学教师通过对化学课程标准、教师、学生、教学媒体、教学内容进行分析，以化学课程标准的要求为准绳，以学生学习化学的需求为出发点，提出化学教学的最佳方案，使化学教学效果达到优化的系统决策过程；是优化课堂教学程序、提高课堂教学效率、落实科学素养教育的重要环节。

2. 化学课堂教学设计的特征与结构组成

化学教学设计具有层次性，可分为课程教学设计、单元（或章、课题）教学设计和课时教学设计。教学设计除了层次性特征外，还具有超前性、预演性、动态性等特点。

课时教学设计结构通常包括三部分，即课前分析、项目设计、形成方案。

课前分析是通过分析学生、教师、教学内容及学校的教学资源等情况，为教学设计奠定基础。

项目设计主要内容包括：课时教学目标、教学重点和难点、学习任务、学习方式与活动、教学方式与活动、教学媒体和评价方法、小结、练习、布置作业、板书设计、时间分配、课后反思等。

形成方案是指在前面两个环节的基础上，将教学设计具体化为化学教学方案，简称教案，教案是课时教学设计的重要成果，也是实施化学教学的行动方案。

7.2　化学课堂教学设计的基本原则

7.2.1　目标性和可行性相统一的原则

每堂课都有自己的课堂教学目标。设计该目标时，要考虑目标的可行性。一般课堂目标的设计应该考虑两个可行性条件：第一，要符合主客观条件，主观条件如学生的年龄特点、认知水平、知识结构、教师自身的水平，客观条件应考虑教学设备、地区条件等。第二，要具有可操作性，可操作性主要针对目标动词和目标内容而言。对目标动词而言，其主体应该是学生，而不是教师，所以“培养”一词不能作为目标动词；另外，对认知性和技能性教学目标水平的要求，应该用具体的、可观察的、表示结果的、可测量、可评价的动词作为教学目标，如“知道、理解、应用”、“初步学习、独立操作、灵活运用”等；对情感态度价值观类知识的教学目标，其目标动词应该是体验性的、过程性的，如“感受、经历、认同、形成、增强”等。对目标内容而言，应该表述教学活动的结果，而不是教学活动的过程或手段，如“尝试分子和原子的对比”等。

只有把目标性和可行性统一，化学教学设计才能达到预期的目的，对教师和学生来讲这样的化学课堂教学设计才是行之有效的。

7.2.2　系统性和针对性相结合的原则

化学教学设计是一个系统工程，它由化学课堂教学目标设计、教学活动设计、教学策略设计、教学媒体设计和教学评价设计等子系统所组成。各子系统既相对独立，又相对制约。一方面，教学目标与后面的教学活动、教学策略、教学评价等应该相互呼应，并且更应该有测量该教学目标是否实现的教学评价环节；另一方面，教学策略与教学活动以及教学媒体的使用要匹配。

化学课堂教学设计还有针对性，针对化学课程标准、考试大纲的要求、课堂知识特点、教师自身教学的特点、学生的实际情况、教学的实际条件，进行教学设计，这样才能增强课堂教学的有效性，才能真正达到教学目的。

7.2.3　整体性和集中性相协调的原则

整体性指知识的结构体系，每节课的知识都是处于一定的知识结构体系中。集中性是指每节课都是在有限的课堂时间内解决最核心的教学任务。整体性和集中性相协调即要求在进行化学课堂教学设计时，要考虑到本节课知识传授和能力培养在整个知识体系中的位置、作用，是承前还是启后；要考虑整体性和连续性；也要考虑到本节课知识和能力的教学在时间上的集中性，进行教学设计时应突出课堂教学任务。

7.2.4　主体性和引导性相一致的原则

新课程下的化学课堂中，学生是学习的主体，是学习的主人，因此新课程下的教学设计应该始终坚持以学生为主体，关注学生学习过程中的主体地位。同时，教和学是两个相互依存的活动，如果没有了教师 “教”的行为，则化学课堂的教学活动则失去了其最本质的特征。因此，在进行化学课堂教学设计时还应该突出教师的引导、指导的地位，如研究学生学习规律，指导学生学习方法，指导学生掌握化学课堂教学所传递的信息的方法，指导学生掌握预习、听课、笔记、作业、总结、探究等方法。主体性和引导性相一致的原则的核心点是学生，进行化学课堂教学设计，一方面应该充分地给予学生参与学习、亲历知识产生的过程；另一方面更应该重点体现教师在学生学习过程中的“红绿灯”作用——指导、引导作用。不能偏离了课堂的中心——学生，没有了教师引导的学习是低效的、放羊式的学习，完全由教师主宰的学习是被动的、低效的学习。

7.2.5　传统教学媒体和现代教学媒体相结合原则

传统教学媒体指黑板、粉笔、教科书、挂图、模型、教具等，而幻灯、投影、广播、录音、电视、录像、光盘、电子计算机等软硬件及其相应的组合系统，如语音实验室、多媒体电教室、电子阅览室、微格教室、多媒体电脑机房等，都被统称为现代教学媒体。传统教学媒体往往简便易行，经济实惠，但在形象性和信息显示方面却存在着明显的劣势，如无法为课堂营造出形象生动的情境教学的氛围，表现力往往不足，能在课堂教学中传播的信息是很少的，而影响了学生的感受性，甚至能直接导致认知和思维的缺陷。现代教学媒体具有形声兼备的优点，图像清晰、动态感强、信息量大，在创设情景、营造氛围方面比传统教学媒体来得更直接，更有效，更利于学生感知，与传统教学媒体相比，更能准确地显示事物的空间特性、时间特性和运动特性，从而提高信息的表现力。虽然现代教学媒体具有这么多明显的优势，但它仍存在着一些不足。传统教学媒体和现代教学媒体相结合是指两种教学媒体的优化组合。在课堂教学设计时，应根据知识特点、学校条件、自身条件、学生特点等实际情况，根据目的性、形象性、新颖性、多样性、艺术性等要求，合理地选择教学媒体，达到教学效果最好的目的。

7.3　化学课堂教学设计的环节及其内容组成

7.3.1　中学化学课堂教学设计的环节

根据中学化学教学过程的基本要求，化学课堂教学设计的过程原则上可以分成以下三个环节：

1. 教学思路设计阶段

教学思路设计是教师根据化学教学过程的一般规律和课程特点，结合学生的实际情况，对教学将如何进行或教学将如何高效地实现三维目标而进行的教学程序的预设，它只是教学前期的初级阶段。

2. 教学活动设计阶段

教学活动设计是指在化学教学过程中确定师生双方活动的方式，是思路设计的具体化和明细化，可以概括为“3W”——Who（谁来做），What（做什么），How（如何做）。

教学思路犹如工程师精心绘制的一张等待建设的工程图，而教学活动设计阶段就更应该是建筑经理根据施工图纸对具体房屋细节进行施工。因此教学活动阶段是一个复杂的阶段，教师不但有建筑设计家的谋略，还要有建筑师的巧妙与精细，它是课堂结构、活动方案、教学组织等多关系的协调与统一。

3. 课堂教学心理模拟阶段

课堂教学心理模拟阶段是教师对经过思路设计和活动设计两个阶段得到的教学方案的一种可行性验证，是教师本人对方案可行性的反思和心理自证阶段。在该阶段，教师主要以自我想象的形式，以假想中的学生为教学对象，把教学活动阶段中的场景、教学语言、教学活动的开展以一定逻辑方式进行头脑“排练”。经过这样一遍或多遍“排练”，教师将教学活动中的不科学设计过滤掉，保持积极有益的教学策略，对方案进行修改、补充，进一步完善整个教学设计，为后期的课堂实践教学做到精心准备，游刃有余。

7.3.2 化学课堂教学设计的主要内容

化学课堂教学设计的具体内容主要包括化学课堂教学目标的设计、化学教学策略的设计、化学教学活动的设计、化学教学实验的设计、化学教学媒体的设计、化学教学效果评价的设计等。进行化学课堂教学设计应该以化学教学论、教育心理学和传播学理论为基础，用系统科学的观点和方法来分析课堂教学任务，确定化学教学目标，选择化学教学活动、化学教学策略、化学教学媒体以及评价化学教学效果的方法等。

1. 教学目标设计

教学目标是对接受教学后的学习者应该表现出来的可见行为的具体明确的表述。教学目标是课堂教学的核心和灵魂，是课堂教学的出发点和归宿。教学目标制约着教学设计的方向，对教学活动的设计发挥着指导作用，同时为教学评价提供了依据，它关系到课程改革理念的真正落实。

教学目标一般包括学期教学目标、单元教学目标和课时教学目标。新课程的教学目标从目标实现上大体分为“知识与技能、过程与方法、情感态度与价值观”三个维度。在目标上比较注重教学形式与学习内容的统一，进一步更新教育理念，重视情感培养、态度转变和学生价值观教育。

学习目标的表述即表现教师教学应该“教”到什么程度，一般情况下对教学目标的表述要做到以下几点。

首先，学生是教学的主体，教学目标表述的是学生的学习结果，而不应该表述教师做什么。因此，表述的目标主体必须是学生而不能是教师。像“教会学生……”、“使学生……”、“提高学生……”、“帮助学生……”、“激发学生……”这些写法都是不规范的，应该是“学生会……”“学生被激发出……”“学生……得到提高”等。所有教育者都清楚，检验教师教学是否取得成效的直接依据是学生是否达到学习目标，而不是教师有没有完成任务。

其次，教学目标的表述应力求明确具体，反映学习结果的多样性和层次性，可以观察和测量，尽可能避免使用含糊的和不切实际的语言，如“说出”、“解释”、“计算”、“比较”、“辨别”等，而可以用“学会”、“了解”、“理解”、“掌握”等来描述学生所形成的具体行为。

最后，对于情感态度价值观领域的学习目标的表述，通常只明确规定学生应参加的活动，而不会用比较准确的术语，诸如“获得了”、“实现”、“达到”等，因为情感态度价值观的达成，绝不是一堂课就可以完成的，它需要长期坚持才有可能得到加强和提高。

总之，教学目标的制定一定要切合教学实际，使得教学目标在一堂课程教学的过程中，能够可操作、可实施、可实现等，切忌“假大空”，只是标杆喊口号，没有一点实际意义。

2. 教学方法设计

教学方法是教师在教学过程中为了完成教学任务或目标而采用的方法，包括教师“教”的方法和学生“学”的方法。“教”法与“学”法并举，密不可分。以下着重探讨“教”的方法。

1）教学方法的类型

按期望获得的化学学习结果可分为以下四大类：

讲授法：即教师通过口头语言，系统连贯地向学生描绘情境、叙述事实、解释概念、论证原理和阐明规律的教学方法。讲授法是教师用得最多的方法之一，尤其是对知识掌握和能力较差的学生来讲用得更多一些。

讨论法：即学生在教师指导下为解决某个问题而进行探讨，辨明是非真伪，以获取知识的方法。高中化学新课程提倡此法，如果班级座位是 6 人左右小组就座，就非常利于进行小组合作学习，在某些课堂的某些环节适合采用讨论法，即使是传统按列按行就座，只要教师愿意组织讨论，学生的讨论也可很好进行。讨论时可站立，也可坐着。注意，讨论法的前提是有充足的时间进行独立思考，再进入讨论交流、展示分享环节。

演示法：即化学教师通过展示实物和化学教具，进行示范性操作实验来指导学生获得知识和巩固知识的方法。采取让学生上讲台演示的方式，这种以教师为主学生为辅或者以学生为主教师为辅的教育方式取得的效果都会很明显，可以更大限度地增加学生的参与度，激发学生的上课热情。

实验法：即学生在教师指导下，利用一定的化学仪器设备，采取“控制变量法”引起实验对象的某些变化，从观察这些变化中获得知识的方法。化学是实验学科的标志，实验是化学学习的魅力，也是学生学习兴趣的来源，教师千万不要把化学课上成了“枯燥”课，让人觉得味同嚼蜡，从而失去化学本来的魅力。

在进行教学方法设计的时候，必须要考虑教学内容、教学目标、学生情况、教学资源等因素，选择适合教师的“教”和学生的“学”的教学方法，也可以是对多种教学方法的综合运用，切忌教条主义，教师一定做到“教学有法，但无定法”。

2）教学媒体设计

教学媒体是教学内容的载体，是教学内容的表现形式，是师生之间传递信息的工具，如实物、口头语言、图表、图像以及动画等。教学媒体往往要通过一定的物质手段而实现，如书本、板书、投影仪、录像以及计算机等。教学媒体分成以下几种：①听觉教学媒体。②视觉类教学媒体。③视听教学媒体。④交互式教学媒体。教师在选用教学媒体时应尽量考虑到最大限度体现教学辅助作用，而不是绝对依靠这个媒体才能进行教学，一般情况下，教学媒体的选择也是教学设计的一部分，其功能具体见表 7-1。

表 7-1 常用教学媒体功能表

媒体类型	主要教学特点	作用
黑板	直观、明晰	使用方便、再现力强、凸显重点
投影	大画面的平面模拟	增加感性知识，清晰地形成表象，利于创设问题的情境
幻灯	静态实景	
视频录像	声音、语言重现	动态的视觉和听觉的结合，提供近似身临其境的感性经验
电视	动态过程	
CAI 课件	抽象符号、交互作用	可模拟实观难度大的知识点以及有毒性实验等

例如，对于物质结构的教学适合采用 CAI 课件辅助教学或引导学生用计算机软件 Chemsketch 制作分子立体模型，以增强学生的感性认识，强化学生对物质结构知识的理解。

3）教学过程设计

教学过程设计，即教学环节和师生双边活动的设计。在教学过程设计中，教者主要要考虑课堂的结构（课题的引入、课题的进行、课题的结尾等）、课堂的组织形式、学生学习情绪的激发与引导、课堂教学效果的达成、教学信息反馈与矫正活动设计（教学设计过程中，必须注意获取反馈信息的内容、时机和方法，例如提问、学生板演、讨论等方法）。完整的教学设计应该包括教学信息反馈和矫正活动设计在内（尽管这种反馈和矫正更需要灵活的教学机智，但事前必要的设计也很重要），此外还有作业与练习设计（针对不同的学习进度安排教学，对学生的学习进行有效诊断）。学生也有了一个自我检验和自我体验的机会，发现优点，找出不足，就能合理安排自己的学习。作业的分类有多种，这里主要指课前作业、课堂作业、课后作业等。

【问题讨论】

如何对必修 1 中的金属单元进行课堂教学设计？

【资源链接】

◇资料卡片 化学教学中布鲁姆认知领域各层次教学目标的含义◇

（1）记忆——对所学化学知识的再现或再认识。

（2）理解——把握学过的化学知识的能力。包括对知识涵义的领会、解释和引申等。

（3）应用——将学过的结论灵活运用的能力。

（4）探求——能接受提示、改造和补充知识的信息，结合已有化学知识应用于新的情境的能力。

（5）分析——辨认整体中各个局部及其相互关系的能力。

（6）综合——把零散的信息、资料组成为新的整体，以得出新知识，对原有的模式进行模仿、改造或创造一种新模式，以解决新情景中的问题的能力。

【信息链接】

中学化学课堂教学设计的基本环节

http: //lanzhouggjs.2011.teacher.com.cn/feixueli2011admin/MyArticle/MyArticleView.Aspx?ArticleID=77&cfName=20110820.

7.4 中学化学课堂教学设计能力及其构成要素

7.4.1 中学化学课堂教学设计能力的含义

能力，就是指顺利完成某一活动所必需的主观条件。化学课堂教学设计能力则是化学教师在课堂教学之前，顺利完成化学课堂教学设计应该具备的主观条件或者创造性的本领。化学课堂教学设计是化学课堂教案的前期工作，化学课堂教学设计书面化的结果即是教案。因此中学化学课堂教学设计的内容主要包括以下几个方面：学生学什么；学生学习水平要求是什么；学生怎么学；教师怎么教；学生学得如何；教学环境和教学媒体如何。而中学化学课堂教学设计的能力则主要体现在如何创造性地解决以上几个问题。

7.4.2 中学化学课堂教学设计能力的构成要素

根据中学化学课堂教学设计的内容要求，中学化学课堂教学设计能力的构成要素分别是使用化学课程标准的能力、分析和处理化学教材的能力、设计合理的化学教学活动的能力、开发和利用化学教学资源的能力、选择教学媒体的能力。

1. 使用化学课程标准的能力

化学课程标准是国家对化学基础教育课程的基本规范和质量要求；它体现国家对不同阶段的学生在化学知识与技能、过程与方法、情感态度价值观等方面的基本要求，是化学教材编写、教学、评估和考试命题的依据，是国家管理和评价化学课程的基础。由于化学课程标准规定的是国家对国民在某化学领域的基本素质要求，因此，它毫无疑问地对化学教材、化学教学和化学评价等方面具有重要指导意义，是化学教材、教学和评价的出发点与归宿。化学课程标准的指导作用主要体现在规定了化学教材、化学教学所要实现的课程目标和化学教材、化学教学中所要学习的课程内容，规定了评价哪些基本素质以及评价的基本标准。

使用化学课程标准的能力有以下表现，首先知道化学课程标准与传统的教学大纲的区别；其次熟悉化学课程标准的作用、结构、内容组成等，能深刻理解化学课程三维目标的内容组成和实质，尤其是"关于目标要求的说明"部分中，为什么没有出现"培养"一词；最后，是对每节课相关联的内容标准部分进行认真、仔细、深入的分析，把握好标准中对于该部分的目标动词要求、目标内容的要求，了解标准提供的活动与探究建议是什么。

会使用化学课程标准，就抓住了国家对"学生的化学学习水平的基本要求"，知道了学生的学习应该达到的最低要求，或者是知道了学生的起跳线在哪儿，最终找准了课堂教学的方向和目标的问题。

2. 分析和处理化学教材的能力

教材分析和处理一直是教师工作的重要内容，它关系到教师的课程设计、课程组织与实施；更关系到教学目标的实现、教育目标的达成。

分析和处理化学教材是关注学生用什么学习材料进行学习的问题。分析和处理化学教材的能力主要体现在以下几点：

1）挖掘"隐性教材"的能力

"隐性教材"是相对"显性教材"而言的。"显性教材"就是教材中直接交待的内容，如概念、定律、方程式、性质、制备方法、实验方法和技能等，如人教版必修重点"金属及其化合物"中的"钠、铝的物理和化学性质"就是显性教材，这些都可以在教材中清楚呈现。"隐性教材"则是指教材本身所凝结的、含而未露的某些智能价值、道德价值或知识外延所蕴藏的其他价值，如高中化学教材中呈现的有关"科学史"的内容，表面是科学家进行科学研究的史实，但实际上材料的安排"隐含"着对学生爱国主义、科学精神、科学态度等的熏陶。"隐性教材"往往依附于"显性教材"，在"显性教材"中寄生。所以"隐性教材"往往是让学生感受到的、对学生的影响是潜移默化的，也是学生瞬间"顿悟"的长期潜在东西的存在。

传统的化学教学中过分地关注知识和技能，将化学学习定位在形成知识和技能上，把知识、技能的熟练程度作为衡量化学教学质量的唯一标准，忽视了学生运用化学方法、化学思维解决实际问题的能力，忽视了学生的化学情感、化学态度以及化学价值观等人文知识的教育。因此，化学新课程构建了由“知识与技能”、“过程与方法”、“情感态度价值观”三维目标融合而成的立体的化学课程目标体系；其中“过程与方法”、“情感态度价值观”两个目标往往是“隐性教材”承担的功能。如果不具备挖掘“隐性教材”的能力，不善于挖掘“隐性教材”，在进行化学课堂教学目标的设计时，往往会出现目标缺失的现象，那么学生在课堂上受到的教育必然是缺失的。

2）梳理知识体系的能力

梳理知识体系的能力主要体现在三个方面：第一，从全书或全章节的角度，确认所讲知识内容在整个知识结构中的地位和作用，是整个知识体系的开始还是结尾，是基础内容还是重点内容，是相对独立还是承上启下的关系，所谓的“把关”教师教学效果好、教育质量高的原因之一，即是在分清每一课时教案内容在学科知识体系中的地位及其作用方面，基本功扎实、经验丰富，善于抓住知识的关键点和要点来指导学生；第二，从本节课内容的角度，理清本节课的知识体系，如概念系列、方法系列以及知识的产生和发生过程等；第三，能找到初中、高中化学知识的衔接点，如关于化学键，初中的重点是让学生知道化学反应中伴随着能量变化，高中的重点则是让学生明白化学反应中能量变化的原因，再如关于氧化还原反应，初中的重点主要是让学生知道化学能可以与其他能相互转化，高中的重点则是化学能与电能的转化，最后如原电池部分，在初中阶段的基础是化学能可以充分利用，在高中则是重点在生活中能量转化的应用、原电池等。

3）确立恰当的教学目标的能力

教学目标是教学活动主体在具体的教学活动中所要达到的预期结果或标准，是教学活动的出发点和归宿。它具有四个功能：①导向功能；②评价功能；③调节功能；④激励功能。导向功能指引着教学活动的方向；评价功能则是指教学评价要以教学目标为依据；而调节功能则是指教学目标制约着教学程序的设定、教学方式的选择，并随着教学目标的变化而变化；激励功能指教学目标对教师和学生双方都有一定的激励作用。

确立教学目标需要抓住三个点：起点，牵制点，终点。“起点”指化学课程标准的要求，化学课程标准提出的是对学生的基本要求，是起跳线，教学目标的制定应该以这个基本要求为起点。“牵制点”指所讲知识点与所在整个知识结构中的一些关联点，由于所讲的知识在整个知识结构中所处的位置不同，则地位和作用也不同，确立教学目标时则应该考虑这些不同，因此应该关注牵制点。“终点”指学生的实际情况，具体应该考虑学生的知识水平、学习兴趣、学习态度、学习能力、学习效果以及学生的年龄特点、生活经历、活动范围等。这三个点中，“起点”和“牵制点”是确立静态教学重点和难点的重要依据，“终点”是确定动态重点和教学难点的重要依据。根据这三个点的运动性质，对老师提出的要求也不同，“起点”和“牵制点”相对静止，因为化学课程标准和教材的内容具有相对稳定性。而“终点”则具有相对的可变性，不同班级的学生、不同性格的学生、不同时间段的学生、不同空间的学生的实际情况往往是不同的，因此“终点”的位置往往是可变的。由此可见，分析学生的实际情况是确立教学目标的难点之一。教师应该具备分析学生实际情况的能力。学生情况了解准确了，则可以做出科学、合理的教学预见，选择有效的教学方法，确定恰当的评价方式，教学效率才是高效的。

恰当的教学目标首先是指目标构成的全面性。这里的“全面”指教学目标既要反映出“显性教材”的功能，也要反映出“隐性教材”的功能。新课程的化学课程目标是三维的，即“知识与技能”、“过程与方法”、“情感态度价值观”三个方面。于是进行新课程的化学课堂教学目标设计时，一方面出现了牵强的做法，另一方面出现了目标缺失的做法。前者的主要表现是，不管教材提供的教学材料是否具备相应的功能，在确立教学目标时总是牵强地将三维目标写入教学设计中。后者的主要表现是没有充分地挖掘“隐性教材”，所以没有在目标中把隐性教材的功能表达出来。不论哪一种做法的结果，都是课堂教学内容的缺失。

其次，恰当的教学目标指目标表述的合理性。一个教学目标往往是由目标动词和目标内容组成。而目标动词的合理性往往没有得到应该有的重视，在教学设计中频繁出现“培养”、“掌握”等动词是不合理的，这是因为“培养”只突出了教师的教学行为，没有反映出学生的学习结果，具有不可测性；而“掌握”一词表面上反映了结果，实际上是模糊的，达到哪个标准才算掌握：了解？知道？说出？记住……？

恰当的教学目标还指其针对性，由于学生学习差异是客观存在的，因此设计教学目标时应注重层次性和针对性，不搞一刀切、齐步走。

3. 设计以学生为主体的化学教学活动元的能力

化学新课程要求以学生为中心，从生活走进化学，从化学走向社会，以科学探究为主要活动形式进行学习，而且要求评价促进学生发展。以学生为主体的活动元的教学能很好地满足这一要求。活动元是指在教学中为完成某一学习任务中的一个或几个子任务而进行的相对独立的学习活动；以学生为主体的活动元的设计全程都在思考学生的活动，直接体现了以学生为主体的教育思想，使学生的自主学习、合作学习和探究学习落到了实处；在此过程中，学生的学习主动性和创新能力得到极大的培养。通过活动元的教学可以让学生自主建构知识，从而获得学习、研究、交流等体验，形成学习和研究能力，感受学科的学习价值和乐趣，形成情感态度价值观。

化学教学活动元主要体现了学生怎么学。化学教学活动元的设计以建构主义学习理论为指导，肯定学生的学习主动性和积极性，教师的作用之一是调动学生的主动性和积极性。因此，化学教学活动元的设计中强调以学生活动为中心，充分体现学生的主体地位。与传统的教学活动设计相比，设计的重点从设计教师的教转移到学生学习活动设计上。同时，活动元的设计还强调评价的设计，评价的内容包括过程评价也包括结果评价，尤其应该重视过程评价。过程评价设计的重点有两点，即评价的方式和评价的内容。其中过程评价的方式应该有学生的评价，也应该有教师的评价，学生的评价是教师评价的基础和依据。通过学生的自评、互评，教师对学生的知识掌握情况更加了如指掌，教师的评价针对性更强，效果更好。活动过程中的评价内容则主要集中在知识的重点和难点上，如对所学知识的理解、应用新知识解决问题的能力，搜集和处理信息、获取新知识的能力，交流与合作的能力等。

设计以学生为主体的化学教学活动元的能力主要包括以下几点：

1）设计合理的活动流程的能力

一节化学课堂教学往往是由若干的活动元构成，这些数目不定的活动元构成一定的活动流程，简称活动流。不同的课堂教学活动任务，往往活动流不同。如以探究任务为中心的活动流为：引入活动—探究活动—展示活动—完成任务或小结活动；以合作学习任务为核心的活动流为：合作学习活动—展示活动—评价活动；以学生展示任务为核心的活动流为：自主学习活动—展示活动—完成任务活动。有研究者已经建立了部分活动元的模式库，见表 7-2。

表 7-2　活动元模式库

代码	一级活动元模式库名称	描述
1	以探究活动为核心的活动元模式群	以各种探究学习活动为主的活动，是本教学设计的中心活动形式
2	以自主学习活动为核心的活动元模式群	以学生自主学习，如自学、自我小结等为主的活动
3	以合作学习为核心的活动元模式群	以小组或全班合作进行的活动，如组对学习、讨论、集体朗读等
4	以学生展示为核心的活动元模式群	以学生或小组展示自己学习成果为主的活动，如网络 BBS 交流、小讲座、答辩或辩论、自主发言等活动
5	以完成作业或任务活动为核心的活动元模式群	以完成作业、练习等学习任务为主的活动
6	以评价活动为核心的活动元模式群	学生针对自己的学习档案进行自主评价、小组评价为主的活动
7	以听专家报告及质询活动为核心的活动元模式群	包括听教师和同学的发言，并提出质询的活动
8	以技能形成活动为核心的活动元模式群	如听说读写、计算、计算机软件学习、实验基本操作、识图等的技能形成型学习活动
9	以创设情境活动为核心的活动元模式群	以看录像、听故事、计算机模拟等为主的学习，常用于课题和活动的引入
10	以其他活动为核心的活动元模式群	各种特殊活动和创造性活动

熟悉活动元模式是设计合理的活动流的基础。教师在进行教学设计时提取活动元模式库中的活动元模式，根据教材特点、教学资源情况、学生实际等因素进行修改，建立适合自己的活动元模式，再将修改后的一个或几个活动元（又叫活动流）有机组合成课堂活动方案。具体到设计时，应该考虑各活动流所占用的时间、活动流之间的衔接、每个活动流的具体任务，从时间上应突出学生活动时间、减少教师讲授时间；从形式上应该多设计点拨，少设计讲解，多设计情境，少设计瓶颈；从提问上应该多设计“是什么”、“为什么”、“怎么办”等问题，少设计“对不对”、“是不是”、“行不行”等问题；从知识框架上，既重视知识和技能的获得，也要重视情感态度价值观的养成。

以学生为主体的化学教学活动元的教学设计是否合理，要看教学理念与教学行为是否一致，即看是否符合建构主义学习理论的要求，教师的指导、引领、质疑、评价等课堂调控手段是否调动了学生的主动性、积极性，是否发挥了学生的主体作用；要看活动流程的内在逻辑关系是否符合学生的认知特点；也要看活动元的活动目标与教学目标是否一致，一节课的教学目标是通过分解到活动流程中的各个活动元完成的，因此每个活动元都会有相应的活动目标，活动目标与教学目标一致了，课堂教学目标就达成了。

总之，一个合理的化学课堂教学活动元应该是以学生为中心，以学生活动为主线，以达成课程目标为导向，以教师指导、引领、质疑、评价等课堂调控手段为支持和保障的活动流程。

2）为活动元选择恰当的化学教学策略的能力

教学策略是对教学过程整体的、概略的谋划和思考。化学教学策略是为了解决教学问题、完成教学任务、实现教学目标而确定师生活动成分及其相互联系与组织方式的谋划和方略，包括教的策略，也包括学的策略。活动元的教学策略应该以学生的高度参与为中心，因此选择教学策略时应该考虑学生的学习特点。学生学习的化学知识一般分为事实性知识、理论性知识、技能性知识、情意类知识，不同的知识具有不同的特点。化学事实性知识主要包括主族元素、副族元素及其化合物和各类有机物及其代表物，特点是生动具体、形象直观；化学理论性知识主要包括化学概念原理、规律、定律，特点是具有高度概括性，是在丰富具体的事实材料中抽象概括出来的；技能性知识主要包括化学用语、化学实验、化学计算等，化学用语的特点是抽象，化学实验的特点是具体，化学计算的特点是综合性，既有对化学知识的要求，也有对教学方法的要求；化学情意类知识包括可持续的好奇心、学习兴趣、科学的物质观、对化学科学的认识、科学态度和科学精神以及爱国主义情感等，特点是多以隐性的方式存在，需要老师去挖掘。

学生学习这些知识的策略依次为，化学事实性知识一般选择多种感官协同记忆策略、练习-预测策略、知识结构化策略；化学理论性知识一般选择概念形成策略、概念同化策略、概念图策略；化学技能性知识一般选择多重联系策略、练习-反馈策略、可视化策略；化学情意类知识一般选择挖掘知识的多重价值策略、主动参与策略、合作交流策略。

总之，选择了正确的教学策略，活动的有效性才能有保障。

3）设计教学情境的能力

创设教学情境是课程标准对课堂教学的要求。创设教学情境就是指在教学过程中教师借助语言描述或直观手段来创设与教学内容紧密联系、有利于激发学生兴趣、丰富学生感知、启发学生思维、引发学生想象、实现教学目标的具体形象且富于情感性的教学环境和氛围。创设情境是为了激发情感，教师通过创设教学情境，使学生的情绪受到感染并产生共鸣。

创设情境的教学方法主要有以下几种：问题设置创设情境，一般是精心设置问题，提出有思考价值的问题，激发学生求知欲，这是最常用、最简单易行的方法；实验演示创设教学情境，可以是教师演示、学生观察，也可以让学生直接动手操作，这样可以培养学生的观察能力、动手能力，也可以使学生更加深入地理解和掌握所学内容；模拟表演创设情境，教师可以通过模拟人物的动作和形态来创设情境，这可以让学生更加愉快地投入到学习中，加深对物质性质的理解；故事讲解创设情境，一般是讲述跟课堂内容有关的故事，通过故事情节感染学生，让学生关注课堂所讲内容；媒体技术创设情境，通过音像、动画等媒体来直观地再现情境，调动学生的各种感官，提高学生的学习兴趣，让学生更好地领悟所学的内容。

好的教学情境应该充分考虑以下几点：第一，直观性，如用实物、图片、录像、音响等可以使教学有形、有情、有境；第二，学生生活的实际，把学生带到生活中、社会中去，让学生从自己熟悉的、了解的环境中去认识化学，让学生感受化学与自己的密不可分，深刻地认识化学的作用，这种做法的效果，远远超过语言的作用；第三，教学的实际需要，不是每个教学内容、每节课都一定需要进行情境创设，如果不容易创设情境或不需要创设情境的教学内容，则可以复习旧知识或者开门见山的方式导入。

总之，教学情境的创设一定要为教学目标服务，创设的教学情境不仅要有趣味性、新颖性、多样性、时代性，更要有科学性、思考性、针对性和实效性。

4. 合理开发和利用教学资源的能力

教学资源是一种教学材料，是为实现教学目标服务的。化学新课程要求化学教师“用教材教”，而不是“教教材”。可见，新课程下的教材观认为“教材是一种学习材料”，即把教材看作教学中最重要、最基本和最常用的教学材料，而不是全部的教学内容。当教学材料不能满足教师自身需要、不能满足当地实际条件的时候，则需要教师根据自身条件和当地条件，挖掘教学资源。凡是承载教学内容和信息的材料，如文字印刷材料、电子音像材料、实物材料等，都可以视其为教材；甚至有人把教具也包括在教材的概念之内，因为教具是非常直观化的教材，是教材的物化部分。

中学化学课程标准中，关于化学与能源、化学与资源、化学与生活、化学与环境、化学与健康、化学与材料、化学与技术等知识方面的要求，都可根据学校所在的区域条件，选择学生熟悉的资源材料来完成课程标准要求的教学目标；对于化学实验而言，则还有另一层意思，通过挖掘生活中、身边的、学校里的、社区的资源，寻找低成本的实验材料或替代品，更能解决一些仪器药品短缺带来的实验教学困难。

5. 选择合适的教学媒体的能力

教学媒体是一种知识信息传递的终结，具有辅助知识的表达和阐释作用。

教师在选择教学媒体的时候主要从以下几方面进行考虑。

（1）教学内容的需要。教学内容不同，使用的教学辅助手段各异，如在教授“物质结构”知识内容的时候，可以选用 Flash 动画形式，这样的动画可以旋转、拉伸，方便学生从多个角度去观察物质结构。

（2）学生实际情况。主要考虑学生年龄、心理发展特点、学生学习接受能力高低等情况，低年级的视频可以“卡通”一些，高年级可以直接播放视频实录等。

（3）学习任务的需要。主要是根据知识的特点选择，抽象的、微观的知识、情感类的知识可以选择图片、幻灯、电影电视录像、多媒体课件、影碟等来增加直观性、吸引力和感染力，利于教学目标的达成。

对中学化学而言，传统教学中难以表现的微观粒子、空间结构、反应机理、抽象概念、思维过程都可以采用动态的二维、三维动画技术模拟和展示，尤其对于现实条件难以完成的实验，可以通过反应原理模拟、流程及过程示意、实验模拟来完成。这些多媒体技术手段能变微观为直观，化抽象为形象，帮助学生突破认知上的障碍。

教学媒体的作用主要是辅助知识的表达。因此应该根据知识的特点选择合适的教学媒体。多媒体技术作为教育信息技术现代化的一个代表，在课堂教学中受到广大化学教师的青睐，在化学教学中发挥了重要的作用。但是，有的教师盲目地、不加分析地的用多媒体教学手段代替了其他的教学方法和手段，甚至出现了满堂课都是多媒体教学的情况。这样的教学混淆了教学媒体的作用，忽视了多媒体技术的缺点，忽视了学生的主体性，忽视了教学过程是一个教与学的动态过程。在实际的教学中是否用多媒体教学，用多还是用少，关键在是否有利于突出教学重点、突破教学难点，不能为使用而使用，更不能为偷懒而使用，不能以动画代替可以课堂演示的普通化学实验。化学实验是培养学生观察能力、动手能力、分析能力和团结协作能力最好的途径，每个化学教师不能舍本求末。

7.5 中学化学课堂教学设计能力案例研讨及其实训

7.5.1 案例研讨

1. 案例

利用化学方程式的计算

1. 教学目标

掌握利用化学方程式计算的能力。

1）知识与技能

（1）理解根据化学方程式计算的理论依据。

（2）学会利用化学方程式的简单计算并掌握解题的步骤和方法。

2）过程与方法

（1）通过化学方程式中物质间的质量比的分析，学习运用数学计算方法处理相关物质间的量的关系。

（2）通过自主探究，归纳解题方法、发现解题中的易错点。

3）情感态度与价值观

通过化学方程式计算在航天、生产、生活中的运用，认识利用化学方程式计算在生产、生活及科学研究中的实际意义。

2. 活动元设计

1）引入活动元

（1）通过复习化学方程式引入。

（2）通过复习化学方程式的意义引入。

（3）通过复习质量守恒引入。

（4）通过“神舟七号”发射引入。

（5）通过化学式计算练习、方程式书写竞赛引入。

2）发现计算依据、总结计算步骤活动元

（1）学生尝试解书上的例题，总结解题步骤的活动。

（2）学生发现自己解题步骤与书上的差异，改正自己的错误。

（3）通过氢气与氧气反应的方程式，引导学生得出解题依据。

（4）通过老师引导以及老师的规范板书，总结解题步骤。

3）寻找解题注意的问题活动元

（1）学生做双氧水分解的有关计算的练习后，展示学生答案，纠正学生错误，然后总结。

（2）学生做双氧水分解的有关计算的练习后，老师展示具有典型错误的解题过程录像，让学生寻找错误，然后总结；再由学生查找自己的错误，分析原因。

4）巩固性活动元

（1）由教师出题，学生解答，展示，再集体纠正。

（2）出示图片，让学生编题，再解答，展示，集体纠正。

（3）出示图片，两人一组，安排组内编不同的试题，组内相互解答，再展示，纠正。

5）总结性活动元

（1）老师总结。

（2）学生自己总结。

（3）提出问题，引导学生总结。

3. 最后老师选择的活动元

（1）方程式书写竞赛引入。

（2）通过"神舟七号"发射引入课题。

（3）通过氢气与氧气反应的方程式，引导学生得出解题依据。

（4）通过教师引导以及老师的规范板书，总结解题步骤。

（5）学生做双氧水分解的有关计算的练习后，老师展示具有典型错误的解题过程录像，让学生寻找错误，然后总结；再由学生查找自己的错误，分析原因。

（6）出示图片，让学生编题，再解答，展示，集体纠正。

（7）提出问题引导学生总结。

2. 研讨点

1）活动元及活动流程的设计

设计理念：本案例的活动流程由“引入活动元”、“发现计算依据，总结计算步骤活动元”、“寻找解题注意问题的活动元”、“巩固性活动元”、“总结性活动元”等五个活动元构成。每个活动元的教学活动设计充分体现了“以学生为主体”的教育理念。课题导入时利用“神舟七号”的发射视频创设教学情境，出发点是学生对这件事情很熟悉，其次是给予了学生直观、形象的刺激，使学生能从实际应用的角度来理解化学方程式计算的作用，而不是停留在无任何意义的数学运算阶段。在学习利用化学方程式进行计算的规范性和解题步骤的阶段，后面四个活动元抓住了学生学习“方法类知识”的特点，即学习者往往是从模仿开始，然后是尝试，纠错总结，再次尝试，最后达到学会的目标。在进行教学设计时尊重了学生的这一学习特点，首先是教师的示范引导，然后是练习，在对练习的评价中不是由老师指出正误，而是由学生对录像中的解题过程纠错，同时做出总结，然后通过让学生自己编题目的形式，再次进行练习、解答、纠错，最后学生总结。如此系列过程，处处在调动学生主动参与的积极性，亲历知识的产生过程，真实地体现了“以学生为主体”的教育理念。

活动流程的逻辑关系：五个活动元的先后顺序符合一堂课的教学基本过程的顺序关系，即从新课的导入开始，经历新课展开、新课巩固，最后是本节课小结，而且五个活动元的内在逻辑关系与学生学习“方法类知识”的习惯特点一致，即模仿—尝试—纠错—再次尝试……学会。具体分析如下：

本案例由“通过氢气与氧气反应的方程式，引导学生得出解题依据；通过老师引导以及老师的规范板书，总结解题步骤”、“学生做双氧水分解的有关计算的练习后，老师展示具有典型错误的解题过程录像，让学生寻找错误，然后总结；再由学生查找自己的错误，分析原因”、“出示图片，让学生编题，再解答，展示，集体纠正”、“提出问题引导学生总结”共四个活动元组成这节课一个完整的活动流程。这个活动流程的逻辑关系清晰、流畅地反映出学生“学会利用化学方程式的简单计算并掌握解题的步骤和方法”的学习过程：模仿—尝试—纠错—再尝试……学会。这样的活动流安排符合技能性知识的学习策略，也符合学生学习“方法类知识”的习惯特点。

活动元与教学目标：本案例的活动元与教学目标二者匹配得很好。课题导入时利用“神舟七号”的发射完成的情境创设以及双氧水的有关计算，很好地达成了“情感态度价值观”目标——通过化学方程式计算在航天、生产、生活中的运用，认识利用化学方程式计算在生产、生活及科学研究中的实际意义。“通过氢气与氧气反应的方程式，引导学生得出解题依据；通过老师引导以及老师的规范板书，总结解题步骤”、“学生做双氧水分解的有关计算的练习后，老师展示具有典型错误的解题过程录像，让学生寻找错误，然后总结；再由学生查找自己的错误，分析原因；“出示图片，让学生编题，再解答，展示，集体纠正”这些活动元很好地完成了“知识与技能目标”：①理解根据化学方程式计算的理论依据；②学会利用化学方程式的简单计算并掌握解题的步骤和方法。也很好地完成了“过程与方法”目标：①通过化学方程式中物质间的质量比的分析，学习运用数学计算方法处理相关物质间的量的关系；②通过自主探究，归纳解题方法、发现解题中的易错点。

2）教学策略选择

（1）本案例选择了技能类知识教学中的“可视化策略”，属于方法和技能类知识，是九年级学生学习化学计算的开始，也是整个化学计算的起步，更是整个化学计算的基础。教学的重点和难点是计算题的解题思路以及解题的规范性。由于学生在分析问题时往往想到了这一点而又忘掉了另一点，难以深刻思考问题与已知信息间的内在联系，结果在解决问题时顾此失彼，难以形成正确的解题思路。可视化策略即采用图示的方式将解题思路外显，或是将解题方法分解成具体的可以操作的步骤。本案例中老师的规范板书、总结解题步骤就是可视化策略的应用。

（2）本案例选择了技能类知识教学中的“练习-反馈策略”，属于方法和技能类知识。要实现“学会利用化学方程式的简单计算并掌握解题的步骤和方法”的这一个教学目标，只有通过练习，才能从不会到会，达到熟练和自动化。技能练习的效果不在于次数的多少，而在于重复练习后要达到一定的正确性、协调性，一定的速度和反应的自动化。因此，必须将练习与反馈有机结合，在练习后紧跟反馈。计算题练习中的反馈包括两个方面，一是在练习中注意思路和方法的反思总结，促进方法的迁移；二是指在练习中及时订正错误，找出错误原因、类型。本案例中“学生做双氧水分解的有关计算的练习后，老师展示具有典型错误的解题过程录像，让学生寻找错误，然后总结；再由学生查找自己的错误，分析原因；出示图片，让学生编题，再解答，展示，集体纠正；提出问题引导学生总结”，这些教学活动就体现了“练习-反馈”策略的运用。

3）教学情境的创设

化学计算是技能性知识，是指依据化学知识、运用数学方法来解决化学问题的技能技巧。化学计算的学习，基础是化学概念、原理，核心是思维能力及运算技巧的培养，随其形成的是独立解决化学问题的能力。因此，化学计算的学习，重要的是在学生理解化学概念的基础上，教会学生解决问题的思路和方法，防止将化学计算的教学演变成“缺乏化学意义的数学计算”。本案例利用音像资料“神舟七号”发射创设教学情境引入课题，一方面激发了学生兴趣，另一方面把学生引入到社会中，认识到化学计算的实际作用，让学生认识和理解了化学计算的意义。因此该教学情境的创设是符合化学课程标准对教学的要求的，是成功的。

总之，以学生为主体的化学教学活动元的设计，首先需要具备“以学生为主体”的教育理念，同时需要认识建构主义理论中关于“学习”和“学习者”的核心观点。在此基础上，设计出合理的教学活动流程。设计教学活动流程时，应该重点考虑活动流程中的逻辑关系，具体到每个活动元的设计时，应该在活动流程中的逻辑关系的指导下，首先考虑活动的目的；其次是学生活动的方式，尤其考虑设计什么样的活动才能调动学生参与并亲历知识的产生过程；最后，设计教师活动的方式，教师的活动重点体现在对学生学习活动的指导、调控、监督和评价方面。

7.5.2 实训内容：认识和使用化学课程标准

1. 实训目标

（1）理解化学课程的性质。

（2）熟悉化学课程三维目标的内涵；认识“过程与方法”、“情感态度与价值观”目标对教学提出的本质要求是什么。

（3）认识“培养”一词在目标要求中消失的原因以及体验性学习目标对教学提出的要求。

（4）能够在内容标准中找出相应教学内容的要求、活动与探究建议。

2. 实训程序

明确训练目标→分组讨论→各小组发言交流→总结达成共识。

3. 实训作业与实训报告

1）实训作业

（1）列举实现“过程与方法”目标的具体途径。

（2）列举实现“情感态度价值观”的具体途径。

（3）从人民教育出版社版本、上海教育出版社版本、山东教育出版社版本的九年级《化学》中任选一个课题内容，然后从化学课程标准中找到相应的内容标准要求和活动探究建议。

2）实训报告

“认识和使用化学课程标准”实训报告

专业　年级	小组成员		实训成绩	
实训任务				
实训目的				
实训时间		实训地点		
实训方法				
实训的主要过程				
实训成果要点总结				
实训成果自评				
遗留的困惑或问题				

4. 实训评价

“认识和使用化学课程标准”的成绩由四个部分组成：

（1）实训的积极性和参与度（12.5%）；

（2）小组合作的情况（25%）；

（3）实训成果质量（50%）；

（4）创新性（12.5%）。

参考文献

傅兴春. 2005. 以活动元为基础的课堂教学设计新模式研究[J]. 厦门教育学院学报，7（3）：39-42.

傅兴春. 2006. 在化学新课程教学中应用活动元教学设计的研究[J]. 课程. 教材. 教法，（8）：61-65.
教育部基础教育司. 2002. 走进新课程——与课程实施者对话[M]. 北京：北京师范大学出版社：23-26.
李春燕. 2008. 初中化学分化点的探讨和教学对策[D]. 苏州：苏州大学.
茆建军. 2013. 中学化学技能形成的有效教学策略[J]. 考试周刊，（86）：139-140.
汪新，杨小红，李敏. 2004. 科学课教学论[M]. 合肥：合肥工业大学出版社：11，45.
王后雄. 2008. 高中化学新课程教学案例研究[M]. 北京：高等教育出版社：123-130.
王后雄，尹文治. 2007. 高中化学新课程教学课例模式及设计[J]. 化学教学，（11）：35-38.
解守宗. 2003. 中学化学教学与实践研究[M]. 北京：高等教育出版社：23-56.
严聪. 2006. 新课程教学中化学学习策略的研究[D]. 武汉：华中师范大学.
祝智庭，闫寒冰. 2009. 如何备课[M]. 上海：华东师范大学出版社：34-55.

第8章　师范生化学课堂情境创设能力的培养与提升

学习目标：①认真研读《普通高中化学课程标准（实验）》，了解化学课堂情境创设的背景，进一步理解情境教学的意义和功能。②掌握化学课堂教学情境创设的原则和要求，并能对教学中情境创设是否恰当作出评价。③树立新课程改革理念，能根据教学需要合理选择情境材料，初步掌握情境创设的教学方法。

2001年举行的第8次基础教育课程改革着重强调：学生的课程学习内容不仅仅要求是现实的、有意义的，而且要能适应现代生活与发展需要，也就是说要更好地为他们的生活服务，其核心内容是对学生科学素养的培养，并从知识与技能、过程与方法、情感态度价值观三个维度来达成教学目标。常规的知识可以通过接受式来获得，可是技能、方法、情感态度价值观却难以靠讲授灌输来形成一个完整的知识体系，我们只有通过情境教学的体验方式来不断巩固和提升，最终形成一个完整的认知体系。由此看来，情境教学在深化教育改革和实现新课程理念中扮演着重要的角色。

情境，简单地说就是外界的景物和由景物所激起的情感。景物触发了情感，情感使思维和认识得到发展。从心理学的角度看，情感是个人的已知世界中的对象作用于个人的感官时，人的主体对对象之形象的直接反映，或是对曾经有过的知识形象的回忆和重现。

情境教学，就是说在教学过程中为了达到规定的教学目的，从教学需要出发，引入、制造或创设与教学内容相匹配的具体场景或氛围，引起学生的情感体验，从而帮助他们能够迅速正确地理解教学内容，同时促进学生的心理机能全面和谐地发展，进而来提高教学效率。

化学课堂情境，就是经过简化与纯化之后的化学对象，在学生头脑中所形成的按一定规则发生、发展、变化的形象。简化与纯化之后的化学对象，称为化学模型。化学模型狭义地说，即不论是关于研究对象的，如有机物分子的各类模型等，还是关于研究过程的，如合成氨流程等，都是构思在头脑中的形象图画。广义地说是经验、事件甚至是已有的认知思维习惯等在头脑中的映射。

8.1　中学化学课堂情境创设的背景、意义及其功能

随着社会的发展，中学教师在培养学生问题上要改变其“课堂教学就是传授知识”的观点，培养学生应该是以学生能持续发展为目标。因此转变教学观念，对学生进行“知识与技能”、“过程与方法”、“情感态度价值观”的科学素养的培养，要比单一地进行知识传授有利于学生的全面发展。

新课程标准的改革，就是敦促教师的教育观念与培养人才的指导思想步调一致。因此，以一定的教育思想为指导，在特定的情境教学中，为实现教学目标而制定并在实施过程中不断调适、优化，以使教学效果趋于最佳的各种教学策略被广泛地应用于化学教

学中。在课堂教学中创设情境教学的目的就是提高学生学习化学的兴趣，优化教学效果，对学生认知能力的形成和发展有着巨大的作用。

那么，在现阶段的化学课堂中情境教学创设还存在哪些问题和误区呢？

8.1.1　化学课堂情境教学的背景

1. 课堂教学中去过程化、去情境化的现象

在很长的一段时间内，受教学容量、教学时数、考试内容和考试评价等因素的影响，知识与技能依然是教师教学的重中之重。去过程化、去情境化的教学，使化学中的一些基本概念、定律等新知识点，不是在学生已有的知识或生活经验上增长，而是以直接灌输的方式来使学生死记硬背，新增的学习内容在这种教学方式下断裂成了一个一个的知识点，学生看到的是思维的结果，而不是思维的过程；学生以这种死记硬背方式得到的知识，少了对知识“发生、发展和形成”等方面的情感的体验，获得的是一个个孤立的知识点，并没有形成完整的知识网络，没有在理解和掌握的基础上内化为自己的思维，因此也就没有形成融会贯通的能力。他们也许学到了一个知识点，但是对于得出这个问题的途径却知之甚少，当然这种思维方式也就不能在日后的生活和学习中得到运用。

例如，“实验室需要配制 100 mL 0.10 mol/L 的硫酸铜溶液，如何利用胆矾来配制”、“某工厂的硫酸亚铁溶液中混有硫酸铁，请设计实验验证并除去杂质”。这些问题都属于去情境化的问题情境，学生会认为硫酸铜溶液怎样配制与自己无关，何必要去费神想到底怎么做呢。因此这类问题很难与学生的情感产生共鸣。创设的情境要让学生有身临其境的感觉，这样学生才有求知的欲望，也只有这样才能达到让学生主动学习的目的，那么教师就可以做到事半功倍了，对于学生而言，想学、爱学、乐学才是他学生时代学习的主旋律。

2. 学生以听讲、模仿和记忆为主的学习方式

在现阶段这种去过程化、去情境化的教学模式下，学生在课堂上基本都是在听讲、模仿和记忆这三者之间循环，没有形成自己的学习能力和学习方法，一旦有新的学习任务，手中拿书却不知所措，在这种情况下，让学生自学就难以实观了。同时，长期的灌输式的学习方式，让学生把化学知识的学习，比如化学式、化学方程式的书写，全部死记硬背；化学中的运用概念进行计算，则由于没有相应的公式，不能理解其含义，头脑中全是糨糊一团，不能将文字转化为数学计算式；把生动有趣的化学知识都当成了单调刻板的条文加以背诵，这不仅仅加重了学生的学习负担，更重要的是让学生失去了学习化学的乐趣。

在当前教学中，教师应用比较普遍的情境教学是以多媒体的方式引入一些生活问题或社会热点问题等。如果教师引入后对情境处理不恰当，学生就会以看热闹的心态看待教师引入的情境。之后，仍然是以听讲、模仿、记忆的方法完成学习的任务。

3. 情境教学在实践中存在的问题

实施新课程改革以来，广大教师在实践中也开始了情境教学的探索。但是有的教师缺乏对新课改理念的深入理解，情境教学设置成了应景之作，为情境而情境，为创设而创设，情境成了引入新课的工具。

一个好的情境教学，能够调动学生的兴奋点，激发他们的学习愿望和参与动机，促进学生积极地思考和探究问题，在同伴互助、合作交流的氛围中，主动地完成新知识的学习。因此，好的情境除了要让学生积极地动起来，同时也要突出教学重点或者解决教学难点。

我们一定要深入地挖掘和处理情境中有价值的东西，不能只做简单的处理，搞形式主义和将之工具化，这在我们现在的中学教学中是普遍存在的问题，因此中学课堂情境还存在问题和误区。

1）情境创设脱离学生的实际水平

【案例】“物质的量浓度”教学设计

【情境创设】展示河面上垃圾流、村庄旁的垃圾山等图片。

【教师讲述】近些年来环境污染日益严重，水质情况日益恶化。怎样知道水是否被污染了呢？以上的图片都是看得见的污染，那么还有看不见的污染，我们又怎么知道呢？

【教师讲述】表示水质污染程度的一个重要指标就是化学需氧量（简称COD）。COD的值越大，说明水的污染程度越高。一种测定 COD 的常用方法中需要用到0.25 mol/L $K_2Cr_2O_7$溶液，在科学研究中发现经常需要用到准确浓渡的溶液，今天我们就来学习溶液浓度的一种表示方法——物质的量浓度。

环境的污染和保护是一个大家都很关注的问题。教师的用意是水质的测定是一个生活化的情境，引发学生对于水中看不见的污染的探索愿望；同时想通过这样一个情境引出“物质的量浓度溶液的配制”，让学生认识到这个方法在科学研究上的应用。但是这个情境忽视了高一学生对于COD和$K_2Cr_2O_7$是陌生的，在一定程度上会让他们认为“物质的量浓度”高深莫测，由此而产生畏难的情绪。

2）情境创设偏离核心知识

【案例】“化学能与电能”教学设计

【多媒体展示】电视机、电脑、手机、电动车等图片。

【教师提问】这些电器在使用上有什么共同点？

【引导学生回答】用电。

【教师讲述】各种电器已经融入我们现在的生活中，如果意外停电的话，我们会感到十分的不方便，人们的生活、生产离不开电能，它是目前我们使用的最方便、最清洁的二次能源。

【教师提问】石油、电能、核能、风能哪些是二次能源？为什么？

【引导学生回答】电能和核能，因为它们是由人工转化而来。

【教师提问】那么，我们生活和生产中的电是从哪里来的呢？

【多媒体展示】火力发电厂工作原理图。

【教师讲解】火力发电是通过化石燃料燃烧（氧化还原反应），使化学能转变为热能，加热水使之汽化为蒸汽推动蒸汽轮机，然后带动发电机发电。燃煤发电是从煤中的化学能开始的一系列能量转换过程：化学能—热能—机械能—电能。

【教师提问】根据刚才的认识，能不能分析一下发电厂发电的利和弊？

教师通过多媒体展示日常生活中的电器引入新课，将学生已有的经验顺利地迁移到即将要学的知识中来，是符合情境创设的熟境性原则的。但我们分析此案例却发现，教师创设的并不是本节主题“化学能与电能”的情境，所提的问题只是应景之答，这些“问”和“答”与本节的教学主题的知识关联不大。“生活电器”和“发电厂发电”的情境中包含了教学主题有关的“电”，却没有包含“化学能与电能”这一与主题相关的化学问题。而且本案例还有一个很大的问题，教师的提问信马由缰，与主题若即若离。本节内容的教学需要探究的是“化学能为什么能转化为电能”，“化学能是怎样转化为电能的”。因此创设的情境没有引起学生认知上的冲突，情境偏离了核心知识的学习。

3）情境创设有“始”无“终”

【案例】“有了暖宝宝，冬天不再冷”——原电池原理教学

老师：冬天到了，电视里的冬季用品的广告“有了暖宝宝，冬天不再冷”颇吸人眼球。贴了暖宝宝真的就不再冷了吗？你们想试试它的发热效果吗？

学生：想！

老师：好，每 6 人一组，每组 1 包，请同学们体验发热的情况。

老师：请同学们根据包装袋上提供的材料，看看暖宝宝里装的是什么物质呢？

投影：暖宝宝包装袋的资料。

老师：暖宝宝里的主要成分是：铁、活性炭、无机盐、水等。同学们想知道这些物质能发热的奥妙吗？那就跟随老师一起进入原电池的学习吧。（当同学们翘首以盼暖宝宝为什么会发热时，老师的介绍戛然而止，后面的授课再也没有涉及暖宝宝的发热原理的介绍。）

本案例情境教学的创设颇能引发学生的学习兴趣和探究的欲望，是非常不错的情境教学。但是遗憾的是该情境的创设在起了引课作用后，教师便弃之不用了。如果教师在此情境创设之后，提出问题“想知道暖宝宝的发热材料为什么能发热吗？其中蕴含了什么化学原理？”然后与学生一起探究“原电池的工作原理、原电池的构成条件”后，再回到情境所产生的问题中来，让学生运用原电池的原理解决暖宝宝发热的原因，学生经历了问题产生、解决、应用的完整过程，情境教学则发挥了作为知识产生、建构的载体作用。

4）情境创设渲染了负面情感

【案例】“硝酸”的教学片段

（1）教师播放新闻报道——浙江 29 吨硝酸槽车侧翻泄漏 浓烟弥漫 4 小时。

2008 年 6 月 30 日 11 时许，浙江省杭金衢高速公路义乌上溪出口 1.5 公里处，一辆装载 29 吨硝酸的槽车冲出隔离带侧翻在高架桥下，由于罐体装卸口撞击后破裂，硝酸发生严重泄漏。外泄硝酸产生的黄色浓烟弥漫天空达 4 小时之久，如图 8-1 所示。

（2）教师播放历史资料——硝酸与第一次世界大战。

德国在第一次世界大战中持续打了四个多年头，它为什么能坚持这么久的战争呢？是什么力量在支持着它呢？这就是合成硝酸的作用。1908 年，德国化学家哈柏首先在实验室用氢和氮气在 600℃、200 大气压下合成了氨。后由布什提高了产率，完成了工业化设计、建立了年产 1000 吨氨的生产装置，用氨氧化法可生产 3000 吨硝酸，利用这些硝酸可制造 3500 吨烈性炸药 TNT，这项工作已在大战前的 1913 年便完成了。这就揭开了第一次世界大战中的一个谜。

图 8-1　浓硝酸泄漏

化学是一把双刃剑，它既能造福于人类，有时的确也会给人类带来灾难，让学生明白这一点也很有必要。在硝酸的教学中，选择这两例作为情境教学的教师不在少数。这些情境都是从生活中或化学史中得来的，蕴藏的化学学科问题能够有效地引导学生的探究和思考。但是，如今人们普遍对化学存在误解，将化学与有毒、爆炸、污染等同起来。一讲硫酸的腐蚀性，就说到大学生将浓硫酸泼到动物身体上，造成动物严重烧伤；一讲到硝酸章节，就用世界大战期间德国生产硝酸制造火药的例子；一讲到氯气，就以第二次世界大战时德军在战场上用氯气毒死英法联军说起；学习甲烷就是瓦斯爆炸；一讲到食品安全，就是三聚腈氨、苏丹红等。这样，占据学生大脑的全是“有毒”、“爆炸”、“腐蚀”、“污染”等负面的东西。化学中的正面的、积极的、美好的全部都被忽略了。如此下去，还有多少学生对化学感兴趣呢？

在中学化学课堂上情境的创设存在的问题和误区不仅仅是上面所描述的那些，我们也许还可以在课堂上继续发现更多情境教学使用的误区。对于现在中学的多数教师而言，情境教学确实还存在一定的困难。在情境教学设置上注意了趣味性、探索性、直观性和开放性，却弱化了教学目标的针对性以及达成性，甚至偏离了教学目标，忽视了学生能力培养的阶段性以及发展性。“化学探究中情境教学创设的误区，既有受知识本位传统观念的影响，以知识为追求的目标和衡量的标准，将情境看作是附着于知识之外的形式表现，而忽视了情境内在价值的发掘；又有受工具主义理性的影响，把情境作为引课的工具，窄化和弱化了情境的功能。”因此，教师要有这样的认识：在化学教学过程中，学生遇到的想不明白或难解决的问题，其实很多问题难就难在化学情境不清，因此无法正确运用化学概念、原理来思考和解决问题。教师在讲授化学概念、规律和原理时，如果能创设合适的化学情境进行教学，学生对相关概念、规律和原理的理解就要到位得多。

8.1.2　情境教学的意义

巴甫洛夫曾说过：“鸟的翅膀无论多么完善，如果不依靠空气的支持，就不能使鸟上升。事实就是科学家的空气，没有事实，你们永远不能飞腾起来，没有事实，你们的‘理论’就是枉费心机。”也就是说，情境教学需要以学生的实际生活经验或知识为基础，在学生丰富的感性材料基础上来进行创设。

情境教学的创设包含了两层意义：

第一是要有“问题”，问题的产生是因为学生个体自己和认知产生矛盾冲突，指的就是还不能理解或者不能正确解答的。虽然学生在已有的知识和经验上不能解决该问题，但是只要学生努力就能够解决，因此我们要根据学生的“最近发展区”来提出问题。

第二是“情境”，教师有目的地引入的教学场境就是情境教学，其是在教师加工下，与教学内容密切相关的，同时包含了问题的教学事件。在情境中，教师要蕴藏问题，并指导学生在情境中解决化学问题。

因此，情境教学的创设要发挥“教师主导，学生主体”这种优良的教学结构，为学生学习化学提供素材知识背景，充分调动和激发学生学习动机，促进学生主动探索、解决问题，增进学生对知识的理解，从而形成化学学科能力。

8.1.3　情境教学的功能

情境教学从细化的角度来说有以下的作用：①激发了学生的好奇心和求知欲；②引发了学生的认知冲突，培养了学生的问题意识，造成旧知识和新知识的矛盾，有助于发挥学生的主动性，提高学生发现问题、分析问题、解决问题的能力；③渗透和培养了学生的创新思维，帮助学生在良好的心理环境中发展认知能力和思维能力。

情境教学从大的方面来说则具有以下的功能：

第一是促进了迁移。真实情境对于我们的学习和生活有很大的内在意义，而情境认知就揭示了这个意义，其意义对于学习者在思维过程中的疑难困境及其产生的背景是很重要的。

第二是真实的学习。在传统的学习中人为的、简化的“情境”所针对的途径是固定的认知途径，而这种预设的途径在学习的过程中往往会被编制者和教师认为是有序的、有效的、科学的，但它与真实的生活是相脱离的。心理学观点认为：在日常生活的环境中，人们倾向于采用实用的策略。如：个人在采购食品杂货时，一般很少使用数学来计算，而是通过杂货店周围的环境和以往的购货活动来建构自己的策略，他们通过心算、近似值以及物理环境的特征联系起来，从而做出决策。

第三是主体性建构。学生置身于情境中能充分调动起他们探究的欲望、解决问题的热情和负责的人生态度，因此产生的学习热情和动力将会促使学生主动去探究、去交流、去合作学习，最终形成自主构建认知的能力。

适宜的情境教学有很大的作用，它与生产、生活紧密相连，有知识性，还有实践性。与学生的情感发生碰撞，对教学过程能起到引导、定向、控制和调节的作用。

【问题及探讨】

1. 新课程理念实施后，教师迫切需要转变教育观念，采取什么样的措施才能有效地改变教师对情境教学创设的片面认识和创设中存在的误区？

2. 在中学化学课堂教学中，除了本文论述的情境教学创设中存在的问题和误区之外，你深入课堂调查后还发现哪些问题和误区？

8.2　中学化学课堂情境教学创设的依据及其原则

情境教学创设反映了现代课堂教学的本质特征：探究与建构。即在进行设计的时候，要根据教材内容、学生的不同而运用适当的方法、提供具体学习活动场景或以资源为目的进行的一种优化设计。它的一般过程是设置情境—问题引导—问题探究。

情境教学创设仅是一种教学手段，其主线就是以教师为主导，学生为主体的师生教学，问题探究贯穿学习的始末，激发学生对问题进行探究的求知欲和好奇心。

8.2.1　情境教学创设的理论依据

1.《普通高中化学课程标准（实验）》

《普通高中化学课程标准（实验）》中的新课程基本理念是："立足于学生适应现代生活和未来发展的需要，着眼于提高 21 世纪公民的科学素养，构建'知识与技能'、'过程与方法'、'情感态度价值观'相融合的高中化学课程体系。"

《普通高中化学课程标准（实验）》中的新课程的教学策略和教学方法是："在教学内容的处理上注重整体性，引导学生学习化学的核心概念、重要物质以及基本的技能和方法，加强化学与生活、社会的联系，创设能促使学生主动学习的情境教学，引导学生积极参加探究活动，激发学生学习化学的兴趣。"

2.《义务教育化学课程标准（2011 年版）》

2011 年版义务教育化学课程标准中关于情境教学的规定："为帮助教师更好地理解'课程内容'，实施课堂教学，在'课程内容'的相关主题中设置'可供选择的学习情景素材'，包括化学史料、日常生活中生动的自然现象和化学事实、化学科学与技术发展及应用的重大成就、化学对社会发展影响的事件等。教师可利用这些素材来创设学习情境，生动地进行爱国主义教育，增强学生的社会责任感，充分调动学生学习的主动性和积极性，帮助学生理解学习内容，认识化学、技术、社会、环境的相互关系，引导学生理解人与自然的关系，认识化学在促进社会可持续发展中的重要作用。"

3. 教育学理论

课程改革不仅需要理论指导，还需要实践的支撑。课程改革是一个系统的工程，它涉及教育理念、教学方法、教材和评价等诸多经过改革的元素。在新课程理念中，构建"知识与技能"、"过程与方法"、"情感态度与价值观"课程体系指的就是转变把知识放在首位的这种教育观念。而情境教学就是把新课程理念作用于教学实践上的突破口，再也不是让学生被动接受知识和学习知识的方法，能够引导学生从情境中出发，让学生在情境中学会探究式学习、自主式学习、合作式学习，这种学习方式更加符合学生身心健康发展。

1）杜威的教学理论

20 世纪伟大的教育哲学家、心理学家杜威（J.Dewey）在实用主义和经验自然主义哲学的基础上，创造性地确立了自己的教育哲学命题和现代教学理论。在教育过程中，杜威重视经验的作用，认为教育能够传递人类积累的经验以及丰富人类经验的内容，增强经验从而提高指导生活和适应社会的能力，以此把社会生活维系起来和发展起来。广义地讲，教育就是个人在社会生活中与人接触、相互影响、逐步扩大和改进经验，养成道德品质和习得知识技能。由于改造经验必须紧密地和生活结为一体，而且在改造经验的过程中能够促使个人成长，杜威便总结说“教育即生活”、“教育即生长”、教育即为“经验改造”。杜威认为，“从做中学”也就是“从活动中学”、“ 从经验中学”，使学校里知识的获得与生活过程中的活动联系了起来。杜威指出，贯彻“从做中学”的原则，会使学校所施加于它的成员的影响更加生动、更加持久并含有更多的文化意义。

在教学中善于创设情境，情境中包含本节课程需要解决的问题，将问题蕴藏于故事场景之中，启发学生去发现问题，这些问题成为学生进一步前进的“疑难杂症”，从而引起学生斗志，学生主动参与学习的积极性就会高涨，这样能够激发学习动机，增强学习兴趣，达到最佳学习效果。

2）情境认知与学习理论

情境认知理论（situated cognition）是继行为主义“刺激—反应”学习理论与认知心理学的“信息加工”学习理论后，与建构主义大约同时出现的又一个重要的研究取向，它试图纠正刺激反应和符号学说的失误。情境认知理论试图纠正认知的符号运算方法的失误，特别是完全依靠于规则与信息描述的认知，仅仅关注有意识的推理和思考的认知，忽视了文化和物理背景的认知。

8.2.2　情境教学创设的原则

情境教学结合了行为主义学习观和认知主义学习观的优点，充分发挥了环境与主体对知识认识的双重作用。情境理论的学习观认为，学习是个体参与实践，与他人、环境等相互作用的过程，是形成参与实践活动的能力，提高社会化水平的过程，所以“活动”是实现情境教学的根本途径。在具体的情境教学下，通过不同的讨论活动、模拟活动、探究活动、训练活动、实践活动等增强个体对知识的理解与建构，形成对知识灵活的掌握，而不是机械被动地掌握。情境教学创设必须服从以下原则：

1. 科学性

情境设计需符合学生的心理特征、学习基础和化学学科特点，在注意激趣的同时，更要强调实效性，突出一个“实”字，使情境成为引发学生头脑风暴的正能量。

2. 导向性

要结合学生实际水平，避免偏离学科核心知识，问题要与学习方向和教学中心内容相吻合。

3. 层次性

设计要根据班内学生的实际情况，有针对性地分出适当的层次，有适度的梯度，各层次的学生可以根据自己的实际情况，完成学习的目标任务。将“面向全体”和“因材施教”落实，从而使每一位学生在知识与技能、能力与方法、情感态度价值观上都能得到发展。

4. 发展性

问题的内容必须环绕某种学习能力目标而展开，应持之以恒，直到达到预期目标。因此，发展性原则应着眼于学生知识的系统掌握，为后续知识的学习奠定基础；着眼于学生能力的逐步提高，使学生逐步养成良好的智能结构；着眼于学生良好习惯的养成，使学生形成健康的人格；着眼于学生的情感、态度、价值观的培养，为学生的终身发展奠定基础。

5. 有效性

情境创设的目的是服务于教学，过多的无关的信息不仅不能使学生学习化学得到帮助，而且还会模糊学生的思维，造成误导，浪费时间，失去了情境创设的价值。因此，情境创设要能有效地激发学生的学习兴趣，启迪学生的化学思维，能引领学生通过动手实践、自主探索、合作交流，主动地学习化学，从而获得对化学真正的理解。

6. 熟境性

从学生感兴趣的日常生活事例和熟悉的情境入手，结合化学问题，将学生已有的经验顺利地迁移到即将要学的知识中来。

【问题探讨】

1. 传统教学方式是知识的灌输，而新课程理念下的教学方式是“自主探究、合作交流”，因此，课堂情境教学的创设除了知识的建构方面，还从哪些方面培养和提高了学生学习知识的兴趣？

2. 作为一名师范生（准教师）来说，怎样才能避免自己的教育教学方式方法的落后和僵化？

8.3　中学化学课堂情境教学创设的要求及其类型

创设情境能够比较深入地探索化学知识的发生、发展过程及其规律。因此，教师在课堂上能够引导学生在情境中学习要学习的知识，让学生犹如身临其境般地在探索，极大地调动了他们的积极性，同时探索的过程也让他们收获颇丰。创设情境调动了学生思维活动的积极性，引导学生学会自主学习、自主探究。因此，在化学教学中进行恰当的情境教学创设对教师提出了更高的要求。

8.3.1　情境教学创设的要求

1. 课堂创设的情境要有吸引力

如何引起学生对情境信息的注意和体验呢？从心理学角度来看："人类认识客观事物，首先通过感知觉，凭借感知觉，我们不仅能够充分感受丰富多彩的外部世界，更为重要的是由感知觉所获得的感性认识还为其他一切心理活动的正常进行奠定了基础。就这个意义而言，感知觉是人类关于世界认识的源泉。"不过从本质上来看，感知也不是学习产生的根本原因，产生学习的根本原因是问题。所以情境的创设要让学生从感知开始，从学生已有的生活经验出发，但是情境中还要蕴藏着激发学生进一步思考和探索的问题。因此情境的吸引力就是要让情境与学习者的生活经验联系起来，但在生活经验中却蕴藏着靠现有知识不能解决的问题，在新信息的刺激下，让他感到进入一种情境就获得一次新的体验。这就要求教师在教学中能够创设相应的情境，在这样创设的情境中既要启发学生的好奇心和兴趣，又要隐藏可能被学生发现的问题，并且可以借助实验或其他实践途径进行力所能及的探究。

2. 课堂创设的情境要适合教学内容

现代教学研究指出，在教学方法中，情境教学并非是唯一的。设计的情境，根据化学教学内容不同、环节不同而不同。因此，情境创设就有了更高的要求，对教师提出了在不同阶段和不同内容创设中对不同情境的要求。

在知识引入阶段，教师需要通过真实和倾向学生所处的生活环境引入，在创设问题情境时，借助于实验、化学史实、新闻热点、生活经验等；在认知建构化学知识的过程中，需根据内容创设知识的认知去揭示情境；在知识应用、巩固阶段，需借助知识创设、知识的归纳整合迁移情境。

3. 课堂创设情境要符合学生认知特点

作为教师需要知道每个学生的认知能力都不同，课堂情境创设应该多样化，让学生能够有多种选择，为学生提供各种学习的起点，才不至于使具备不同学习能力的学生感到倦怠。因此，在情境创设中，教师要不拘一格，运用多种生动有效的教学方法，才会带领学生进入知识学习的佳境。

4. 课堂创设情境要合理应用生活中的突发事件

情境的设计要随时灵活运用，尽量利用突发的、即时的、真实的情境，才能引起学生的注意和兴趣。譬如学校周围放焰火，引导学生探索金属的焰色反应，以引起学生探究的兴趣。又如学校附近的沱江河水被上游的化工厂排放的污水污染，在长达一个多月时间里，河水变黑，死鱼无数，臭气熏人，学生上学放学路上都亲眼所见，而且自来水的取水口就在这条江中，放出的水冲鼻刺眼，使皮肤上长上了红疙瘩，调查报告说：要恢复生态环境，需要五年的时间。这个活生生的环境污染例子，对于化工的废气、废水、废渣必须处理，环境爱护人人有责的确是一份好教材。因此，应提倡和鼓励各位老师自行设计情境教学的实际内容，提倡每校每课根据实际情况设计不同的情境，形式不拘一格，各有特色。

《普通高中化学课程标准（实验）》理念中，情境创设的基本要求是“真实性”，情境创设的价值导向是“发展性”，发挥其效果的动力保障是“吸引力”，情境创设的根本保证是“化学特色”。在创设情境的时候，应该结合这四个方面的要求，创设出的情境才能满足学生需求的“真”情境。

8.3.2 情境教学创设的类型

情境教学模式是以案例或情境为载体，引导学生自主探究性学习，以提高学生分析和解决实际问题的能力。

1. 问题情境

什么是问题情境教学法？问题情境是指教师有目的地、有意识地创设各种情境，以促使学生去质疑问难、探索求解。因此，化学教学要以问题为载体，这样才能抓住课堂教学中思维这个“魂”，也就抓住课堂教学的根本。比如在化学中可以设置这样的问题情景：在讲解复分解反应进行练习的时候，教师将多种化学物质构建成一幅迷宫图，迷宫有多条路径，学生思考从入口进去，只有一条路径才能平安出去，其他路径一旦走错，反应立刻发生，路径就断掉，从而迷宫探险者就宣告失败。要解决这个问题，学生只有非常扎实地掌握好复分解反应相应的知识后，认真小心才能解决迷宫探险的问题。这个问题情景设置极大调动了学生的积极性，一时课堂氛围高涨，教学效果是可想而知的。这个案例中的“魂”和“根本”就是复分解反应的概念及其特点。

2. 真实情境

苏联霍姆林斯基十分重视实地考察的教育作用，他说：“我力求做到在整个童年时期内，使周围世界和大自然始终都以鲜明的形象、画面、概念和印象来给学生的思想意识提供养料……”

创设真实情境，让学生到真实的生活和工作场景中学习知识，让学生亲临劳动生产现场，在工厂、田间、野外等运用所学知识解决实际问题。而对于真实情境，学生明显地表现出跃跃欲试的期盼，让他们置身于真实环境中，仿佛是在真枪实弹地解决问题，在尝试了不能解决问题的焦虑后，也品尝着解决了问题之后成功的喜悦。比如硫酸的工业制法、硅酸盐工业、新型材料等教学内容，本市内如有相关工厂的学校，就可以组织学生去参观学习。通过参观学习，理论知识跟实际所学的知识联系起来，使所学知识更加牢固，并且可以消除在学生头脑中固有的化学药品就是危险品的认识和由此带来的对化学药品的恐惧心理，也可以在参观学习中领悟到只要遵守安全规则并做到了规范操作，就可以将危险控制在最小范围内，从而达到学习的目的以及消除由化学危险品给学生带来的恐惧心理。

3. 模拟真实情境

为完成讲授和学习的内容，我们可以用创设模拟真实情境的方式来完成一些危险的、不宜真实接触或现有条件还难以做到的教学内容。比如，法律专业的学生可以模拟法庭现场来完成对法律知识的巩固和提高。英语专业学生，可以用表演英语话剧的形式来提高英语听、说的能力。当然，化学专业的很多教学内容也可以通过模拟情境的方式来完成。以化学实验为例，从仪器装置到药品配制，从实验过程中复杂的物理化学变化到新物质生成，其中有形、色、态、味的变化，又有气体的生成和沉淀的析出，或光、热等放出的现象。这些化学现象与在生活中、生产中的化学反应现象完全一致，因此，化学中的演示实验也可以看作是模拟情境中的一员。

【问题探讨】

1. 课堂问题分四个维度：记忆性问题、解释性问题、统整性问题、创造性问题。问题的质量和水平很大程度上决定课堂师生对话的质量和水平。你该怎样设计课堂问题？如何营造有利于师生之间开展互动式对话的环境？

2. 新课程理念下的有效课堂是否等同于学生全程探究？传统教学方式中的教师一讲到底的课是否一定是陈旧的课？怎样的教学行为才能提高化学课堂教学的有效性？

8.4　化学课堂情境教学模式及其创设的途径

有关问题的界定有很多种，但大多数教育学家和心理学家认同纽厄尔（Newell）和西蒙（Simon）对问题所下的定义："问题是这样一种情境，个体想做某件事，但不能马上知道对这件事所需采取的一系列行动，就构成问题。"简而言之问题就是个体未能直接达到目标时所处的情境。对于学生来说，当头脑记忆中的知识经验与行动目标之间出现空缺时，学生就处于问题情境之中。当教师创设的问题情境处于学生的"最近发展区"时，最具有启发性，学生能够积极地投入到问题探索中。

8.4.1　课堂情境教学模式

1. 问题情境串教学模式

1）什么是问题情境串教学模式

"情境串"的创设是将教学内容划分为多个板块，根据每个板块内容选取恰当的情境，从而构成"情境串"，再通过"情境串"引发一系列的问题，形成"问题串"，使学生在一连串的、现实的、具有挑战的问题过程中，走进并融入化学，如图 8-2 所示。

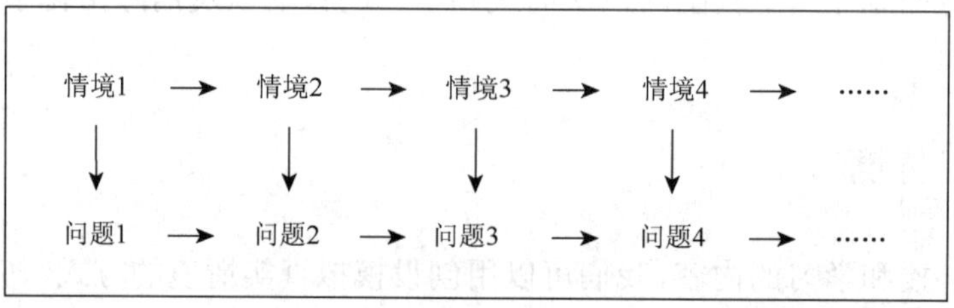

图 8-2　问题情境串教学模式

2）问题情境串教学模式适宜的教学内容

问题情境串由于素材丰富，创设容易，因此在教学中应用广泛。从教学内容上来说，这种模式更适用于相对零散的教学内容，比如元素化合物知识、化学与生活、有机化学基础等。在创设情境时，教师应全盘分析所授内容与情境教学吻合程度，达到知识目标、能力目标、情感态度与预设一致的目的。

3）问题情境串教学设计应注意避免的问题

情境教学不仅有利于提高学生运用知识的能力，也有利于情感态度和价值观教学目标的落实。如果我们没有充分领悟到新课程理念的真谛，钻研教材又不到位的话，在创设情境上就容易犯为了情境而情境的错误。

（1）情境设置过多且杂乱，问题设置随意，导致一堂课的授课主线不清晰，造成学生思维混乱。这种情况就属于为了创设情境而情境，形式化严重，已经偏离了教学本质。

（2）一个接一个的情境，让学生目不暇接。情境喧宾夺主，学生关注的是情境的热闹，课堂气氛看似热烈，其实是假象，他们的思维游离在了化学课堂之外。因此情境的创设与教学内容关联不大。

2. 问题中心情境教学

1）什么是问题中心情境教学

问题中心情境教学就是围绕教师设计的一个主题情境,创设环环相扣的一系列问题，让学生在教师的引导下，在情境中自主学习，如图 8-3 所示。

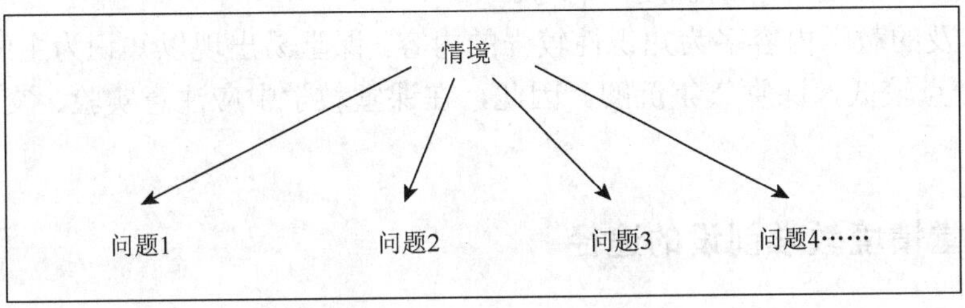

图 8-3　问题中心情境教学模式

2）问题中心情境教学适宜的教学内容

问题中心情境教学由于一个情境几乎包含了一节课或一个板块的知识点和能力点，围绕该主题创设的情境题材尽量要做到覆盖知识点全面，重点突出。问题中心情境教学适用于探究式教学和知识体系完整的内容教学。比如化学反应原理、实验化学模块等。

3）问题中心情境教学设计应注意避免的问题

（1）一个情境要涵盖所有教学内容是很难保证教学内容的全面性的，如果仅限于对这一主题情境的解剖，则容易造成教学内容的遗漏。因此，我们要用到辅助情境，它是对主题式情境的补充，当然，在实践中使用它要根据需要灵活运用。

（2）一节课或一个板块的知识点都要包含在情境中，因此，教师在创设情境时，为了涵盖一节课或一个板块的所有知识点，千方百计地创设“大而全”的教学。但是，这样有利也有弊，一个情境包含了太多的知识点和情境要素，反而让人感觉到情境冗长、包罗万象、杂乱无章，也不利于教学。因此，简洁明了的情境，是课堂教学的最佳选择。

3. 连锁式情境教学

1）什么是连锁式情境教学

“连锁式”情境教学是由情境引发问题，在解决问题的过程中又创设新的情境，从而又提出新的问题。以“情境—问题—情境—问题”的方式递进式循环地完成教学任务，如图 8-4 所示。

图 8-4　连锁式情境教学模式

2）连锁式情境教学适宜的教学内容

连锁式情境教学强调情境与问题的发展变化关系，将情境和问题融为一体，适合知识内在联系密切的教学内容，比如化学概念与理论、元素化合物等模块的教学。

3）连锁式情境教学设计应注意避免的问题

（1）注意避免情境与问题脱节。情境引发问题，解决问题又创设新情境，这是连锁式教学特点，如果情境和问题不协调，则会出现课堂教学不流畅的情况。因此，所创设的情境要引发学生有序和有深度的思考。

（2）涉及的教学内容多为知识性较强的内容，课堂易出现以知识为主线展开的现象，学生的兴奋点较低，课堂气氛沉闷。因此，在课堂教学中应注意实验、交流、多媒体等的配合。

8.4.2 课堂情境教学创设的途径

现代认知心理学关于思维的研究成果表明，思维过程首先是解决问题的过程。学生知识的建构离不开对问题的讨论和解决，学生的能力是在解决实际问题的实践过程中形成的。布莱克说："如果不给学生以解决真实问题的体验，即使以学生的理解能力培养为目标的教学，也不能保证使学生具备解决真实问题的能力。"

中学化学有许多比较抽象的理论知识，学生常常感到化学难学，其实根源往往不在内容的抽象，而在于学生头脑中缺乏清晰的化学情境，导致对化学概念、规律难以准确、深刻理解，不善于用已有的化学知识去分析问题和解决问题。在教学过程中，教师可通过情境教学创设，使学生在化学情境之中体会、理解化学概念，掌握化学规律，促进抽象思维能力的发展和提高。

情境教学创设的途径有很多种，主要实施途径包括：利用生活经验或生活中的时事新闻等创设情境；利用化学史创设情境；利用化学实验创设情境；利用多媒体动画创设情境；利用图像图画创设情境等。情境创设要求情境不仅要有吸引力，而且应符合学生的认知和经验，形式并不是一成不变的，应该各有特色。

根据化学学科特点，情境教学创设一般有如下几种途径。

1. 通过演示实验创设情境教学

化学演示实验所显示的现象对学生来说有新鲜、奇异和不可想象的特点，而把握和运用好这一特殊性，对激发学生的学习热情起着不可估量的作用。在课堂上，教师可能通过精心设计的演示实验，让学生在观察实验现象中进入到问题情境中来，从而让学生自然而然地产生愿意认识和理解新的知识的心理渴求。

比如，在学习"钠"时，学生通过初中化学知识的学习知道，根据金属活动顺序，活动性强的金属可以把活动性弱的金属从它的盐溶液中置换出来。教师可首先提问让学生预测把钠投入硫酸铜溶液中将看到什么现象？学生根据已有知识很有把握地回答："有红色沉淀出现。"他们的理由是：活泼金属可将不活泼金属从它的盐中置换出来。接着教师演示该实验，学生认真观察，但是他们却惊奇地发现，他们预计的现象没有出现，这是为什么呢？毫无疑问，学生迫切期待探究原理的心理渴求已经强烈地产生了。

2. 通过化学史创设情境教学

17 世纪英国哲学家培根有一句名言“读史使人明智”。化学史从历史的角度，给学生展现了化学知识的孕育、产生和发展过程，呈现了科学家在研究过程中走过的艰难历程，也充分表现了他们在遇到困难时百折不挠的精神、持之以恒的科学态度和追求真理的价值观。在化学教学中，教师根据教学内容，把化学知识和化学史实结合起来，能激发学生的学习兴趣和求知欲望，并能从中获得科学思维和科学方法的启迪。

在学习时，我们要学的不仅仅是一个化学结论，比如元素周期律和元素周期表的教学，可以从元素周期律的产生、发展和形成入手，让学生了解化学知识的产生、形成和发展过程，主要学的是科学家们研究问题的方法和思维过程。1862 年，法国地质学家坎古杜瓦首先提出了元素随着相对原子质量的变化，其化学性质呈现周期性变化的问题。1864 年德国化学家迈耶，按相对原子质量递增顺序制定了一个“六元素表”。1865 年，英国化学家纽兰兹按相对原子质量递增顺序，将已知元素作了排列。他发现，到了第八个元素就与第一个元素性质相似，即元素的排列每逢八就出现周期性，他把元素的这种周期性叫作“八音律”。再到门捷列夫 1869 年首创的元素周期表，不仅可以推测各种元素的原子结构以及元素及其化合物性质的递变规律，还可以成功地预言未知元素及其化合物的性质，并成功地对寻找制取半导体、催化剂、化学农药、新型材料的元素及化合物起到了指导作用。

化学史情境教学创设主要应用于化学理论、定律、概念等的提出及发展和演变。除了元素周期律之外，布朗运动、空气成分探究、苯分子结构的确定等内容，均是非常好的化学史实情境教学内容。

3. 通过扩展旧知识，引出新问题创设情境教学

在旧知识的基础上进行扩展和延伸就变成了新的知识。两者之间具有一定的联系，教师应抓住知识间的内在联系这一特点，在创设学习情境时以旧的知识点为基础，从而扩展引出新的问题，让学生主动介入新知识的学习过程，引导他们自己去发现、去探究、去分析，从而总结出知识网络图，对他们的记忆更有帮助。

在促进学生知识的正迁移时，把旧知识作为桥梁，找到新知识，联系新知识，比如说在学习元素化合物组成和性质、有机物的结构和性质的类比等化学知识时，都可以用此方法。

4. 利用生活中的典型事件创设情境教学

化学知识在日常生活中用途广泛，我们天天都在接受着化学知识应用的结果，享受着化学用品带来的舒适和便利生活的成果，也在被迫地承受着它对我们身体的危害和对

环境的不可逆污染的苦果。但是我们对它的反应机理和内在因素却缺乏更深入的认识，而这一点却是学生渴望进一步了解的，所以教师利用化学知识在生活中应用的实例来创设问题情境，能够避免单纯的说教带来的学生思想上的麻木的副作用。

5. 通过社会热点和新闻热点创设情境教学

食品安全是当前社会上民众关心的大问题，哪些食品对身体有危害？如何食之更安全？这个社会焦点和热点是化学教师用于情境教学的题材。在学习“硫酸铝钾”时，可以取用 CCTV 最近的一个新闻报道：“成都‘油条哥’李刚研制‘国标油条’。国家标准规定，油条等小麦粉制品中的铝残留量应小于或等于 100 mg/kg。人体如过量摄入铝，会对脑部神经造成伤害，导致记忆力和智力下降，而明矾（主要成分为硫酸铝钾）作为膨松剂用于炸制油条上。成都‘油条哥’李刚虽然文化程度不高，但他知道铝对人体的危害后，决定对炸制油条的配料进行改进，经过一年时间多达 50 多次的摸索和试验，终于成功地降低了油条中的含铝量。样品两次送成都市食品药品检测中心检测，结果显示，油条中铝残留量第一次为 43 mg/kg，第二次降为了 16 mg/kg。”

在食品中并不是只有油条中会渗入铝，膨化食品以及铝制器皿盛装过的食品也可能会渗入铝元素，过去大多数农村地区和现在一些落后地区用明矾净化后的水中，也会残留铝的成分。在此自然而然地就可以引出明矾怎样净水，学生就会迫切地想去探究明矾净水的原理。通过这些情境，学生能够更深入地领会在生活中使用的化学用品是利用了怎样的原理，也明白了事物的利和弊。

【问题探讨】

1. 现阶段的化学课堂教学中，还存在三维教学目标难有效融合或割裂的状态。你在教学中如何注意和适度解决这一问题？

2. 除了上述的情境教学创设途径，你认为还有哪些创设途径？

8.5　化学课堂情境教学创设案例分析

德国一位学者有过一句精辟的比喻：将 15 克盐放在你的面前，无论如何你都难以下咽，但当将 15 克盐放入一碗美味可口的汤中，你早就在享用佳肴时将它全部吸收了。情境之于知识，犹如汤之于盐。盐需溶入汤中才能被吸收，知识需要溶入情境中才能显示活力和美感。因此，教师在教学时要努力使教学内容情境化。下面我们就高中化学情境教学案例来进行分析。

8.5.1　常见的几种情境教学案例分析

在 8.4 小节“化学课堂情境教学模式及其创设的途径”中阐述了化学课堂常见的情境教学模式有：问题情境串模式、问题中心情境教学模式、连锁式情境模式等，下面从案例的角度来分析这些模式适宜的教学内容和具体操作方法。

1. 问题情境串模式的教学案例分析

以“二氧化硫的性质和作用”的教学为例，教授者以问题情境串的模式，设计了 4 个问题情境，引导学生通过阅读看书、小组讨论、归纳总结的学习方式，自主探究二氧化硫的物理性质和化学性质，并在探索中提高自己分析问题和解决问题的能力。

【案例】硫和氮的氧化物[人教版《化学（必修 1）》]

【问题情境 1】

1. 自 2004 年开始，中央电视台每天发布全国 47 个重点城市的空气质量预报，它的主要内容包括空气污染指数、首要污染物和环境空气质量等级。目前规定，空气质量必须观测的污染物有三项，请问你能说出是哪些物质吗？为什么要选择这些物质报道呢？

2. 展示重点城市空气质量日报截图。

【设计意图】

1. 电视台每天播放空气质量，这已为同学们所熟悉。目前规定，在检测空气质量时，必须观测的污染物有三项：二氧化硫、二氧化氮、一氧化碳。引入课题要从学生身边的社会热点说起，不仅仅要对表面熟悉，还要更深地了解，从而达到掌握的目的，这样更能激发学生学习的欲望。

2. 以社会热点问题引入情境教学，让学生把所学的知识与生产、生活实际结合起来，关注、收集和处理信息是学生能力有待提高的部分。

【问题情境 2】

1. 展示一瓶二氧化硫气体，请仔细观察，你能得出它有哪些物理性质吗？

2. 借助一些简单的化学药品，你还能得出 SO_2 的其他物理性质吗？

【设计意图】

1. 学生知道，物质的物理性质一般有以下几方面：物质的颜色、气味、状态、熔点、沸点、水溶性、是否有毒等。学生根据观察能得出 SO_2 是无色、有刺激性气味的气体；常温条件下它的状态是气态，说明它的熔点沸点很低；根据瓶口向上的放置，得出 SO_2 密度比空气大。通过观察得出这些结论，培养了学生的观察能力。

2. 收集的这瓶 SO_2 虽然不能得出它的有毒性，但学生可由 SO_2 对环境的污染、食品不能用 SO_2 熏制等报道，分析和推导出它的有毒性。学生们利用信息分析问题、解决问题的能力也得到了提高。

3. 观察和分析不能得出 SO_2 的水溶性大小，学生们可借助实验来解决。学生通过独立思考、合作交流，选择了简单易行的实验方案：①往装满 SO_2 的塑料瓶里加水，观察瓶子形状的变化，发现瓶子压瘪了。②把装满 SO_2 的大试管插入水中，看到试管中水面上升了。③在 50 毫升的注射器中吸入 40 毫升的 SO_2，然后再吸入 10 毫升水，注射器的活塞向内推移。由此得出，SO_2 是易溶于水的气体。

4. 在新课程理念中更加注重学生学习能力的培养和提高，新教材也体现了这一点，要求学生温故而知新，学生善于利用自己的旧知识，来学习和发现新知识。所以在设计一节课的教学内容时，应该灵活有目的地选择并且根据不同的知识点或技能点，将教学目标定位于学生的"最近发展区"。对于情境 2 的设计即学生获得新知识的途径是基于自己已有的旧知识上，在获得新知识的过程中，教师不但要注重学生独立思考能力的培养，还要培养他们的团队合作意识和集体观念，这是他们在小组合作交流中逐步培养的。其实一节新课的内容，学生们接触到的知识有 80%及以上都是已学过的知识，而接触到的新知识只有 20%或不到 20%，在学习新知识时，教师经过精心设计，让学生通过实验、推测、分析、交流、总结等一系列过程，最后再在教师适度的点拨下就可以很好地得到解决。因此，要善于让学生通过旧知识这座桥梁而学到新的知识，引导他们去发现，去探究，去分析，从而更加理解知识点，让它变成学生自己的东西，通过构建知识网络，使知识点联系在了一起，丰富了原来较为单一的知识。

【问题情境 3】

SO_2溶于水的过程，只是一个物理过程吗？请提出你的观点，并设计实验给予证明。

【设计意图】

"情境 3"是"情境 2"合理的延续和深化。学生对于 CO_2 溶于水并能与水发生化学反应是非常熟悉的了。因此，利用 CO_2 这个旧知识来构建 SO_2 的新知识，实现知识的正迁移是不困难的。学生分析后，认为 SO_2 和 CO_2 都是非金属氧化物，且都是酸性氧化物，因此，SO_2 与 CO_2 化学性质有很多是相同的，它们不仅溶于水且都要与水发生化学反应。

学生分析、讨论后，可用以下方案证实 SO_2 与水发生了化学反应：

①用 pH 试纸检验 SO_2 水溶液的 pH；②用紫色石蕊试剂检验 SO_2 水溶液，观察 SO_2 水溶液的颜色；③将少量的 SO_2 水溶液滴入澄清的石灰水中，观察是否有沉淀产生，等等。

【问题情境 4】

1. 画出硫的原子结构示意图，结合硫元素的化合价和氧化还原知识分析，SO_2 还可能有哪些性质。[准备好的药品：SO_2 水溶液（代替 SO_2）、H_2S 水溶液（代替 H_2S）、酸性 $KMnO_4$ 溶液、溴水、品红溶液、澄清石灰水等]。

2. SO_2 有漂白性，请实验它与品红溶液的反应，它的漂白原理与前面我们学习的 Na_2O_2、HClO 等的漂白原理一样吗？如果用它来漂白食物，达到了增白的效果，对身体有危害性吗？让学生阅读课本（人教版《化学（必修 1）》）。

【设计意图】

1. 在运用旧知识促进学生正迁移的同时，应引导学生有意识地注意知识的不同点，准确地把握基本概念，避免造成思维定势。二氧化硫与二氧化碳虽然都是酸性氧化物，但它们的性质却并不完全相同，"情境 2"、"情境 3"均是从旧知识的角度引出 SO_2 与 CO_2 的相似性，在"情境 4"中就要充分注意它们的差异性。因此，从化合价的角度，学生可以分析得出，硫元素的最高正价为+6 价，最低负价为−2 价，而二氧化硫分子中的硫处于其中间价态+4 价，说明 SO_2 既有氧化性又有还原性。学生运用氧化还原规律分析，S 元素从+4 价到+6 价需要有强氧化剂，SO_2 遇氧化剂 O_2、酸性 $KMnO_4$、溴水等被氧化，自身表现还原性；学生还可以根据氧化还原规律分析得出，+4 价与−2 价之间有 0 价的硫存在，因此，SO_2 与 H_2S 反应（用 SO_2 水溶液与 H_2S 水溶液反应进行实验），可以表现 SO_2 的氧化性。

学生实验方案：

①将 SO_2 水溶液滴入酸性 $KMnO_4$ 溶液中，观察溶液是否褪色；

②将 SO_2 水溶液滴入溴水中，观察溶液是否褪色；

③将 SO_2 水溶液滴入 H_2S 水溶液，观察溶液中是否发生了变化。

"情境 4"在探究 SO_2 的性质时，主要从氧化还原反应的角度，由于 S 元素的化合价处于中间价态，说明 SO_2 具有氧化性和还原性双重性质，与 CO_2 极其不同的地方就在于这里。在设置"情境 2"、"情境 3"、"情境 4"的时候，让学生在学习上领悟到物质的性质不仅仅有相似性，还有差异性，在物质的认识上，学生应该更全面地去认识，不仅仅要抓住他们共同的性质，也要注意它们在性质方面的不同，即特殊性。

2. 前面学习了"次氯酸和过氧化钠的漂白性"，SO_2 的漂白原理与它们的相同吗？这个问题既是要让学生认识 SO_2 的漂白原理，也是要学生深入分析漂白原理的异同，帮助学生对所学知识进行归纳总结，使 SO_2 的新知识与旧知识一道，形成知识网络。

3. 学习是一个连续的过程，在这一过程中，任何学习都是在学习者已经具有的知识经验和认知结构、已经获得的动作技能、习得的态度等基础上进行的；而新的学习过程及其结果又会对学习者原有知识经验、技能和态度甚至学习策略等产生影响，这种新旧学习之间的相互影响就是学习的迁移。迁移是人在学习中最常见、最重要的一种心理现象，任何有意义的学习，都无不存在着迁移现象。迁移的本质，实质上是两种学习在知识结构、认知规律上相同要素间的影响与同化。以此理论，教师在预设教学内容时，要对学生的知识迁移能力进行预设，以便把握揭示知识的深刻程度。

在学习"二氧化硫的性质和作用"时，教授者所采用的模式是问题情境串，通过"情境串"从而引发"问题串"，比较自然地形成一个连贯、完整、层层递进的情境系统。在这样一个连续、递进、大脑皮层不断受到刺激的活动中，学生能在整个学习过程中完全投入，从而最大限度地发挥自身的能动性，主动地获取知识体系。

2. 问题中心情境模式教学案例分析

"酶"的性质，教授者采用主题情境模式，从一个中心问题情境题材出发，围绕该主题把教学内容转化为具有潜在意义的问题，以引发一连串问题情境（问题 1、问题 2、问题 3、问题 4……），让学生产生强烈的问题意识，促使学生自主探究，师生共同总结获取相应的知识（知识 1、知识 2、知识 3、知识 4……）。

【案例】"酶"的性质[人教版《化学（选修 5）》]

【情境教学】

1. 展示"××速效加香加酶洗衣粉"包装袋使用说明：

商品特色：采用国际先进的蛋白酶、淀粉酶和脂肪酶复合体，有效分解皮脂、碳焦和蛋白等污渍，生物分解洗涤，温和不伤手，护理又健康。

使用方法：加酶洗衣粉的 pH 一般不大于 10，在水温 45～60℃时，能充分发挥洗涤作用；水温高于 60℃时，碱性蛋白酶要失去活力；水温低于 15℃时，酶的活性迅速下降，影响洗涤效果。低于 40℃时，酶则作用缓慢，但不易被破坏而失活。因此，加入碱性蛋白酶的洗衣粉，最佳洗涤温度是40～51℃。

注意事项：请将本品存放于阴凉、干燥和小孩不易触及的地方。

2. 学生通过使用说明分析酶有哪些特点？

【设计意图】

1. 由“加酶洗衣粉”生活日常用品引出主题情境，更容易唤起学生对问题的关注和探究欲望。

2. 学生分析产品包装袋使用说明中的信息，得出：①“采用国际先进的蛋白酶、淀粉酶和脂肪酶复合体，有效分解皮脂、碳焦和蛋白等污渍”，说明酶有高度专一性，蛋白酶对应催化蛋白质，淀粉酶对应催化淀粉，……。②酶使用的条件温和。温度过高，失去催化活性，温度过低活性下降。最适宜温度为40～51℃。

3. 学生分析注意事项，得出：阴凉、干燥储藏的原因是避免加酶洗衣粉失效。

在产品信息和注意事项分析之后，我们已经将酶的大量知识传达到了学生的面前：酶是蛋白质，它具有高度专一性的性质，需要在温和的条件下使用它等。但是在该情境下，学生对于酶的催化条件还不能深入理解，因此在这里，辅助情境就担任一个必要的角色。

【辅助情境】

学生探究：探究影响唾液淀粉酶催化的条件的实验。

实验用具：烧杯六支、试管六支、清水、淀粉溶液、唾液淀粉酶、六支温度计、酒精灯、冰块。

实验步骤：

①将烧杯编号123，将试管编号ABCDEF。

②将1烧杯中放入冰块，放入有淀粉溶液的A试管，再放入盛有唾液淀粉酶溶液的B试管，在试管中分别插入温度计。2烧杯中放入清水，放入有淀粉溶液的C试管，再放入有唾液淀粉酶溶液的D试管，在试管中分别插入温度计，并加热到100℃。3烧杯中放入清水，放入有淀粉溶液的E试管，再放入有唾液淀粉酶溶液的F试管，在试管中分别插入温度计，加热到37℃。

③将B中溶液倒入A中，将D中溶液倒入C中，将F中溶液倒入E中，保证等量。并向ABC中加入碘溶液观察现象。

实验现象：只有37℃的试管中溶液不变蓝。

实验结论：唾液淀粉酶受温度影响。

【设计意图】由于问题中心情境模式创设一个情境，但一个情境要涵盖所有的教学内容是非常困难的，因此，辅助情境会帮助学生更加全面地掌握所学知识。

3. 连锁式情境模式教学案例分析

【案例】氧化还原反应[人教版《化学（必修1）》]

【问题情境1】

【投影】展示用天然气作燃料煮饭、金属的冶炼、钢铁的锈蚀、形形色色的电池实验图片。这些图片其实都在表达一种与人类生产生活、科学实验研究密切有关的重要反应类型——氧化还原反应。氧化还原反应广泛存在于自然界中，对人类的生产生活有着十分重要的作用。今天，我们就来认识这一类重要反应。

【设计意图】

由氧化还原反应的重要应用创设情境教学，从生活走进化学，更容易激发学生的学习兴趣。

【问题情境 2】

请同学们思考并写出下面的化学方程式：（1）天然气（CH_4）的燃烧；（2）金属冶炼中的热还原法：CO 高温下与铁矿石（Fe_2O_3）的反应；（3）金属冶炼中的湿法冶金：Fe 与 $CuSO_4$ 溶液的反应；（4）工业上应用电解水制 H_2；（5）NaCl 溶液与 $AgNO_3$ 溶液的反应；（6）铁丝在 O_2 中燃烧。试从四个反应类型的角度给上述反应分类；标出上述反应中元素的化合价，分析元素化合价的变化，思考能否从反应前后元素化合价的变化为上述反应分类？

【设计意图】

学生通过书写化学方程式并分类后发现，反应（1）（2）不包括在四种基本化学反应类型中，感到困惑的同时体会到四个基本反应类型分类的局限性。此时迫切需要一种新的分类标准。

引导学生去发现，这些方程式中的元素在反应前后有了哪些变化？学生可分析得出：在元素的化合价上，变化或者不变。学生由此能够得出，化学反应还应该从反应前后元素化合价有无变化的角度进行分类。从学生的已有知识出发，通过问题创设学习情境，使学生发生认知冲突，激发探究热情。

【问题情境 3】

请同学们从原子结构的角度分析 NaCl 和 HCl 的形成过程。为什么氧化还原反应前后元素的化合价发生变化？其本质原因是什么呢？

【设计意图】

通过对 NaCl 和 HCl 形成过程的分析，引导学生去发现化合价的变化的本质原因。探寻氧化还原反应的本质，深入理解“电子转移”的意义，并向学生渗透从原子结构入手探究化学反应这一化学学习的重要思想。实现氧化还原反应知识的初步建构，通过设问使学生对四个基本反应类型与氧化还原反应的关系认识更深刻了，同时加深了对氧化还原反应本质的理解。从元素的化合价变化到电子的转移，从氧化还原反应的表面现象到本质特征，引发学生新的认知冲突。

8.5.2　情境教学中情境材料的选取和处理

情境教学运用得是否恰到好处，关键是创设的知识构建学习情境是否良好；而对于创设良好的知识构建学习情境主要依靠情境材料的选择，它们是环环相扣的。因此，我们要特别注重情境材料的选取和处理。

在 8.4 小节“化学课堂情境教学模式及其创设的途径”中已经谈到，在创设情境教学中，可以找到一定的途径，可以是我们的生活经验或已经发生的时事新闻、化学史、化学实验、多媒体动画、图像图画等方面的内容。那么又可以从哪里去寻找创设情境教学的材料呢？

从表 8-1 中的材料可以看出，在选择材料方面，符合教学的情境材料是非常多的，当然还要在这些材料当中进行适当的选取，主要是选取同样符合教学内容的情境材料。另外，选取之后对材料的处理也是非常重要的，不同的处理方式，主题式情境教学会体现不同的功能，产生不同的教学效果。如何选取和处理情境材料呢？我们来看下面的分析。

表 8-1　情境教学中情境材料的来源

编号	材料来源	说明
1	教材中各种栏目提供的内容	获得情境材料便捷、可靠
2	其他学科知识	跨学科领域的学习形式，材料来源多元
3	生活常识	理论联系实际，体现化学学科价值
4	报刊、杂志、广播、电视等媒体提供的各种事例。	事例的真实性，数据的准确性能得到保障
5	Internet 的资料	资源丰富，查找方便，应用越来越广泛
6	其他	实地考察的资料：如数据、照片；化学演示实验等

经过查找，符合氯气的性质的情境教学的材料有两个：战史资料“第一次世界大战中的氯气战”，新闻报道“京沪高速公路淮安段车祸发生液氯泄漏事故”。（注意：仅指在氯气的性质教学中情境的选择上的两个材料，而 8.1 小节分析情境教学创设的误区中的“情境创设渲染了负面情感”是指在整个化学教学中过多地选择负面情感材料。）

【材料 1】　第一次世界大战中的氯气战

1915 年 4 月 22 日，在第一次世界大战的比利时战场上，德军正与英法联军对峙。忽然，从处于上风口的德军阵地上升起一股股黄绿色的云团，一直飘向处于下风口的英法阵地。毫无准备的英法士兵猝不及防，眼看着黄绿色的气体涌来，两万余名士兵先是咳嗽继而喘息，大多数士兵因中毒而死亡。经统计，最终活下来的士兵大部分都是在黄绿色云团飘来时跑到了较高的山丘上才幸免于难，还有一些人是用湿手绢捂住了嘴才保住了性命，而这种使上万人丧命的气体就是氯气，而这场战争也作为战争史上第一次化学战记入了史册。

【材料 2】　京沪高速公路淮安段车祸发生液氯泄漏事故

【新华社报道】2005 年 3 月 29 日，京沪高速公路淮安段一辆满载液氯的铁罐车和对面来车相撞，大量液氯外泄。据目击者描述：“一股黄绿色的气体就像探照灯光一样，‘唰’地射向高空，足有 5 米高，并伴有刺鼻的味道，眼睛也熏得有些睁不开。”事发后消防队员不断地用水枪喷射，并用石灰处理铁罐车泄漏处。此次事故造成 350 人中毒进医院救治，另有 28 人中毒死亡，2 万多亩农作物受损。村民告诉记者，一夜之前麦田还是绿色的，但是经过几个小时的氯气“浸泡”，绿色的小麦已变成可以收割时的颜色，金黄一片。附近居民被紧急疏散到一高坡上。（配现场救援图片）

通过比较，两段材料之间存在着以下的差别：从内容上看，材料 1 与材料 2 相比，材料 2 涉及的事件更生活化，发生的时间也是事隔不久，因此与学生的现实生活更加贴近；从形式上看，材料 2 图文并茂、生动直观，更容易吸引学生的注意力；从应用上看，材料 1 只适合引入新课，而材料 2 不仅用于导入新课，还可以将其内容进行分解，成为氯气的性质的教学切入点；从人文素养的培养上看，材料 1 和材料 2 虽然都说明了氯气的有毒性，但是如果氯气用于生产则只要在生产中、运输中注意安全，危险是可以避免的，这样就不失时机地对学生进行了安全教育。而材料 1 把氯气用于战争，是该受到世人谴责的行为。综上所述原因，选择材料 2 更为适合。

分析材料 2 这段新闻报道的情境材料，体现了氯气的哪些物理性质呢？它表现的物理性质分别有颜色、气味、状态、沸点、密度、水溶性、毒性等性质。那在化学性质方面，应该去思考哪些呢？比如氯气能与碱发生反应，但是液氯不能与铁反应，氯气具有漂白性。

很明显，在这个情境教学中，本节关于教学氯气性质的所有知识点并不是很全面，因此，在主题情境的基础上，还要补充辅助情境，这样才能更全面地探究氯气的性质。

氯气这节所涉及的性质及相关实验比较多，由于氯气与水的反应是本节的一个难点，因此，在此处对于消防人员用水枪喷射适当深化，这样氯气与水反应的引入就很恰当，也很自然，学生也乐于继续探讨。

教师引导学生思考：在这次氯气的泄漏事故中，消防人员用水枪喷射的方法来尽快消除和降低氯气的危害性，那么，氯气是只溶于水呢，还是要与水发生化学反应？展示一瓶氯水，并设置以下问题：氯水溶液是什么颜色的？这说明了什么问题？氯气溶解于水时是否发生了化学反应呢？如果发生了化学反应，可能生成哪些产物？如何证实？学校所在地的自来水的杀菌消毒是用的液氯，你能说说自来水遇哪些化学试剂会发生反应吗？

情境教学设计应用于化学教学，是现代教学设计观念的重大进步。但是它毕竟只是一种而不是唯一的一种教学设计途径，明确情境教学创设的目的，情境教学切忌虚构情境，偏离实际。真实的情境是有血有肉的，能使学生易于体会、理解，能提高学生的学习兴趣，促进学生能力发展。而为了某种教学目的而有意虚构的情境，就脱离实际情况，缺乏说服力，可能会导致学生走入某些误区。

【问题探讨】

1. 情境教学材料的选取和处理除了上述需要注意的问题之外，你认为还要注意哪些问题？

2. 回到中学课堂上，认真听课后，点评授课教师情境教学创设的优点和不足，写出你的评价报告。

8.6　化学课堂情境创设实训

8.6.1　实训目标

通过实训掌握中学化学课堂情境教学创设的基本要求和内容，能根据不同的课程要求、不同的教学内容和不同层次的学生创设有针对性的情境教学，同时对新课程理念中改变传统的教学方法有更加深入的理解。

8.6.2　实训内容

选择《高中化学（必修 1）》和《高中化学（必修 2）》两本教材为训练内容，分两个阶段进行，这两个阶段分别是：第一阶段为到中学听课，在听课的同时对于中学老师的课堂情境教学创设的精髓适当地吸取，并从中找到不足之处，从中提取优点来提高自己的课堂情境教学创设水平；第二阶段主要进行同学间模拟教学然后自己授课，采用的形式为同伴互助交流，并通过让同学评价、自我评价和反思有机结合，从而达到提高课堂情境教学创设能力的效果。

8.6.3　实训程序

制订好要实施的计划，并且按计划实施实验实习安排等实践活动，见表 8-2。

表 8-2　实验安排表

制订实施计划，按计划实施实验实习安排。查找资料，备好详案，和小组同学们研讨后修改，并在指导教师的指导下进一步完善教案。联系相关中学，实地讲课，再由指导教师和同学评价，根据评价修改并反思，写出总结报告		
活动流程	具体步骤	
准备阶段	制订计划，详细安排	与导师和同学交流
	查找资料	多途径开展课题研究
实施阶段	备教案	根据实际水平完成方案
	与导师和同学交流，修改完善教案	分析信息和交流后，确定最佳方案
	上课	实战演练
	与指导教师和同学交流，听取意见	实验后，分析交流结果
评价阶段	自主评价	分析自己的成绩和不足，写出分析报告
	同学评价	小组成员交流意见，分析结果
	撰写总结报告	征求导师意见，分析结果，形成报告

通过查找资料，备好详案，和小组同学们研讨后修改等过程，最后的完善教案在指导教师的指导下进行。可以联系相关中学，进行实地讲课，在指导教师和同学评价下，修改并反思后写出总结报告。

8.6.4　示范训练

根据新课程标准的核心理念，情境创设的立足点是促进学生发展，并且要增进学生兴趣、让学生主动参与、极大程度地激励学生进步、提高课堂效率等，要突出科学探究的过程。

以实验为创设问题情境的手段，是教师通常会用到的方法。学生通过实验场景描述，通过观察找出问题、分析、讨论、找到解决问题的方法，实验、收集数据、交流、结论的过程，将会锻炼学生严谨的逻辑思维，增强学生团结协作的能力。

【案例】“Na_2O_2的性质”情境教学创设案例

【教学目标】

1. 知识与技能：了解 Na_2O_2 的物理性质，掌握 Na_2O_2 的化学性质，了解 Na_2O_2 的用途并尝试运用 Na_2O_2 的知识解释一些简单的社会生活中的问题。

2. 能力与方法：强化学生自主猜想、自主设计、自主实验的"三自主"探究学习方式的运用，体验科学探究、主动获取知识的过程。

3. 情感态度价值观：养成乐于参与、勤于思考、善于合作、勇于探索、敢于质疑的学习习惯；增强研究意识、问题意识。

【情境创设】"Na_2O_2的性质"情境问题设计。

①大家都知道，水是能灭火的，但有同学见过水能点火吗？（演示水滴到包有 Na_2O_2 的脱脂棉上，脱脂棉燃烧，引起同学们的好奇心。）②为什么能燃烧？燃烧的条件是什么？③推测 Na_2O_2 与水反应的产物是什么？如何加以检验？试写化学方程式。④哪些元素的化合价发生了变化，指出氧化剂与还原剂，并用双线桥或单线桥表示电子转移方向和数目。

"Na_2O_2 的性质" 教学情境创设评价：利用学生认知之间的不协调，该案例创设了一个有趣的情感环境和良好的认知环境来调动学生的兴趣。让学生作为探究学习的主体，在教学中引导学生提出问题："水能点火吗？为什么能燃烧？燃烧的条件是什么？推测 Na_2O_2 能与水反应的产物是什么？如何加以检验？" 这些问题逐一引起学生的注意。学生可以先进行猜想，再讨论实验方案、进行验证，这样将会让学生体验知识的生成过程，培养学生的科学素养和实验探究能力。

8.6.5　实训作业与实训报告

通过学习，要求掌握中学课堂情境创设教学的原则和要求，能够在教学内容上选择恰当的情境材料，情境创设达到与三维教学目标、教学内容的有机统一，选择《高中化学（必修 1）》或《高中化学（必修 2）》的内容进行自主检测。

1. 题目

无机非金属材料"硅"的教学设计。

2. 实训报告

	自主填写内容	同学评议	导师指导
教材分析			
教学目标			
设计理念			
情境创设			
评价及反思			

3. 总结

本节教材在教学设计方面的注意点：①在教材分析中要注意新课程与传统教材的差异，加大各种材料在社会生活中应用介绍的力度，对于培养学生的科学素养有着重要意义。②在教学目标的定位上要避免重知识目标而轻其他目标，应该注意"知识与技能、过程与方法、情感态度价值观"是新课程改革的重要标志之一。③设计理念要改变过去重知识传授的影响，要加强课程内容与学生生活以及现代社会科技的联系，关注学生学习兴趣，"从生活走进化学，从化学走入社会"。④情境创设对本节教学内容来说，既要引发学生兴趣，更要与教学内容统一。而本节情境材料内容丰富，一定要注意取舍，避免对教学的干扰等影响。⑤最后，作为教师应该清醒地认识到的是：学生离开学校时重要的不是带走什么知识，更该关注的是他们能带走的是什么精神。

【问题探讨】

1. 如何评价教师情境教学创设是否恰当？

2. 对中学化学必修教材中某章节知识内容进行情境教学创设，请同学评价，并让导师指导，找一找，查一查，自己在情境创设方面还有哪些问题。

【资源链接】

中国知网查询"情境教学"情况。

1	高中化学课程改革背景下的情境教学研究	张弛	南京师范大学
2	新课程背景下情境教学的比较教育初探——英国《索尔特高级化学》教材的研究	林菲菲	南京师范大学
3	新课程理念下中学化学情境教学研究	郭姿英	华中师范大学
4	中学化学情境教学的误区及其思考	黎冬梅	广西师范大学
5	创设有效情境　激活化学课堂——浅谈新课程背景下高中化学情境教学	曹磊	读与写（教育教学刊）
6	高中化学教学中实施情境教学的研究	韩佃贞	山东师范大学
7	高中化学课堂教学中实施情境教学的研究	刘俊泰	西北师范大学
8	提高高中化学情境教学有效性的策略	陈继华	宁波大学
9	高中化学情境性试题与化学情境性教学环节策略的研究	岳云华	广西师范大学
10	高中化学课堂中情境教学的实践研究	何亚娟	南京师范大学
11	高一化学教学中实施情境教学的实践研究	方婷	福建师范大学

参 考 文 献

陈崎，刘德儒. 1997. 当代教育心理学[M]. 北京：北京师范大学出版社.

丁永霞. 2010. 化学探究教学问题情境创设的实践与策略[J]. 中学化学教学参考，（8）：33-34.

付三荣. 2011. 论情境教学的创设与实践[J]. 中学化学教学参考，（11）：24-25.

盖立春，郑长龙，王宇. 2009. 专家——新手教师化学课堂教学对话特征的比较研究[J]. 化学教育，（5）：36-38.

甘娜. 2008. 情境教学创设的理论依据与方法[J]. 文学教育，（10）：79.

黄明远，王祖浩. 2010. 创设问题情境，启发自主探究，提升科学素养[J]. 化学教育，（7）：16-17.

李国兴. 2007. 新课程下情境创设在化学教学中的实践研究[J]. 教育实践与研究（中学版），（1）：56.

潘家永. 2011. 例谈化学教学中有效问题情境的创设[J]. 中学化学教学参考，（10）：18-19.

濮江，彭蜀晋. 2012. 中学化学情境教学模式研究[J]. 中学化学教学参考，（1-2）：3-5.

盛定国，吴思杰. 2008. 中学化学新课程与教学研究——特级教师解读新课程[M]. 杭州：浙江大学出版社：146.

苏香妹. 2011. 有效课堂问题的编制策略[J]. 中学化学教学参考，（11）：14-16.

孙宪启. 2008. 探究实验设计 引领新课学习——浓硫酸的性质教学设计[J]. 化学教学，（7）：43-46.

王金莲. 2009. 问题教学法的理解运用[J]. 中学语文，（21）：26-27.

吴琼，崔峰. 2009. 新课程理念下的中学化学课堂教学探索[J]. 化学教育，（5）：20.

伍小兵，田贵荣，尹团结. 引领学生从"泄氯"事件中研究氯气——高一化学《氯气的实验室制法和氯气与水、碱的反应》的课堂实录[J]. 教育科学论坛，（10）：41-45.

相佃国. 2012. 化学课堂教学中的创设情境的方式[J]. 化学教育，(8)：23-25.
肖川. 2000. 重新认识教学过程[J]. 中小学教学研究，(4)：7-10.
谢妲娜，董素静. 2010. 知识问题化、问题情境化、教学设计理念的实践与反思[J]. 中学化学教学参考，(1-2)：16-17.
叶一舵. 2004. 新课程背景下的公共心理学教程[M]. 北京：高等教育出版社.
由佳. 2009. 主题式情境教学在化学教学中的应用[J]. 化学教育，(5)：18-19.
余文森. 2006. 论情境教学的主要类型[J]. 教育探究，(3)：56.
袁振东，张锦. 2012. 高中化学教学中进行食品安全教育的案例分析[J]. 化学教育，(7)：32-34.
曾丽琴. 2011. 课堂情境问题教学法在高中教学中的有效应用[J]. 福建基础教育研究，(2)：15.
赵辉. 2004. 初中历史课堂教学情境创设的探索[D]. 长春：东北师范大学.
中华人民共和国教育部. 2003. 普通高中化学课程标准[S]. 北京：人民教育出版社：2.

第 9 章　师范生化学课堂调控组织能力的培养与提升

学习目标：①了解课堂组织与调控能力的定义与特征。②理解课堂组织与调控能力。③能够利用课堂组织与调控技能进行尝试教学。

课堂是教学工作的主阵地，教师的教、学生的学绝大部分是以课堂教学的方式实现的。一堂课能否收到预期的效果，除了与教学内容、教学手段有关外，更要看教师如何组织好课堂教学。组织好一堂课，可使课堂生动有趣而井然有序；否则，课堂可能是沉闷混乱，学生不爱学或学不下去，因而严重影响课堂教学质量。

课堂调控就是教师驾驭学生的课堂学习并形成课堂积极氛围的教学管理艺术。从课堂教学的实际情况看，完全可能出现千变万化的情况：教材内容有所不同、学生对教材各部分理解程度不同、学过知识的遗忘程度不同等多种情况。这就要求课堂教学绝不能生搬硬套条条框框，应视其具体情况作具体分析，对课堂进行有效的组织与调控。

课堂教学调控、组织的效率直接影响着教学质量的高低和教学效果的好坏，教师是课程实施与课堂教学中最直接的参与者，教师的态度、素质、适应性及能力水平是一个关键性因素，因而，课堂教学调控策略的掌握运用是每位化学教师必不可少的素质之一，组织课堂教学既是教师的基本技能，也是一门艺术。因此，中学课堂调控组织能力的培养与提升对于中学化学教师来说是一项至关重要的任务。

9.1　中学化学课堂调控组织能力的概念及其特征

9.1.1　中学化学课堂教学组织形式简析

1. 教学组织形式的发展历程及其特点

教学是通过一定的组织形式实现的，为了达到教学目的，怎样把一定的教学内容教给学生，怎样组织好学生，怎样有效地利用教学的时间和空间，怎样发挥教学设备的作用等，都是教学组织形式要解决的问题。在社会历史进程中，由于社会各阶级对人才需要的不同，科学技术发展水平的不同以及所采用的教学内容、教学手段的不同，教学形式也有所不同。教学组织形式从古至今经历了个别教学、固定的分班教学等形式，另外随着科学技术的发展，许多国家重视选拔和培养高才生，强调适应个别差异，注意加强个别教学，在教学组织形式上进行了很多改革试验。如实行按智力、能力分班分组进行教学，将固定的班级改为有弹性的学级编制，实行跳级制、中学设选修课等。当前我国经常采用的教学形式有课堂教学、现场教学、个别辅导等，但是课堂教学是现阶段我国教学的基本组织形式。

2. 新课程背景下中学化学课堂组织形式的特点

新课程背景下的中学化学课堂，应该是师生关系良好、合作气氛浓厚的课堂；应该是学生学习气氛热烈、个性充分张扬的课堂；应该是知识价值不断被挖掘、探究精神充分彰显的课堂；应该是教师开拓进取、素质不断提高的课堂。为此，教师在课堂教学中，应该准确把握教学规律，适时应对教学中可能存在的种种棘手的问题，精益求精。

3. 新课程背景下中学化学课堂教学组织的理念

根据《新课程标准》的精神，中学化学课堂教学组织应该遵循如下几个理念：

1）着眼于学生的发展

在中学化学课堂教学中，不但要建构有利于学生终身学习必备的化学基础知识和化学基本技能，使学生理解科学过程和学习科学方法。还必须着眼于学生潜能的唤醒、开发与提升，着眼于学生的全面发展。同时要注重学生的情感、态度和价值观的培养，关注学生的生活世界和学生的独特需要，促进学生有特色地发展，关注学生的终身学习的愿望和能力的形成，使学生全面、健康、和谐、有个性地持续发展。

2）教学要面向全体学生

教学要面向全体学生，就意味着要承认学生的个体差异。学生个体之间的差异是绝对的，共性是相对的，在教学过程中要体现到学生的个性差异，充分调动每个学生的积极性，使每个学生的潜能得到充分发挥。只要努力，学生在原来的水平基础上都能有所提高，得到发展。

3）培养学生学习力的竞争

人才的竞争是学习力的竞争，而学习力的要素包括学习动力、学习毅力、学习能力三个方面。动力是由目标产生，毅力是由意志决定，能力是靠培养的。因此，在高中化学课堂教学中教师要培养学生学习力的竞争。

4）注意师生之间的合作、交流

教学过程不仅是学生学习知识和技能的“内化”过程，也是学生情感和体验的“表达”过程。师生之间、学生之间应积极互动、交流与合作，能够为学生既获取知识，又获得积极的情感体验提供一个宽松、理解、友爱、主动参与的课堂环境，从而建构师生积极互动、共同发展的教学关系。

5）突出科学探究教学

科学探究的最突出特点是把教学过程视作“探究科学”的过程。这种探究是科学的特征，也是科学的素养。在教学中创设一种类似于学术（或科学）的研究情境，通过学生自主、独立地发现问题以及实验、操作、调查、信息搜集与处理、表达与交流等探究活动，使学生体验科学研究的过程，激发学习化学的兴趣，强化科学探究意识，促进学习方式的转变，在实践中培养学生的创新精神和实践能力。

6）提高课堂教学效率

现代课堂教学追求的是有效教学，以尽可能少的时间投入和精力消耗，让学生收到尽可能多的实效。化学课堂教学中应体现化学教学方法的优化和化学教学手段的现代化，实现化学课堂教学的优质高效。

4. 新课程背景下的几种主要的教学组织形式及其特点

新课程背景下，中学化学教学倡导多样化的教学方式，以探究为主，进行自主、合作的学习，在教学的过程中，在班级教学的基础上，辅助以小组合作、个别辅导等教学方式，不同的教学组织方式在新的背景下又出现了不同的特点，以下介绍其中几种教学组织方式。

1）自主、合作、探究学习方式

其特点是：以自主学习为主体，大量增加主动学习分量；以合作学习为手段，积极尝试小组学习途径。探究学习以探究为目的，培养学生的主动学习、勇于创新的精神，要学会质疑问难，学会求异思维，珍视独特理解。

在这个过程中组织、指导探究的关键是选择合适的教学组织形式。其教学组织形式主要有：在教师指导下的探究学习、以学生个人为主的探究学习、小组合作式探究学习、完全开放的探究学习等。另外还要选择合适的教学内容、选择合适的教学场所、创设探究的必要条件、精心设计探究过程等。

组织探究教学的过程为：编好学习小组（组间同质，组内异质）；培养好小组长，提高小组学习效率；每节课安排 10 分钟左右的时间进行小组学习；安排好小组学习的基本程序，基本模式为目标定向—独立学习—小组讨论—组际交流—评议小结—巩固测标；小组讨论的形式有比较补充式、辩论式、连锁式。

2）小组学习策略

该教学组织形式的特点：目标明确、内容自选、动静结合、把握时机、时间充足、评价全面。另外还需要明确如下几个方面：

（1）小组学习的主要阶段：个别活动，由学生个体单独完成的活动；小组活动，由小组通过分工合作共同完成的活动；集体活动，由全班学生一起参与完成的活动。

（2）小组学习的活动内容：主要是围绕化学教学内容而设计和展开的一系列化学学习任务。

（3）化学学习活动过程中的指导：一种是个别指导，针对个别学生表现出的问题或存在的疑问所进行的指导；另一种是集体指导，针对全班学生的共性问题所进行的指导。

3）讨论法

讨论是集体成员之间的多面信息交流。讨论活动以学生自己的活动为中心，每个学生都可在一定范围之内自由地发表自己的见解，通过反馈信息的获得，逐步调整自己的观点，最终获得对问题的全面理解。

组织讨论的难点在于控制讨论的方向和时间；教师要围绕教学目标，精心地设计讨论题；让学生理解讨论题及其意义，充分准备；鼓励学生积极、大胆地发言；掌握时机、积极引导；讨论结束时要作出小结。

9.1.2　中学化学课堂调控组织能力

1. 中学化学课堂调控组织能力的概念

调控，按照哲学的解释，是调整与控制。调控的实质是营建和维护学习对话场，调控意味着一种新的教学观的确立，即把教学建立在有效学习的本位上，从而使教学最终脱离预成性的表演。课堂调控是指教师在采集到学生信息的基础上对教学过程、教学环节和教学事件有意识地把握、引导、调整和控制，是对课堂适时的引导，是因势利导。

2. 传统中学化学与新课程课堂调控能力的区别

课堂调控不是把课堂死死地控制在教师的手里，不是牵着学生的鼻子走，更不是让课堂放任自流，随心所欲。随着社会的发展和教育目的的改变，中学化学课堂调控组织的概念也发生改变，新课程背景下的课堂调控组织出现了与传统的课堂调控组织所不同的意义。

传统教学中的课堂调控，其目的往往仅指向于学生的知识技能的获得，把学生当知识的容器，没有把学生当成学习的主人，学生所处的地位完全是被动的，是被老师牵着鼻子走的。这样的调控往往是生硬的，是不注意学生的感受的。

新课程强调学生是学习的主人，强调自主、合作、探究的学习方式。但是，新课程不是否定教师的主导作用，不是不要教师积极的引导。实施新课程，并不是说课堂就可以放任自流，学生想怎么学就怎么学，想学什么就学什么。“没有规矩，不成方圆”。新课程更需要课堂调控，比如：小组合作学习，中间更需要教师有调控的技巧，对小组合作中学生的学习方式加以引导。但是，这样的调控更需要技巧，对教师提出了更高的要求。

新课程赋予了课堂调控新的含义。新课程背景下的课堂调控，要求老师心中有学生，尊重学生学习的主体地位，要求教师在调控中不仅关注学生知识、技能的获得，更要关注学生情感、态度、价值观的生成和培养。因此，新课程关注对课堂情景的调控，关注对学生学习兴趣的激发和培养。新课程背景下的课堂调控，其目的指向是人，是学生而不是知识。新课程的课堂调控，重在对学生、对课堂情景的“引”和“导”。同时，调控是手段，也是教学的资源。通过调控，可以丰富和完善教学预设，使教学更有成效。

课堂调控中教师的主导作用和尊重学生学习的主体地位并不矛盾。主导是为主体服务的；学生知识与能力，情感、态度与价值观的培养离不开课堂调控。强调教师在调控中的主导地位，并不是否定学生的主体地位。二者的目的是一致的，都是为了促进学生的发展。教师的主导是为学生服务的，教师的一切活动，其最终目的，指向的是学生主体的发展。

9.1.3　中学化学课堂调控组织失控概念以及表现

教学失控，是指课堂教学中由于教师主观因素的影响，使教学机制不能正常运行，导致课堂教学没能达到预期的目标。体现在以下几个方面：

1. 量的失控

量的失控即教师所设计的教学内容数量密度、练习难度等偏离教学大纲，没有抓住重点、难点，没有紧扣教学目标，致使在教学过程中出现了量的失控。

为了避免量的失控，教师在备课时，要根据本课内容认真钻研大纲，抓住重点、难点，紧扣教学目标要求，在合理设计教学结构和选择最佳教法的同时，要考虑到教学内容的数量密度适中，巩固练习题组设计有层次、有梯度，但不出偏题、怪题、过深或过浅的题。

2. 度的失控

度即教学速度和训练强度，为了避免度的失控，导入新课要快，讲授新课稍慢，在巩固练习的训练阶段，其训练的强度既能达到学生认知规律所能承受的程度，又不至于过分超重。

3. 法的失控

为了避免法的失控，教师在教学中一旦遇到违纪现象，要及时简短地正面教育或者冷处理——课后解决。

4. 情的失控

为了避免情的失控，教师在教学中，应有意识地发挥学生非智力因素的潜在功能，捕捉学生哪怕是一闪即逝的闪光点或某种良好的学习习惯，并给予及时的鼓励，最大限度地激发学生的求知欲望。

5. 知的失控

为了避免知的失控，教师要全面掌握教学教材知识的纵横结构，形成知识网络，真正理解每节课内容的内涵和外延，做到横有广度、纵有深度、成竹在胸，教学中运用自如、不乱分寸，能驾驭教学。

9.1.4 中学化学课堂调控组织的特征

1. 组织调控的主体具有明确性

在中学化学课堂教学中，教师是调控的主角，教师不能丢掉对课堂的调控权，但调控也不是牵着学生的鼻子走。教师是调控的主角，是课堂调控的主导者，调控的主动权在教师。做好对课堂的调控是教师义不容辞的责任。调控是有策略和技巧的，课堂调控是教师教学能力和教学机智的集中体现，是对课堂驾驭的技巧。

2. 组织调控的客体具有明确性

调控是有目的、有意识的；调控必须尊重学生的主体地位，符合学生的认识规律，抓住学生的心理特点，要切合学生的认知水平，不能是对学生、对课堂的绝对控制，防止对学生活动控制过于严，使学生失去主动性和独立性；调控必须做到心中有学生，不是心中只有书本。调控不仅指向知识与技能，更要指向学生情感、态度与价值观。调控是收、放不乱，是在尊重学生前提下的适时引导。

3. 组织调控的目标具有方向性

任何一节课的教学都要在新课程理念的指导下进行，即每一节课都要围绕一定的教学目标，不能出现偏离。新课程背景下的中学化学课堂教学，教师的任务不仅仅是将知识传授给学生，而是要培养学生的主动探究能力以及自主合作的学习能力，在掌握知识的基础上培养学生解决问题的能力以及创新能力。所以，教师的调控要有效调动学生的积极性，促使其发挥主观能动性，不但能够正确认识理解每一个知识点，而且要养成良好的学习习惯和掌握学习方法。

4. 组织调控的策略具有可实施性

调控是一种有目的性的课堂教学行为，其目的性来自于教学的核心价值，即催动并保持学生的学习；也来自于对学生当前学习状况的认知。

5. 教学调控具有动态性、发展阶段性

教师在选择组织调控策略的时候，不仅要从理论的方面考虑，而且要了解每一个班级的具体情况，从实际出发，制定切实可行的策略。

9.1.5　有效地发挥中学化学课堂教学调控组织的作用

课堂调控是实现教学目的的重要手段，是使预设与生成相得益彰的前提，是教学有效性的重要保证。没有调控，课堂将变得无序而混乱，课堂教学的目的将无法生成。

1. 能快速有效地转移学生的注意力，调动学生的学习积极性

学生注意力在课堂上是动态变化的，一般情况下中学生比小学生注意力保持持久，高中生比初中生持久，但是，无论如何，学生都只能保持一段时间，不可能一堂课都可以专心致志地听课。有效的课堂组织可以防止学生注意力的分散，用课堂活动、

游戏让他的注意力快速转移到学习中来，让学生“收心”，调动学生学习积极性，提高其学习兴趣。

2. 能迅速完成学生的学习情绪准备，引起学生的学习兴趣

学生在课间休息的10分钟里，因为处于课间活动期间，其情绪的波动性相对起伏较大，比较兴奋。上课以后，其学习情绪难以在短时间内形成，需要教师的有效组织，使学生情绪迅速转入到学习状态，迅速进入最佳情绪状态，精神焕发地准备上课，取得良好的教学效果。在上课过程中，学生的情绪也不能一直处于高度兴奋状态，当学生进入情绪低谷，比如想睡觉等，教师要有效地调控，让学生情绪继续保持在学习高涨期，比如可以请学生进行讨论、发言等，进而保证整堂课都能调控学生的学习。

3. 能有效地促进师生间的情感交流，激发学生的学习动机

教师不仅仅是“传道、授业、解惑”，还要善于跟学生进行教学情感的交流，而教学组织正是架起师生情感沟通的桥梁。心理学表明，只有学生产生喜欢教师的情感，深切感受到教师的关心后，才更能“亲其师”、“信其道”，更能适应教师在课堂上的教学行为，主动获取教师传授的知识信息，从而激发学生自己巨大的学习动机。

4. 能有效加强学生的纪律心理训练，培养学生的良好习惯

“没有规矩，不成方圆”，课堂教学也是这样，对学生进行课堂纪律的培养对于搞好组织教学相当重要，因为纪律的作用不容小觑。纪律有利于规范学生的学习行为，促进学生个性健康发展；纪律有利于促进学生自我情感的控制和良好公众意识的形成和发展；纪律有利于促进学生公共道德品质的提高。纪律只有经过长期的训练、坚持才能内化成学生的优秀品质，才能为学生的学习创造一个相对安全、安静、和谐的环境。

9.2 中学课堂组织调控的类型

按照不同的分类标准，课堂组织调控可分为不同的类型，例如，按照调控的情景模式可以分为对疲劳的调控、对关注的调控、对课程转换的调控；按照调控的阶段模式可以分为对导入的调控、对操练的调控、对接受学习的调控、对探究学习的调控；按照调控的手段不同可以分为教法调控、兴趣调控、语言调控、情绪调控、反馈调控、机制调控、时间调控、内容调控等，下面主要以调控手段的不同对调控的类型进行简单的介绍。

9.2.1 教法调控

化学课堂教学的调控机制，就是对学生涣散的注意力进行人为干预，刺激学生注意力，使其回归到学习的状态。教师的课堂调控方法要讲究多样性和新颖性，不能只用一

两种方法，时间久后，学生就有“抵抗力”而产生疲劳感；教师调控还要注意课堂教学设计中教学手段使用多样化，如在学习中，可以设置自学、思考、讨论、训练、交流、实践，积极调动学生主动学习的热情。

9.2.2　兴趣调控

兴趣是指一个人力求认识某种事物或从事某种活动的心理倾向。例如，一些体育迷，一谈起体育便会津津乐道，一遇到体育比赛便想一睹为快，对电视中的体育节目特别迷恋，这就是对体育有兴趣。一些老京剧票友们，总喜欢谈京剧、看京剧，一遇京剧就来劲，这就是对京剧有兴趣。兴趣是学习最好的老师，学生学习兴趣尤其如此。作为教师，要经常研究自己学生课堂学习的兴趣点，知道他们喜欢什么样的课堂、喜欢什么样的教学方法、喜欢什么样的教学组织形式，教师潜心研究，将这些学生的“兴趣”加入到教学过程的设计之中，争取以趣激疑，以趣激思。比如学生对化学实验很感兴趣，教师可以经常从实验入手，让学生在实验中集中注意力、观察、发现、分析、猜想、假设、设计方案、验证、交流、得出结论等，这样学生全程参与，其学习积极性和主动性就被调动，才能保持比较久的学习注意力。

9.2.3　语言调控

语言是人们交流思想感情的工具。语言如何运用、运用得如何，是人与人交流效果最为重要的影响因素。在教学中，师生交流的主要媒介大多数通过语言进行，因此教师语言感情丰富、准确清晰、发音标准、简明扼要、生动形象、语速适中、富有节奏感、富有感染力、能抑扬顿挫才能引起学生情绪高涨、情感共鸣，乐意接受教师讲授的知识信息。

9.2.4　情绪调控

情绪调控一般包括教师的情感调控和学生的情感调控两个方面。

教师是成人，需要完全调节自己的情感，对自己情绪加以管理和约束，不能把生活中不良情绪带进课堂，始终要保持饱满、精神、激情，去感染学生的情绪，达到师生和谐共进，享受课堂教学的乐趣。同时学生也存在情绪调控问题，教师要时常仔细观察学生听课的神态、表情，了解学生情绪状态，对学生的情绪进行潜在的调节。

9.2.5　反馈调控

教师还要善于及时捕捉学生的听课情绪、神态等间接的反馈信息，透过学生的眼神、情态去识别他们丰富的表情语汇，透视出他们灵活跳跃的思想火花，从中推测和判断他们对教师输出的知识信息是否理解、满意、有兴趣、有疑问，从而迅速调整教学措施，并将教学继续引向深入。

9.2.6 机智调控

在化学课堂教学中，有许多生成性问题发生，这些问题事发前毫无征兆，属于偶发事件，但是对于如何合理处理这些“突发事件”，对教师的机智调控提出很高要求。如果教师处理得当，将会赢得学生的加倍尊重和佩服，否则，将会造成多方面的不良影响。

案例一:

有一次，上课铃响过，我走进教室，发现一位学生正在擦黑板，粉尘弥漫，还有不少学生仍大声吵闹。我正要训斥学生，忽然想到这节课是讲环境保护，便借题发挥，幽默地说：“同学们请看，这里粉尘飘飘洒洒如瑞雪，教室吵吵嚷嚷像闹市。”学生默不作声，面面相觑。我若无其事地继续说：“在这种环境中学习能行吗?”学生随口答道：“不行!”“那么，怎样保护好我们的环境呢?今天，我们就来学习环境的保护。”这样，乱糟糟的教室却成了我借题发挥导入新课的话题，既教育了学生，维护了课堂教学秩序，又激发了学生的求知欲望。

案例二:

化学课堂教学是师生的双向活动，有时学生会提出一些意想不到的问题，教师乱答不行，不答也不行，如何处理呢?这就要靠教师的教学机智了。如果是稍加考虑就能解决的问题，不妨先把问题抛给学生：“这个问题提得很好，有谁能回答吗?”教师迅速利用这个“时间差”，调整思路，寻求正确答案。如果问题难度太大，教师暂时无法解决，也可说“这个问题三言两语讲不清楚，为了不占用这堂课的教学时间，下节课我们来共同探讨。”这样，教师可争取课后的时间查资料解决。总之，化学教师运用教学机智，随机应变地巧妙处理课堂上的突发事件，也是一种对化学课堂教学实施调控的教学艺术。

9.2.7 时间调控

包括时间程序控制、讲课速度控制、课堂始终控制等几个方面。课堂教学的时间程序控制，应根据学生的学习特点和教师的教学风格灵活掌握，或者先分析后综合，或者先提出主要问题后分析等；课堂教学速度的控制要适当，避免过快或过慢，语速变化要随着内容抑扬顿挫，娓娓动听，讲到重要字句时，语速要相对拉长一些；课堂教学的始终控制应注意：上课开始时，不要急于讲内容，要稍微停顿一下，以消除学生的紧张情绪，排除课间带来的干扰；讲课结束时，要力戒拖堂。

9.2.8 内容调控

一堂课的知识可能是系统的，也可能是松散的，这就需要教师把教学内容组织成连贯的整体，充分考虑知识的衔接、延续、转折，使知识系统而不死板、松散而不混乱。

内容调控包括讲练控制、疏密度控制。课堂 45 分钟要做到讲练结合，定时、定量地让学生预习、练习、复习，及时质疑答疑。课堂教学内容的疏密度要适当，教师既要在尽可能短的单位时间内，给学生尽可能多的有效信息，又要给学生留下消化、吸收、融会贯通的时间；课堂教学内容的随意性要有度。有经验的教师往往有这样的体会，对预先安排好的教学内容，教学时做些适当的引申或增删，往往能增加课堂教学的创造性。但增删、引申要有一定限度，否则，就会影响课堂教学的正常进行，影响教学质量。比如，在知识中巧妙地穿插一些精彩实例或小故事，并运用精妙的语言进行衔接和转折，使学生的注意力在知识的过渡中得以集中，学生才会对知识产生浓厚的兴趣，不至于分心他用，影响教学过程。

9.3　中学化学课堂组织调控的策略

教师要对课堂教学进行有效的组织与调控，必须关注每一位学生，巧妙地运用各种语言和非语言的手段，使课堂教学有条不紊地进行，并努力调动学生的注意力，激发学生的学习情感，使学生在愉快轻松喜悦的心境中全身心地投入到学习中去。

调控的一般操作流程是：判断—策略—影响，因此，要有效地进行课堂组织调控，不仅要采用适当的组织调控策略，而且还要准确地进行判断，分析好各个因素。调控策略的几个心理基础：学生的表现本能、好奇本能、创造本能。

9.3.1　有效地进行课堂教学组织调控的准备工作

教学过程是动态的，学生个体之间的知识水平、能力水平和思维方式具有差异性，因此，学生在教学活动中做出的反应有时会与教师预期教学设计不相吻合，此时，教师必须根据教与学的实际运作而随机调整自己的教学进度、教学要求、教学策略和方法，即在师生双方的信息交换过程中，形成一个教学控制系统，不断地进行反馈与调节，从而达到预期教学目标。设计好预期反馈与调控对策应做好以下工作：

1. 课前充分准备

重视课前对学生有关教学内容方面认知状态的调查了解，比较全面地掌握学情，多设想学生可能提出的疑问，设计不同形式的教学方法和难易度不同的几组问题、思考题、练习题，以作备用，以满足不同层次的学生，一旦课堂上出现非常状况时可以及时做出调整。

2. 课堂善于观察

实施教学时，除了注意发挥学生的主体作用和调动他们的学习积极性外，还要善于观察，从学生的目光、表情和一举一动之中，判断出他们是否理解、是否学会，多质疑问难，引导学生提出问题，从中了解他们的思维动向，及时调整教学。

3. 课后善于反思

课后要及时自我总结课堂上教与学的情况，评价使用的教学策略是否适合学生的学习，应该在哪方面进行改进和完善，为今后的教学设计和课堂上的教学调控积累经验。

9.3.2 有效地进行中学化学课堂教学组织调控的策略

教师在教学中要以协调学生听课的注意力为目的，对他们的学习心态做出合理的判断，并采取相应的措施，以达到最佳的课堂效果。在课堂调控组织的过程中主要采取如下策略。

1. 表情示意法

在课堂上有的学生比较调皮，有时故意和老师作对，有时也故意用一些语言对老师进行挑衅。面对这样的情况，教者首先要沉着，千万不要发怒。这时可能所有的语言都是多余的，微笑是最有力的反击，嘴角一丝微笑，可令调皮的学生停止挑衅。

在上课的时候，会发现一些学生讲小话，开小差，这时课讲到一半，不好停下来，学生的行为又不能不管。这种情况下，可采用目视法，一面讲课一面用眼睛盯着这个学生，直到这个学生发现有双眼睛盯着他，把注意力集中到课堂上为止。

2. 走动示意法

有的学生，特别是坐在后面的学生认为距离老师比较远，开始做一些小动作。这时老师可以边讲课边走近他，走过他的身边时大声讲课。这时他肯定会知道自己的行为已被老师发现，马上重新投入课堂。因为不被批评，在悄无声息中被纠正，心理上也没有抵触情绪。

3. 变音示意法

有时有部分学生走神，或者做一些与课堂无关的事情，埋着头，根本没发现教师的目光。这时采用变声法，突然提高或者降低自己讲话的声音，那些不听课的学生肯定会被这样的声音所惊动，从而意识到自己已走神，因而回到课堂上来。这主要利用了心理学上的无意注意的原理，无意注意主要是在客观刺激物发生变化或新异刺激出现时所产生的对客观刺激物的注意。它表现为在某些刺激的影响下，人会不由自主地立即把感觉器官朝向这些刺激，并试图辨别和认识它。另外，声音的高低变化也能达到活跃课堂的目的。

4. 提问示意法

上课时有的学生开小差或做其他的事情，对所学的内容不放在心上。这时老师可以提问这个学生，这一问他可能不懂，但这样做一方面让他意识到自己的不对，又可让他知道其实他还有很多东西是不懂的，这个内容不可小看；也许他真的懂了，说明他预习得很好，可以给予表扬。有的学生做其他的事情，有他的理由，有时教师可能因为不够了解学生而导致误解了某个学生，使他们有抵触情绪，使用提问法会给老师一个回旋的余地。

5. 阶级导航法

教师要认真分析全班学生各个方面的差异情况，理清各个学生的所属层次。根据各类学生的认知水平，遵循可接受性原则，对不同层次的学生，制定出教学计划和施教措施。

（1）对于中差生，缩小学习梯度，放慢步子。要求他们对所学的知识通过努力能够掌握。避免要求过高，使他们望尘莫及，而失去学习信心。

（2）对于优等生，要适当提高要求，增大学习容量，提高学习密度，以充分发挥其才智，使其得以进一步提高。

（3）各尽其才，在全体学生均达到基础目标的基础上，发展每个学生的个性，促进其发展，以达到“抓中、带低、拔高”全面提高的教学目的。

6. 冷却法

有的同学上课不太认真听课，有时对他提醒得太多了，反而会引起他的厌烦，干脆对教师的话充耳不闻。这时老师要把握好尺度，在他不影响别的同学学习的情况下，暂时不管他那么多。实践中发现，这样的效果还是不错的，因为有的同学不学是有意与老师对着干的，你越是着急，他越有一种成就感，你突然不管他，他反而有种失落感。

7. 停顿法

上课时如发现有大部分的学生没有注意听课，讲小话，这时再讲下去也只是事倍功半，教者切不可为了完成任务，自顾自讲下去。这时我们可以停下来，一言不发，不听课的学生突然感到课堂有些异样，从而把注意力集中到老师的身上，老师可借机会对学生讲这个内容的重要性，从而顺利上课。这主要是运用心理学上的知觉的选择性原理。在教学中，原来教室里的同学们，没有发出任何声音，老师的讲课成为学生知觉的对象，其他的东西成为背景。教室里如果开始讲小话，而且人数越来越多，这时，老师的讲课将不再成为学生知觉的对象。如果老师停止讲授，看着同学们，教师的这一形象在嘈杂中得以突出，再次成为学生们的知觉对象，讲授可以继续了。

当然，驾驭课堂的方法有很多，也因各人的特点而异。课堂调控所使用的方法也不是单一的，有时可能同时用上几种方法才能奏效。只要我们在教学中不断摸索，一定会找到一套适合自己的方法，成功高效地完成课堂教学。

9.4 中学化学课堂调控组织能力的案例分析

9.4.1 案例一

1. 案例

在探究铵态氮肥的检验时，以生活实例导入——“一农户在储藏硫酸铵化肥时，把肥料和熟石灰紧挨着放在了一起。几天后，当打开储藏室的门时，一股具有强烈的刺激性气味的气体涌了出来，并发现肥料也硬固了，无法再使用了。农民非常伤心，但又解不开其中的原因。同学们知道其中的原因吗？”然后让学生进行分组实验自主探究。

实验步骤	现象	结论及化学方程式
1. 取氯化铵样品，向其中加入 NaOH 溶液微热		
2. 把湿润的红色石蕊试纸放在试管口		

平常很少做实验的学生们一下子都热闹开了，一片嘈杂。在我的声嘶力竭中，学生才能安静下来。虽然看上去这堂课学生的情绪始终是高涨的，但是是否学到东西不得而知。

2. 案例点评

一些教育书上说，“评价课堂教学乱不乱，要看学生的注意力，如果学生把注意力集中在学习上，形散神不散，这样的课堂教学就不叫乱，如果学生没把注意力集中在学习上，形散神又散，这样的课堂教学就叫乱。”

其实，像这样空热闹、假互动的案例在化学教学中并不少见。虽然一直倡导化学教育要摒弃教师机械训练，学生被动学习的化学教学模式，应该积极倡导让孩子多实践、多合作的游戏活动，让孩子在新教材的实验中、在课堂中获得更多的自由空间，使学生有更多的表现机会。课堂学习更要有规范要求，这是学习效果的保证。

3. 案例思考

在学生主体性越来越被强调的今天，许多教师在课堂上面对越来越活跃的学生感到无所适从，教师都遇到了相同的问题：课堂变得越来越难以控制，课时与教学任务产生了矛盾，一节课往往不能完成教学任务。我想这正是对教师自身素质和能力提出了更高要求。

为了让课堂教学真正地“活”，而不是“乱”，教师应该提高自身素质，尤其在“调控”上下功夫，让自己在课堂“调控”上游刃有余，提高课堂驾驭能力，真正处理好化学教学中“活”与课堂常规的关系。

9.4.2　案例二

那天，我像往常一样高高兴兴地来到教室，准备上《三角形的分类》一节。

刚出示了小黑板，我顺势往旁边的凳子上一坐，想休息一下。谁知还没坐稳，便一个趔趄摔向一边，全班哄堂大笑。我尴尬地看了一眼凳子，我的天，不知哪个调皮鬼，把凳子换了个“灵活型”的，两条腿之间没了固定的木棍。

我灵机一动，决定改变事先的教学设计，先不做练习题了，干脆以此为契机导入课堂。我说：“同学们，刚才老师摔了一跤，你能开动脑筋，或者通过小组讨论帮老师找一个原因吗？”话音刚落，学生就进入了热烈的讨论氛围中。“凳子旧了”、“凳子腿断了”、“凳子的横棍没了”。学生们开始只看到了问题的表面现象，但我都给予了肯定。接着，我引导道：你能帮老师加固一下吗？怎样加固最稳当？

学生七嘴八舌，议论纷纷，每个小组都在使尽全身解数进行研究。有的干脆用学具做起了板凳，然后又用各种办法去固定。经过几分钟的讨论，学生终于想出了办法，有的说两条腿之间加一根斜木棍，有的说加两根斜木棍。到底哪种方法最简单呢？学生又进入了紧张的辩论中。最后一致通过在两条腿之间加一根斜木棍就行了。

我又顺势提了一个问题：从这个现象你能得到什么结论？经过讨论，学生最后得出了三角形具有稳定性，四边形具有不稳定性的结论。

这节课虽然没有按书上的顺序授课，也没有完成教学计划，但我觉得学生通过自主学习真正地学会了知识，学生真正地在课堂上有所收获，是值得的。

9.4.3　案例三

有一次我正在上课，全班同学都在认真地做练习，突然有两名同学吵了起来。面对课堂上发生的意外，老师应该怎么处理？马上严厉的制止还是采取别的方法？我当时并没有马上拉下脸严厉地呵斥他们，而是笑着对全班同学说：“今天中午咱班肯定有人吃熊掌了，火气有点大。”当听完我的话，全班同学一片哗然，这两位吵架的同学也不好意思地低下头。

案例思考：学生正处于青春期，好动、好乐、好冲动是正常的，面对课堂内部学生制造的意外，老师不宜在课堂上停止教学，对这些制造意外的学生加以指责，而是应该采用发问、暗示制止等方法。教师如果能够巧妙地处理，不仅可以在课堂上占据主动，还能巧妙地活跃气氛。

9.5　中学化学课堂调控组织能力的实训

9.5.1　实训目标

师范生对教学中出现突发现象能够很好地处理以及能够对课堂教学进行很好地组织。

9.5.2　实训内容

观看课堂实录，对课堂中出现的问题进行思考，寻找最佳解决办法。

9.5.3　实训程序

（1）观看教学录像或现场观摩化学课堂教学或推选学生现场上课。
（2）对课堂教学进行分析，尤其是对课堂教学组织各方面进行详细记录。
（3）分小组相互交流探讨上课教师对课堂是如何组织的以及课堂组织效果。
（4）各小组组长代表小组进行汇报发言，教师进行评价及其总结。

9.5.4　示范训练

（1）由组内学生选课题进行课堂教学。
（2）小组同学进行听课记录。
（3）讲课同学自述课堂组织教学。
（4）同学给予讲课者在组织教学中的意见或建议。
（5）教师给予评价。

9.5.5　实训小结

对本次观摩课堂给予经验和教训上的总结。

9.5.6　实训作业与实训报告

写一篇化学必修教材内容的课程设计，以体现课堂调节和课程组织教学为主。

9.5.7　实训评价

对课堂教学的组织教学方面的评价元素进行思考，并制定出评价表单。

9.5.8　知识链接

（1）如何有效组织课堂教学

http：//wenku.baidu.com/view/27517dee551810a6f5248666html.

（2）课堂教学组织和教学评价研究

http：//www.cnki.com.cn/Article/CJFDTotal-KXZC 201205086.htm.

【问题讨论】

在真实课堂教学中，影响中学化学教学组织的因素有哪些？如何解决这些问题，请提出你的看法。

【资源链接】

◇资料卡片　教学组织◇

教学组织形式是指为完成特定的教学任务，教师和学生按一定要求组合起来进行活动的结构。教学组织形式不是固定不变的。随着社会政治经济和科学文化的发展及其对人才培养要求的不断提高，教学组织形式也不断发展和改进。

中国宋代以前的各级官学和私学，欧洲古代和中世纪的教育均采用个别教学，它是漫长的奴隶社会和封建社会中主要的，甚至唯一的教学组织形式。个别教学就是教师在同一时间以特定内容面向一个或几个学生进行教学。这种教学组织形式办学规模小、速度慢、效率低，但却能较好地适应个别差异。17 世纪以后随着班级授课在世界范围的普遍采用，个别教学就成为了教学的非主要组织形式。但在 20 世纪五六十年代，个别教学在欧美各国重新受到重视。

班级授课：17 世纪捷克教育家夸美纽斯在其《大教学论》中提出了班级授课制，即把一定数量的学生按年龄和知识程度编成固定的班级，根据周课表和作息时间表安排教师有计划地向全班学生集体进行教学的制度。19 世纪中期，班级授课制成为西方学校主要的教学组织形式。中国最早采用班级授课制是在 1862 年创办的京师同文馆，并在 1904 年的癸卯学制中以法令的形式确定下来。

导生制：18 世纪末至 19 世纪初，还出现过英国的贝尔-兰开斯特制，也称“导生制”。教师选年龄大些、成绩好些的学生为“导生”，先给他们讲授教材，再由他们转教其他学生，这种教学组织形式难以保证教学质量，所以它并未持续很久。

分组教学：19 世纪末 20 世纪初，为了适应现代生产的需要和现代科学技术的发展，为了调和阶级矛盾，一些资本主义国家延长了义务教育的年限，扩充和更新了学校的一些教学内容。一些资产阶级教育家为了适应儿童的学习程度，适应学生的个性差异，对班级上课制实行改良或改革的实践。属于改良班级上课制的是分组教学。分组教学又分为：①能力分组，学生学习的课程相同，学习的年限不同。②作业分组，学生的学习年限相同，学习的程度不同。属于改革班级上课制，进行个别教学的为温内特卡制、道尔顿制。温内特卡制：它是适应个性教学的形式之一，其目的是充分发展儿童的个性和才能，培养儿童的社会意识。采用此制的步骤：①确定学习目的。②编写供学生自己学习自己校正的教材（单元）和学习指导书。③准备衡量学生学习情况的诊断测验，指定作业，进行指导。④用诊断测验考查并记录学生学习的进度和成绩。道尔顿制：它在弥补班级教学制度的不足、发展学生个性、培养学生独立工作的能力等方面有一定的积极作用，并对程序教学、个别指导教育等曾发生过影响；但它偏重学习学科知识，过分强调个性差异，忽视了班集体作用以及德育，在推行时往往形成教学上的放任自流。中国在 20 世纪初曾有极少数学校试验过分组教学；在 20 年代曾有少数学校试验过道尔顿制；

在30年代也曾有极少数学校试验过温内特卡制。20世纪70年代以后，美、英、法、联邦德国等国家的分组教学常采取另外两种方式，即外部分组和内部分组。分组教学能照顾学生的学习水平和能力差异，但同时也给各类学生在心理上造成不良影响。中国中小学以班级上课制为基本组织形式。为了因材施教，有时也采用小组教学和个别教学作为辅助形式。温内特卡制和道尔顿制过高地估计了学生的主动性，教师在教学中的主导作用受到限制。第二次世界大战以后发展起来的程序教学和机器教学，吸收了温内特卡制和道尔顿制的一些方法。

开放教学：第二次世界大战期间，由于战乱，破坏了正规教育的进行，故20世纪30年代初在英国出现了开放教学这种教学组织形式。20世纪60～70年代，开放教学流行于美国，主要在幼儿学校和初等学校实行。它强调尊重儿童的天性、兴趣和需要，强调儿童的自然发展，不拘传统教学的结构，没有固定教学计划、教材和教室，不同年龄、不同程度的儿童聚集在一起，根据各自的爱好选择各种学习活动。开放教学依据的是资产阶级"进步教育"的理论。

协作教学：20世纪50年代初，美、英等国为了解决提高教学质量与中、小学师资不足的矛盾，提出了一种教学组织形式——协作教学。它由教师、实验教学人员、视听教学人员和图书资料人员组成教学小组，共同研究拟订教学计划，然后分工合作，协力完成教学计划。协作教学试图能同时发挥教师的集体力量和个人专长，并能充分利用图书、仪器等教学设备。

现场教学：1958年，中国贯彻教育与生产劳动相结合的方针，在实践过程中较广泛地采用了现场教学这种教学辅助形式。它能给学生提供丰富的直接经验，有助于理解和掌握理论知识；并通过实际操作，能培养学生运用知识于实践的能力，同时为师生接近工农、接触社会主义建设的实际创造条件。

复式教学：教学组织形式中的学级编制，除单式教学外，还有复式教学。复式教学是教师在同一教室里，用不同的教材分别对两个或两个以上年级的学生进行的教学。教师给一个年级的学生讲课，同时组织其他年级的学生自学或做作业，使各项活动有计划地交替进行。它在一定条件下对普及教育具有积极的意义；是班级教学的一种特殊的组织形式。

【信息链接】

1. 课堂教学组织策略

http: //blog.sina.com.cn/s/blog_4b8baa010102dxod.html.

2. 数学课堂教学组织活动的策略

http: //www.scmyns.com/Article/nsms/jswj/sx/200412/ 415.html.

3. 教学组织形式

http: //baike.so.com/doc/6213855.html.

4. 略论新课改下课堂教学组织形式的变革

http: //www.zjtxedu.org/Article/ShowArticle. asp?ArticleID=5360.

参 考 文 献

花文俊. 2011. 浅谈课堂教学组织和教学创新[J]. 成功（教育），(14)：126.

黄永昌. 1997. 地理课堂教学的调控艺术[J]. 中学地理教学参考，(Z2)：48-49.
金仁旻. 2005. 课堂教学组织浅议[J]. 中国科技信息，(14)：552.
拉旦. 2013. 浅谈课堂教学组织的艺术[J]. 传奇. 传记文学选刊（教学研究），(15)：112.
李兴胜. 2010. 抓好课堂调控　提高学习效率[J]. 中国教育技术装备，(28)：34-35.
李彦峰. 2009. 新课程背景下课堂教学组织形式的建构[J]. 教育探索，(4)：59-60.
林青松. 2013. 基于互动微格平台的师范生课堂调控能力训练研究[J]. 中国电化教育，(4)：119-122.
娄素娟. 2011. 有效性课堂教学组织的研究[J]. 校园心理，(3)：189-190.
马贵俊. 2008. 课堂教学有效组织的作用与方法[J]. 宁夏师范学院学报，(2)：112-114.
乔伟霞. 2012. 浅谈教师课堂组织能力[J]. 学周刊，(21)：170.
滕仙娟. 2007. 浅析职业院校教师课堂调控能力[J]. 职业，(24)：59.
汪丽娟. 2012. 课堂教学组织和效果评价研究[J]. 科学咨询（科技·管理），(5)：136-137.
杨慧云. 2000. 浅谈中师生体育课堂组织能力的培养[J]. 太原教育学院学报，(4)：86-87.
杨照军. 2007. 谈调控在地理课堂教学中的运用[J]. 赤峰学院学报（自然科学版），(4)：159-160.
于迺华. 1999. 改进教学方法　提高课堂组织能力[J]. 青海师专学报，(S1)：12.
张水鱼. 2011. 课堂教学组织的一般性分析[J]. 语文教学通讯·D刊（学术刊），(1)：34-36.
赵春. 1996. 提高课堂调控能力　发挥教师主导作用[J]. 云南教育，(10)：22-23.

第 10 章　师范生化学探究教学能力的培养与提升

学习目标：①认真研读《普通高中化学课程标准（实验）》，了解化学课堂探究教学创设的背景，进一步理解探究教学的意义和功能。②结合教材内容和探究教学创设的原则和要求，能选取合适的探究内容组织学生开展探究性学习活动。③对于化学课堂探究性教学活动做出恰当的评价，能够点评开展的探究教学活动的优点和不足。

《普通高中化学课程标准（实验）》中指出："通过以化学实验为主的多种探究活动，使学生体验科学研究的过程，激发学习化学的兴趣，强化科学探究的意识，促进学习方法的转变，培养学生的创新精神和实践能力。"因此，在教学中采用探究活动，无疑是实现和提高学生科学素养的途径和方法。

10.1　探究教学的概念、特征、原则和程序

10.1.1　探究教学的概念

探究式教学（inquiry teaching），又称发现法、研究法，是指学生在学习概念和原理时，教师只是给他们一些事例和问题，让学生自己通过阅读、观察、实验、思考、讨论、听讲等途径去独立探究，自行发现并掌握相应的原理和结论的一种方法。它的指导思想是在教师的指导下，以学生为主体，让学生自觉地、主动地探索，掌握认识和解决问题的方法和步骤，研究客观事物的属性，发现事物发展的起因和事物内部的联系，从中找出规律，形成自己的概念。可见，在探究式教学的过程中，学生的主体地位、自主能力都得到了加强。

10.1.2　探究教学的特征

探究教学是将科学领域的研究引入课堂，使学生通过类似科学家的探究过程来理解科学概念和科学探究本质，并培养其科学探究能力的一种教学方法。同时，探究性学习就是通过一系列探究活动去发现问题、分析问题、搜集证据、解决问题、评价和交流的学习过程。

因此，探究性学习的基本特征可以概括为五个方面的内容，即创设情境，激发学生自主探究欲望；设置开放性课堂，挖掘自主探究潜能；教师适时点拨，诱导学生明确探究的方向；促使学生在课堂上合作探究；训练学生自主学习的能力等特征。

10.1.3　探究教学的原则

探究性教学是基于"问题"的教学活动，问题主宰着学生在课堂学习的方向、方式和效果，也决定了学生在课堂上的学习效率。新课改实施后，探究性教学在培养学生思维能力、观察能力、动手能力、合作能力和表达能力等方面越来越显示出了不可

替代的优势。但是，对现在的教师教学方法调查研究发现，教师已认识到了其重要性和优越性，但是在教学中如何掌控探究任务的设置，也就是说对“是否需要探究”、“探究什么”、“怎样探究”还存在诸多的问题。在此，提出在课堂实施探究性学习应遵循的原则。

1）目的性原则

“目的性”决定了探究活动在知识的传承方面和能力培养方面的价值。在学科知识上，师生必须在规定时间内完成教学内容。因此探究活动必须要与教学大纲要求的重、难点知识有机结合起来，实现课堂上高效完成知识目标的要求。同时，探究活动还是提高学生科学素养的有效途径，它区别于传统教学方式的最大不同点，就在于落实知识目标的同时，承担着过程方法目标和情感态度价值观目标的实现。在实施过程中，充分考虑探究内容应达到的目的以及应发挥的作用，引导学生在亲身实践和实际操作中提高解决问题的能力及动手能力，并在实践与研究过程中体会和学习科学方法。

2）创造性原则

创造性原则是指选择的研究问题要有独创性和突破性。创造性原则强调了科学研究是探索未知世界的新现象和新规律的本质特征。在教学中用有创造价值的问题促进学生探究能力的发展，培养学生的创新精神和实践能力。

3）驱动性原则

“驱动性”是基于内心的需求，能调动起学生参与学习的积极性和主动性。在课堂教学中我们知道，一个有价值的问题能促使学生积极思考并能让他们有迫切解决的激情。探究任务的设计，就是要能够诱发学生的学习动机，激发学生主动参与的积极性，从心理上满足他们的某种渴求进而要求主动参与学习。

不同的教师根据不同的知识内容所设计的探究任务是不相同的。在教学中一个问题的提出，总是或多或少地引发学生去解决的愿望，但是这种愿望的强烈程度、持续时间及由此而达到的学习效果是不一样的。在化学教学中，有很多环境保护以及新型材料研究等方面的内容，可创设真实生动的生产生活情境，让学生感受相关知识的神圣使命感，在此驱动下，能极大地激发学生完成探究任务的欲望。因此创设真实生动的生产生活情境，是提高探究任务驱动性的有效策略之一。

4）主体性原则

新课改理念强调学生为主体，教师为主导的原则。主体性原则是指教师在指导学生进行探究的全过程中，必须坚持以学生自我探究为主，以激发学生主动探究欲望为主，使学生通过自我探究达到学习知识的目的。教师在此过程中，作为学生活动的点拨者和引导者，放手让学生去探究，不过多加以干预，而是去研究学生的思维方式和他们解决问题的思维习惯，从而促成学生探究的成功。

5）广适性原则

“广适性”决定了参与探究活动的学生人数比例。“学习是通过学生的主动行为而发生的，学生的学习取决于他自己做了些什么，而不是教师教了什么。”不同的学生的知识基础和生活经验是存在差异的，他们的认知能力和学习方式也有所不同。在教学设计中，教师要注重三维目标的有机结合，要尊重个体差异，不论是问题的难度、梯度，还是知识的广度，都要面向全体学生，并始终坚定“每个学生都能成功”的信念，充分发挥每一个同学的最大潜能，从而满足各种水平学生的发展需要，使教学过程更能满足其个性发展的需要。

6）科学性和准确性原则

教师呈现给学生的探究任务必须是明晰的、准确的和科学的，绝不能因为表述不准确而让学生迷失了探究方向，更不能违反科学性。采用探究方式来完成教学任务，达成三维目标，就要遵循教育教学规律和原则。如果探究任务因教师的表达欠准确或者命题不科学，从而造成学生不知所措的话，那么就不能达到探究的目的了。因此，用文字或投影的方式将探究任务呈现给学生，让学生在探究过程中不断阅读、审核、思考、推敲和交流讨论，避免在探究过程中迷失探究方向，更有利于完成探究任务。

10.1.4 探究教学的程序

探究式学习遵循了学生认知的一般规律，把学生学习作为教学活动的出发点和归宿，探究性教学就是通过一系列探究活动去设疑（发现问题）、探究（研究问题）、归纳（解决问题）、应用（延伸拓展）的学习过程。

1. 发现问题

爱因斯坦说：“提出一个问题，往往比解决一个问题更重要。”因此在学习中善于发现问题是学生主动探究新知识的开始。在教学中，教师应鼓励学生敢于提出问题，敢于质疑，能从贴近学生生活的化学知识着手，培养学生追根溯源、锲而不舍地探寻事物的本质的钻研精神和学习态度。

2. 探究体验

这是探究式学习的核心部分，包括了分析问题、搜集证据、解决问题等过程。教师引导学生通过阅读、观察、探究、验证等一系列活动，让学生在活动中体验科学研究的严谨和乐趣，获取科学知识和技能，掌握科学研究方法和提高科学研究能力。会使用图书馆、博物馆、展览馆、因特网等信息来源收集和处理信息；对收集的资料进行整理、比较、筛选、分析、归纳。通过这一环节，学生的科学探究能力和方法则会有大幅的提高。

3. 交流评价

组织学生相互交流，对探究得到的结论进行归纳总结，从而使提出的问题得到解决。这一环节通过学生展示成果或口头陈述结论以及学生间的补充和完善，并在教师的适度引导下，建立新旧知识间的联系，加深学生对所学知识的理解、掌握和记忆，完成真正意义上的知识建构。

4. 应用迁移

学习的目的是将获得的新知识、新技能、新方法应用于实践，解决实际问题，这一环节注重知识的迁移、形成和发展，是探究学习的目标所在。在同一个班级，同样的一节课，由于学生的智力和能力存在差异，他们通过探究学习而获得的知识和技能也各不相同，可能有的学生学有余力，而另外一些学生则懵懵懂懂，因此教师需精心设计练习题，让学生将所学的知识能够应用和迁移，达到巩固知识的目的。

【问题探讨】

1. 用探究方式进行中学化学课堂教学是新课标理念下培养人才观的亮点，在对学生的培养中有着不可替代的重要性和优越性，你对这种教学方式有什么个人独到的认识和体会？

2. 一名师范生，该从哪些方面去做好准备，才能使自己走上工作岗位后能尽快地适应工作环境，并在教育教学中快速成长起来？

3. 在新课程背景下，采取哪些方法和措施才能在中学化学课堂上进行有效的探究教学？

4. 你深入课堂调查后，在中学化学课堂进行探究教学中还发现了哪些问题？

10.2　探究性教学方法与策略

化学课程改革，突出了学生化学素养培养的重要性，提倡学生通过探究性学习获取知识，在这个过程中学会科学方法、技能和思维方式，形成科学观点和精神，探究性学习对于形成和发展学生的科学素养具有不可替代的作用。

那么在学习过程中，教师如何以课堂学习为平台来培养学生的探究能力呢？是否所有的教材内容都适合实施课堂探究教学呢？如何去探究才能使学生的探究能力获得提高呢？这一节重点阐述如何在教学中实施探究能力的培养方法和策略。

10.2.1　探究教学方法

教师应遵循教材和课程标准要求，在教学中实施对学生科学素养的培养。从新教材的编写角度，我们可以体会到编者是以培养学生的科学素养、促进学生全面发展为宗旨的，改变了过去教材中只重视学习知识和技能的观念。教师在施教过程中，则要深入钻研教材，用心体会新教材在培养学生探究能力方面的举措，遵循学生的认知规律和心理发展水平，结合学习的知识内容，在知识的学习中实现探究能力的培养。

1. 在基础实验、基础知识中学习探究方法

人教版《化学（必修 1）》第一章关于“一定物质的量浓度溶液的配制”这个实验，

是化学学习和科学研究的基础实验。这个实验在结合知识和技能的基础上，采用探究的教学方式，不仅使学生在学习中得到了情感的体验，也培养了学生的基本技能，落实了高中学生学习的基础知识。

【案例】人教版《高中化学（必修 1）》中的探究活动与过程

【实验】 实验1–5

配制 100 mL1.00 mol/L NaCl 溶液。

（1）计算需要 NaCl 固体的质量：______ g。

（2）根据计算结果，称量 NaCl 固体。

（3）将称好的 NaCl 固体放入烧杯中，用适量蒸馏水溶解。

（4）将烧杯中的溶液注入容量瓶，并用少量蒸馏水洗涤烧杯 2～3 次，洗涤液也都注入容量瓶。轻轻摇动容量瓶，使溶液混合均匀。

（5）将蒸馏水注入容量瓶，液面离容量瓶颈刻度线下 1～2 cm 时，改用胶头滴管滴加蒸馏水至液面与刻度线相切。盖好瓶塞，反复上下颠倒，摇匀。

【学与问】

（1）为什么要用蒸馏水洗涤烧杯，并将洗涤液也注入容量瓶？

（2）如果将烧杯中的溶液转移到容量瓶时不慎洒到容量瓶外，最后配成的溶液中溶质的实际浓度比所要求的大了还是小了？

（3）你是用什么仪器称量 NaCl 固体的？如果是托盘天平，你称量的质量是多少？与计算量一致吗？为什么？

一定物质的量浓度溶液的配制，是学生在高中阶段接触的第一个定量实验。在实验时，应在以下三个方面进行思考：实验的仪器如何选择？溶质如何做到全部转移？如何控制溶液体积？学生在实验中对这三点进行了深入的探究，对他们的思维能力和独立操作能力会有很大的提高。人教版将此探究实验放在高一第一章，给教师和学生传递探究活动中应注意的事项是：第一，对于刚开始接触探究实验的高一学生，在探究中物理量的表达必须是规范的、准确的，为今后进行科研中的试剂配制做示范；第二，学与问中抛砖引玉式地提出的三个问题，也就是在教导学生在实验探究过程中，要注意去观察实验，善于发现问题，并对发现的问题和观察到的现象进行认真的分析和思考；第三，最后得出的实验数据和结论，要真实可靠，为今后一丝不苟地进行科学研究打下基础。

2. 遵循教材引导，逐步培养探究能力

我们再看编者在人教版教材内容编排上，如何统筹安排，循序渐进，步步深入，使学生的科学探究能力进一步发展和深化，最终实现提高学生的科学探究能力的目的。

案例一：人教版《化学（必修 1）》2007 年第 3 版 P13。

“化学计量在实验中的应用”科学探究：（1）根据图所示的电解水原理进行实验，观察不同时间试管内的气体体积的变化。生成的 O_2 和 H_2 的体积比各是多少？（2）假设电解了 1.7 克 H_2O，根据电解水的化学方程式计算生成的 O_2、H_2 的质量。根据 O_2、H_2 的摩尔质量，计算物质的量，并通过下表进行比较。

	质量	物质的量	H_2 和 O_2 的物质的量之比
H_2			
O_2			

根据实验观察和推算能否初步得出下列结论：在相同温度和压强下，1mol O_2 和 H_2 的体积相同。

案例二：人教版《化学（必修 1）》2007 年第 3 版 P92。

“硫和氮的氧化物”科学探究：现给你一试管二氧化氮，其他药品和仪器自选。请你设计实验，要求尽可能多地使二氧化氮被水吸收。

	实验步骤	现象	解释（可用化学方程式表示）
(1)			
(2)			
(3)			

从这两个实验探究我们可以比较得出：①人教版《化学（必修 1）》第一章气体摩尔体积设置的科学探究，从知识的角度来看，是探究在同温同压下，物质的量相同的气体体积是否相同；从培养学生探究能力的角度，则从提出问题、进行实验、收集证据、解释与结论等探究的方法入手，让学生逐步体验科学探究的思路和方法。②教学进行到人教版《普通高中课程标准实验教科书化学（必修 1）》第四章“硫和氮的氧化物”科学探究，则对学生的探究能力的要求有了很大的提高，探究的内容是“尽可能多地使二氧化氮被水吸收”，编者对此探究主题与第一章设置阶梯式的探究问题不同了，而是直接给出要探究的内容，学生就必须自主进行探究方案的制定。首先提出尽可能多地让 NO_2 被水吸收这个探究主题，也就是所说的提出了问题。然后是要求尽可能多地被吸收，学生就需要有一个分析比较的过程，也就是说要去假设和猜想用哪种方案能达到目的，应从多种方案中优选出实验方案，也就是制定探究计划，再通过实验验证。纵观新教材的编排，与旧版教材的最大不同点就是教育理念上的不同，并且是在知识的学习中渗透了科学方法、科学能力以及情感态度价值观的培养目标。

3. 选好探究点，逐一落实探究能力的培养

探究式教学要达到有效开展的目的：一是选择合适的探究课题，这是实现有效探究的关键；二是实现三维目标，这是判断有效探究的依据；三是启迪探究思维，这是有效探究的保证；四是实验探究，这是有效探究最有利的武器。随着新课程改革理念的不断学习和深化，教师的教育教学观念得到了极大的转变，在教学设计上往往都能体现科学探究。但是具体到教学中的内容是不是都适合采用探究的方式来教学，或者哪些教学内容适合以科学探究的方式方法来落实课标要求，就存在不能很好地把握和

运用的情况了。

1）从整体上考虑探究点的设计

科学探究能力的形成是一个循序渐进的过程，这需要一定的量的积累。教师需要通盘考虑后设计一个螺旋上升的探究计划，也就是说探究点的选择要能激发学生的内在动机和探究欲望，要使学生“跳一跳能摘到桃子”，要能增强他们的思考能力、分析能力、动手能力和判断能力，才能使学生初步形成具有一定探究能力的人才。因此，探究点的选择一是要落实课标和教材的重难点；二是不要随意拔高和超出学生的现有水平。比如，有一位教师在人教版《化学（必修 2）》“甲烷”教学取代反应时，让学生探究取代反应原理时，提出了酯化反应的方程式，$C_2H_5OH+CH_3COOH \longrightarrow CH_3COOC_2H_5+H_2O$，问这个反应是取代反应吗？很显然，学生刚接触有机化学，有机物的化学式都还看不懂，要去探究这个反应的原理是否是取代反应，显然从知识的角度来看是超前了，以这个知识为载体来落实探究也就是不恰当的了，因此要通盘考虑学生整体状况来选择探究点。

2）探究点设计要结合学生已有的知识储备

科学探究是学生主动建构知识的过程，学生是主体，因此，探究就必须考虑学生已有的知识储备，要具有可操作性。比如在人教版《化学（必修 1）》中关于 $FeCl_2$ 溶液和 NaOH 溶液制备 $Fe(OH)_2$ 白色沉淀时，探究点的选择可有两个方面：探究灰绿色的物质是什么或者探究如何才能取得 $Fe(OH)_2$ 白色沉淀。对于灰绿色的物质可能是 $Fe(OH)_2$ 络合物，而根据学生现有的知识储备量，显然是无法探究的。如果把探究点选在如何才能制取 $Fe(OH)_2$ 白色沉淀上，这一探究点的选择具有可操作性，学生也可自主完成。

3）从学生的错误概念上寻找探究点

科学探究既是一个对信息的意义建构过程，同时又是由于新、旧知识的冲突而引发的概念转变和认知结构重组的过程。在这过程中学生易出现错误理解以及得出错误概念，如果从错误概念上寻找探究点，不仅有利于帮助学生进一步理解概念，也更有利于学生加深对新旧知识的巩固。

4）借鉴科学史相关内容建立的“关键点”

化学史从历史的角度，给学生展现了化学知识的孕育、产生和发展过程。在探究教学中，教师根据教学内容，把探究点与化学史实结合起来，重现科学家探究的过程，不仅使学生进一步了解在探究过程中如何去猜想与假设，验证与归纳，评价与交流，而且还能激发学生的学习兴趣和求知欲望，并能从中获得科学思维和科学方法的启迪。比如探究空气的成分，化学史上的“燃素说”把当时的化学家引导到研究燃烧现象的方向是正确的，从而使与燃烧有关的一些气体如氧气、氢气和二氧化碳等被发现。由于这些气体的发现，拉瓦锡才能创立氧化理论，推翻错误的“燃素说”。而普利斯特里、舍勒、卡文迪许和布拉克等发现了可导致氧化理论产生的气体，由于他们笃信“燃素说”，而未能创立氧化理论。

综上所述，以教材、课程标准及教学大纲为蓝本，在教学中教师深入挖掘教材内容，坚持以学生为主体，教师为主导的人才培养观，步步落实学生探究能力的培养和提高的方法，达到学生科学素养的实现目标就是水到渠成的事了。

10.2.2　探究性教学策略

新课程改革方案的核心是促进学生自主探究，如何才能真正把学生自主探究落实呢？下面从两个方面进行阐述：一是教师本人实施探究活动的教学策略；二是在学生的探究活动过程中教师的指导策略。

1. 实施探究活动的教学策略

现代教学理论要求：“教学内容的排序以学习者接受掌握的心理顺序为主，兼顾内容本身的逻辑顺序，课堂教学活动的开展应遵循学习过程发生的性质，包括引起注意，激发动机，告知目标，回忆相关旧知识，呈现新任务，帮助指导编码等。其核心是促进有意义学习。”在教学中，教师应该让学生亲历思考探究的过程，领悟科学探究的方法，通过自主探究再现知识的产生—形成—应用—发展的全过程。

探究性教学策略分为五个环节：课前设计—导引设计—问题情景设计—调控探究气氛→收敛思维与发散思维并举。

1）课前设计

教师首先应有探究的理念，才能在备课时把促进学生自主探究蕴含在自己的教学设计中。探究教学的课前设计思路是：明确教学目标—确定教学内容—搜集整理信息材料—研究学生的思路和认知基础—确定探究内容—设计课堂探究过程。特别值得注意的是探究教学要求根据教学目标确定教学内容、拟定解决的重难点问题时，其实并不是单纯地指通过教师讲解获得了书本上的重点知识，突破了书本上的难点问题，而是要求教师创造性地使用教材，重视在知识的获得过程中培养学生的自主探究意识，掌握探究方法，提高探究能力。教师备课时，要打开思路，对要解决的问题有预测，支撑材料要丰富，自始至终要将以学生为主体实施自主探究的思想渗透到教案设计中。

2）导引设计

探究性教学导引的设计一是要注意引发学生对所学的内容的兴趣；二是要符合学生的认知特点和原有的知识水平；三是要符合学科特点和教材本身的性质。让学生带着问题进行探究活动，促使学生在好奇和思考中获取知识，发现新问题。

3）问题情景设计

探究来自问题，问题始于质疑。设置问题情景，要有启发性，要让学生积极思考。课堂设计的问题要有针对性和层次性：一是要针对学生在思考过程中可能遇到的困难、容易出现的错误；二是问题要适中，最好是学生通过思考能解决或者教师稍加点拨就能解决的；三是该教学内容如果需要设置难度层次再高点的，则可通过设置辅助情景，让学生借助情景，把大问题化成小问题，个个击破，最终使问题得以解决。

【案例】2012 年广州一家庭主妇把洁厕剂与漂白粉等混合使用，目的是想增强洗涤漂白作用，不曾想却使自己命赴黄泉。究其原因，是发生了化学反应产生了 Cl_2，导致该女士中毒身亡。

【展示】教师展示两种家庭清洁用品使用说明。

【问题】为什么单独使用洁厕剂与漂白粉没有问题，混合后就产生 Cl_2 呢？这两种清洁用品各自的主要成分是什么？它们混合后是依据什么原理发生化学反应而产生 Cl_2 呢？

通过设置问题情景，大大地调动了学生的思考积极性，他们努力地寻求办法，解决当前的困惑，教师抓住时机组织探究活动，可以在良好的探究氛围中完成探究任务。

4）调控探究气氛

积极主动的学生探究活动，是不可能在教师预设的轨道上运行的。最有价值的探究，并不是课堂出现整齐划一的、全班异口同声的回答，而是在开放、民主、和谐的课堂环境中，各位同学表现出了主动思考的态势，积极动手的实践场面，充满自信和有理有据地交流探究成果的情景……。但是教师在这里还得注意掌控，从技术层面上做到收放自如。比如鼓励学生充满自信地准确表达；鼓励他们与众不同、标新立异；鼓励他们小组合作和竞争。学生积极开动脑筋还不能解决的问题，教师要为学生设置阶梯，助他们一臂之力，突破探究中的困难和问题。调控的宗旨是要使学生在探究的气氛中，保持旺盛的探究精神。

5）课堂结尾的“收”与“放”

通过探究活动，一节课已经到了结尾阶段。这时课堂小结的“收”就是活化知识、丰富学生知识面的好时机，即在最后的整合阶段，要帮助学生将自主探究过程中得到的知识进行总结，随后再设置一些开放性问题对学生进行思维的“放”，留待课后考虑。

比如在“乙酸的性质”探究活动之后，在结尾时引导学生通过实验探究乙酸的化学性质后，在总结时要引导学生思考下面的问题：

（1）在这节课上，我们通过哪些过程、采用了哪些方法、学到了哪些知识？

（2）我们是怎样确定乙酸的分子结构的？

（3）你能熟练地书写乙酸的分子式、结构式吗？

（4）除了乙酸的相关知识的学习之外，你还学到了什么？

总之，课堂探究性教学策略，就是要让学生成为教学活动的主人，成为学习和发展的主人。

2. 在探究活动中教师的指导策略

在具体的实践活动中，实施探究教学在培养和提高学生科学素养方面始终存在着流于形式、效率不高等问题。调查研究发现，这与教师指导策略的选择和运用有着很大的关系。下面的案例是作者参加省级骨干教师培训时一位教师的献课，她采用探究式理念教学，选择的是关于“原电池的构成条件”。

【案例】探究课题《原电池的构成条件》

【准备】

1. 学生阅读课本。

2. 问题提出：原电池是一个将化学能转化成电能的装置，构成原电池需要什么条件呢？

3. 仪器、药品准备。

4. 学生分组。

5. 教师布置探究任务：①第一组探究铜片与铜片分别插入稀硫酸溶液中；②第二组探究锌片与锌片分别插入稀硫酸溶液中；③第三组探究锌片与铜片分别插入稀硫酸溶液中；④第四组探究锌片与铜片用导线连接后插入稀硫酸溶液中。

【实验】

全班学生以小组分别开展实验。

实验结束后，教师让学生分别回答各组的实验现象，学生一一作答。那么，探究的主题是原电池的构成条件，学生面面相觑，不知道实验与原电池的构成条件有什么关系。一堂课热热闹闹地结束了，但是却没能解决探究的问题与实验到底有什么关系。这堂课的失败之处是学生不能清楚地知道探究要解决的问题是什么，实验与探究的主题之间到底有什么关系。因此，可以这样认为，教师在教学过程中对指导策略的选择和运用是提高教学效率的关键。现在从两个方面介绍在学生探究活动中教师的指导策略。

1）猜想与假设过程中教师的指导策略

猜想与假设是科学探究中的重要环节，也是科学研究中最富想象力、生命力的环节。

（1）以旧知识为基础。

在探究新问题之前，学生已具备了一定的知识体系和认知能力。所以，教师要善于在旧知识的基础上进行引导，使新旧知识间搭建起桥梁，学生尽快进入探究角色。比如在探究影响化学反应速率的外界条件时，教师可引导学生运用已学习了的化学反应进行分析，哪些外界条件影响了化学反应的快慢，使学生在对影响化学反应速率的外界因素进行探究时，有较为合理的假设和猜想，不会出现漫无边际地胡思乱想的情况。这也有利于培养学生遵循事实依据进行有序的思考。

（2）以生活经验为中介。

经验是沟通已知和未知的桥梁，以学生的生活经验作为指导学生进行探究活动的中介就是非常合适、合理的了。在探究燃烧条件时，可以引导学生从日常生活中的燃烧现象以及灭火措施中获取灵感；在探究气体溶解性时，可以引导学生回忆在打开汽水瓶盖时产生的现象来找到方向。在探究时能合理运用学生已有的生活经验，是解决新问题的有效办法。

（3）以信息材料搭建平台。

信息的来源正呈现多元化的渠道，教师要把握这一有利条件，合理利用信息保证探究的开展，同时也培养了学生收集、分析、研究、判断、整合和运用信息的能力。特别是当今庞大的网络信息，对学生在探究活动中对信息的查找、筛选、判断、汇总和合理运用有很大的帮助，比如在学习硫酸的工业制法时，受当地条件的限制（比如学校附近没有相应的工厂或者工厂离学校太远），学生可以采取上网查找硫酸厂在各个生产环节中的原料、设备、环境防护等方面的信息，然后对探究主题进行思考。

（4）以实验引导探究。

用实验引导打开学生猜测假设的思路，也是一种比较好的办法。比如在学习了二氧化碳的基础上学习二氧化硫时，教师可从这两种气体既为非金属氧化物又是酸性氧化物的角度出发，引导学生开展探究活动。假设猜想：这两种气体均是酸性氧化物，那么它们的化学性质是不是完全相同呢？引导学生从元素的化合价分析，再结合化学实验引导学生实施探究活动。因此在化学学习中用实验引导探究有较为强大的功效：通过实验现象和结论可验证猜想是否合情合理；实验现象明显、直观，容易引发学生兴趣；容易使学生将观察到的现象与所学的知识联系起来，突破知识中的重点和难点；利用好发生的异常现象，为深入探究化学本质提供素材，并为今后的科学研究打下认真求实的良好基础。

（5）以科学史实激发思维。

科学家对未知事物、规律、原理、现象等的研究过程是典型的探究过程，他们对问题的研究包含了探究过程中的各种思维活动和研究方法，在探究学习过程中，如果能结合探究主题将这些思考与活动过程展示给学生，就能促进学生更好地对探究活动作出较为合理的假设和猜测。

2）方案设计与实验论证过程中教师的指导策略

（1）小组指导与个别指导相结合。

学生在探究过程中存在共通性的问题，也存在个人的问题。因此，在指导过程中，应坚持集体指导和个别指导相结合，才能达到指导适时、适当、有侧重地进行。

（2）口头指导与书面指导相结合。

书面指导是指以板书、字幕等方式进行指导，主要用以对学生的统一要求，对步骤和环节的提醒，在操作中的提示以及对疑难问题必须以数据、绘图、文字等进行解析。口头指导则是以语言、对话等为主要方式的指导，能够及时地指导学生探究中出现的问题，并且能即时与学生交流探究设计的各环节是否合理、出现的问题该如何解决、产生的障碍该如何消除等。探究过程活动中需要结合这两种指导，使学生的探究能有序进行。

（3）及时指导与延时指导相结合。

在探究过程中，学生会遇到如下一些问题：探究方案与众不同而心存疑虑；实验效果或结果出现反常需要解释；猜想错误需要调整探究方向；实验失败需要查找原因。教师需要给学生充分的发现、比较、整理与归纳的时间，在学生充分思考和交流的基础上，教师参加学生的讨论并进行适时的启发和点拨。

（4）知识指导与规范指导相结合。

规范指导主要是指在实验实施过程中教师针对学生实验操作进行的技术层面的指导，如对学生使用仪器的正确性、取用药品、萃取、蒸馏等基本操作以及使用化学药品的安全性指导。知识性是在学生探究过程中为消除知识障碍服务的。

10.2.3 探究教学中存在的问题及误区

在实施探究教学的过程中，教育实践中存在的现实问题是由于对探究教学的涵义理解不够透彻，存在一些带有共性的“误区”，主要表现为以下几个方面。

1. 教师过多包办代替，将探究教学形式化

化学课程标准（实验）对探究学习的要求是："教师应充分调动学生主动参与的积极性，引导学生通过实验、观察、调查、资料收集、阅读、讨论、辩论等多种方式，在提出问题、猜想与假设、制订计划、进行实验、收集证据、解释与结论、反思与评价、表达与交流等活动中，增进对科学探究的理解，发展科学探究能力。"

长期以来，很多教师受传统教学思想的影响太深，也存在对新课程标准理解不到位、对"探究教学"理解和执行的错误，在教学中，严格按照探究教学的全部步骤，一个不漏，如果有一个环节没有做到，就认为不是探究教学了。知识在教师事先设置的路线上，达到教师想要的结果的形式化探究，教师"满意"了，而学生却感觉到这条线路太枯燥，一碰见"探究"就却步了。这样的做法违背探究过程中学生为主体的教学理念，成为教条主义，有悖于探究教学是焕发学生自主性的教学的精神内涵。

2. 探究的内容选择不当，弱化探究的功效

探究教学，首先要选择好具有探究价值的内容。具有探究价值的内容主要有以下两个特征：

第一，要具有明确的探究目标。探究教学的目的是通过学生的观察去发现问题、猜想问题出现的原因、设置方案、收集证据和材料、交流得出结论。这样的过程可以培养学生的探究能力，体验科学家探究的乐趣，习得科学知识，养成严谨的思维习惯。

第二，要与学生已有的生活知识经验相联系，能激发学生的兴趣。所选择的探究内容必须在学生的最近发展区内和知识的迁移范围内，而且贴近生活，这样才能符合学生从已知到未知的认知规律，才能激起学生的探究兴趣。探究的问题不能太容易，这样的问题学生没有探究兴趣，如去探究"小兔子如何走路"等；但也不能太难，学生会望而却步，知难而退，削弱学生对问题的探究欲望，如"宇宙中黑洞的化学成分的探究"，科学家都暂时解决不了，中学生就更不用说了。

比如，教师设计探究实验"物质的量浓度溶液的配制"，即要求学生分组探究 500 mL 0.5 mol/L NaCl 溶液的配制。问题：①选用什么仪器溶解 NaCl？②如何将 NaCl 溶质全部转移到容量瓶中？③如何加水使液面不超过容量瓶刻度线？……一个全新的内容，在既无可借鉴经验又没事先阅读自学的情况下，完全靠学生用课堂上的时间自己摸索，还要回答出教师想要的结论显然不现实，在此学生出现漏洞百出的答案就不难理解了。那么，选择这样的无基础的内容实施探究，显然弱化了探究的功效。

3. 过于强调探究过程，忽视知识的整体性

新课程要求重视知识的形成过程并不是说结论就不重要。在实施探究教学时，既要重视过程，又要重视知识的整体性和连贯性。概而言之，通过探究学习，使学生在认知

和情感两方面都能得到良好的教育和培养。因此在一节探究课中，必须留出一定的时间对探究过程和探究结果进行整理。

在学习电解质概念时，一位青年教师要求学生通过阅读提出问题，设计探究方案，自己动手实验。并采用了分组交流、多媒体投影、电解质水溶液的导电实验等教学手法，通过让学生参与酸、碱、盐的在水溶液中或在熔融状态下的导电实验，从而了解电解质概念是怎样形成的，由此得出电解质的概念。结果是由于整堂课充满了太多的让学生足够兴奋的元素，反而在这一个重要的概念上，已经没有时间进行结论汇总了。我们在强调探究过程注重培养学生的科学方法、科学能力和态度价值观的时候，并不是说知识不重要，恰恰相反，它是对学生进行过程与方法、情感态度价值观的教育和培养的载体。因此，探究教学在注重对学生进行“过程与方法、情感态度价值观”教育的同时，不能忽视知识的整体性和系统性。

4. 淡化讲授教学的价值和作用，泛化探究教学

新课程标准要求在化学知识的生成中运用探究的方法，让学生对知识的产生、发展和形成过程有情感的体验，突出对学生科学方法、能力和价值观等的培养，这就要求教师改变课堂教学只是传授知识和技能的状况。有的教师就片面地理解了这一观点，只要是教材中的内容，就要求学生探究。而从教学理论的角度来说，讲授和探究乃至于其他的教学方式并不是你长我短的关系，他们各有长处，在教学中教师运用得当，则相得益彰，使学生的方法、能力、价值观得到培养和提高的同时，也使知识和技能的学习更加完整和系统。

淡化和泛化某种教学方式和手法都是片面理解教育价值的表现。我们通过教学实践分析和回顾可以发现：对课本中的一些描述性知识，如物质的物理性质等内容，可让学生自学；对于比较抽象的概念和理论，如物质的量、氧化还原反应等，则一般可由教师主讲；而对于“单质、氧化物、酸、碱、盐之间的相互转化”、“卤素单质氧化物的强弱比较”、“元素周期律概念的形成”、“氯气的化学性质”等，就是很好的探究课题了，我们要认真研究，发挥其探究的作用。

【问题探讨】

1. 探究教学在实施中能否取得好的效果，教师的教学策略是关键，你怎样落实课前设计，使学生在你的指导下做到有效探究学习？

2. 学生科学素养的养成不是一蹴而就的，请你制订一份计划，系统说说从起始年级到毕业年级各阶段对学生探究能力的培养方法。

10.3　化学探究教学能力培养案例分析

10.3.1　探究新知识案例

在新的知识介入时，教师的课前设计，既要有知识的准备，也要有实验技能和方

法的准备；而且对于问题探究，要通过先发现再认识的步骤来进行。在这里以“胶体”这个案例说明，有关“胶体”知识的学习，要利用学生已有的溶液和浊液的相关知识和经验，让学生去发现胶体与溶液、浊液外观上的异同，这就是我们所说的发现问题的步骤；再运用阅读课文等自主学习的手段以及教师的适度点拨的方式，让学生做出合理的假设和猜想；通过进一步挖掘书本知识、实验对比及实验验证等科学探究，让学生在探究中发现和认识新知识；通过学生间的合作交流，进一步巩固知识并建立起新旧知识间的网络结构。

化学教学中学生对分散系中的溶液和浊液的概念已有了基本的认识，对此体系中的另一成员——胶体，却还处于未知中。本案例主要是谈谈在教学中如何运用探究性教学方式，来建立“胶体”相关的新知识。

【案例】胶体［人教版《化学（必修 1）》］

【引入新课】

实验：将 5～6 滴 $FeCl_3$ 饱和溶液滴入盛有 25 mL 的沸水中，继续加热至溶液呈红褐色后，停止加热。

提出问题：黄色的 $FeCl_3$ 转化成红褐色的透明液体，这液体还是 $FeCl_3$ 的溶液吗？溶质又是什么呢？

【学生交流】

一部分学生认为，从外观看到的是透明的液体，红褐色是 $Fe(OH)_3$ 的颜色，而 $FeCl_3$ 溶液是黄色的，此液体应该是 $Fe(OH)_3$ 溶液；另一部分学生认为 $Fe(OH)_3$ 在水中不溶，说是 $Fe(OH)_3$ 溶液不恰当，但是此液体的外观透明，显然不是 $Fe(OH)_3$ 浊液。

学生疑惑：那么是不是还存在一种我们现阶段还不了解的分散系呢？

学生认为分别将 $FeCl_3$ 溶液、$Fe(OH)_3$ 浊液以及前面已制好的红褐色液体进行实验对比，通过实验即可鉴别红褐色液体与溶液或浊液是否是相同的分散系。

【教师介绍】

我们知道“溶液透明，浊液浑浊”，如果一束光分别照射它们，结果会怎样呢？其实在化学上用一束光来检验液体的方法，叫做丁达尔效应。

【实验探究】

配制 $FeCl_3$ 溶液，用 NaOH 和 $FeCl_3$ 制取 $Fe(OH)_3$ 浊液以及前面已制好的红褐色液体，把这三种液体分别放在烧杯里并置于暗处，用激光笔照射烧杯里的液体，学生观察。

在实验中，学生看到红褐色液体中出现了一条光路，而溶液和浊液中无此现象。

【教师讲解】

出现光路的液体的分散系是胶体，它不同于溶液和浊液，是一种新的分散系。

【学生阅读】

人教版《化学（必修 1）》“物质的分类——分散系及其分类”。

【教师设问】

大家阅读课文后，如何对上面的三种液体证实其属于分散系中的哪种类别，能设计实验探究吗？

【假设猜想】

红褐色液体中的粒子是 $Fe(OH)_3$ 集合体，但是比 $Fe(OH)_3$ 浊液中的粒子集合程度更小。

【猜想依据】

通过课本阅读，学生知道了除溶液和浊液之外，还存在着第三种分散系——胶体。这三种分散系本质的不同是溶质粒子的大小。而胶体分散质粒子的直径大于溶液而小于浊液。

【学生探究】

1. 实验验证的方法：过滤、丁达尔效应（半透膜渗析可根据学生情况安排）。

2. 实验过程实录：①采用过滤方法，发现红褐色液体与 $FeCl_3$ 溶液一样，顺利地通过了滤纸，$Fe(OH)_3$ 浊液则不同，滤纸上留下了红褐色的固体；②再采用丁达尔效应实验，用一束光照射红褐色液体与 $FeCl_3$ 溶液，发现红褐色液体中出现一条光通路，而 $FeCl_3$ 溶液中则无此现象。

【归纳总结】

1. 红褐色液体既不是液体也不是浊液，是一种新的分散系。

2. 它的分散质粒子大于溶液而小于浊液，结合书本得出：它的分散质粒子介于溶液和浊液之间（直径为 1~100 nm），科学家把这种新的分散系称为“胶体”。

3. 胶体不是某些物质特有的现象，而是物质的一种分散状态。比如尘埃分散在大气中可形成气溶胶；烟水晶是一种固溶胶；而 NaCl 固体分散在水中是 NaCl 溶液，而分散在酒精中可形成胶体。因此胶体的本质特征是分散质粒子直径在 1~100 nm 范围内。

10.3.2 探究实验案例

通过化学实验可增进学生对科学探究的理解，发展学生的科学探究能力。教师们应不断从课堂实验、学生实验、家庭实验以及生产和生活实际中挖掘实验素材，充分发挥化学实验的探究功能，使学生的探究能力得到提升。常常可作探究实验的对象有未知实验事实的实验、不够完善的实验、有异常现象的实验、生活中的化学现象等，下面我们举一例说明对不够完善实验的探究。

在教学中，课本中的有些演示实验是不够完善的：有的是现象不够明显，比如酯的水解；有的是对环境存在污染，比如蔗糖与浓硫酸反应，等等。在教学中可借此为探究的主题，组织学生讨论改进的原理、改进的装置及改进的方法，使实验得到进一步的完善。

现在，我们以课本中的演示实验为例：蔗糖与浓硫酸脱水反应（人教版《化学（必修 1)》第六章第 4 节，图 4-31)，产生大量的有毒气体而未进行污染处理。通过这个案例说明，在探究活动中教师如何把不利因素转化为有利因素，把不完善实验修改完善，让学生更深入地体会：我们开展的探究活动不是证实前人的观点而是在此基础上的创新。

【案例】蔗糖与浓硫酸脱水反应的演示实验，该实验操作简单，现象明显，是学生观察浓硫酸脱水的绝好的实验。但存在的问题是在实验过程中产生有毒、有刺激性气味的二氧化硫，会直接排入空气中，不利于人体健康，不符合环境保护的要求。

教师组织学生阅读人教版《化学（必修 1）》P101，分析图 4-31 中的有毒气体可能是什么物质，怎样改进实验达到环保的目的，并对该有毒气体进行探究。

学生阅读分析后认为：从蔗糖和硫酸的构成元素可以得出，该气体可能是二氧化硫、二氧化碳还有水蒸气，从分析来看有毒气体应该为二氧化硫。

学生猜想：改进的方法最好是采用在密封罩下实验，把有毒气体吸收（对于有毒气体的实验，应该在通风橱或者在密闭条件下进行，这是他们的已有经验）。

实验改进原理：利用二氧化硫的漂白性和易被氢氧化钠溶液吸收的特点进行改进。利用二氧化硫气体使鲜花褪色的特点，进行二氧化硫的检验；用氢氧化钠溶液吸收二氧化硫，避免污染环境。

实验改进步骤：①将一色拉油塑料桶去底做成塑料罩；把一朵鲜花和蘸有 NaOH 的棉花放在 200 mL 烧杯旁；②在 200 mL 的烧杯中放入 20 g 蔗糖，加入 1mL 水，用玻璃棒搅拌均匀，然后再加入 15mL 质量分数 97%的浓硫酸后用玻璃棒迅速搅拌；③反应开始后，迅速将鲜花、棉花及烧杯罩在塑料罩中。

对实验的探究和完善，本身就意味着是新一轮的创造。学生在实践活动中，亲历探究过程，不仅能引起学生的认识兴趣，调动他们学习的积极性，获得相关的化学知识，掌握化学技能，体验科学方法，提高学习能力。还能培养学生实事求是的科学态度和善于合作、勤于思考、严谨求实的科学品质，帮助他们形成科学的自然观、社会观和价值观。

【问题探讨】

1. 探究点的选择是落实探究教学的关键，选取一节教材内容试一试，你是否能恰当地选择探究点?

2. 认真学习中学教师的探究教学课后，点评授课教师在教学上的优点和不足，写出你的评价报告。

10.4　探究教学能力的实训

10.4.1　实训目标

师范生通过实训，加深对探究教学的内涵和外延的理解，能根据课程要求、教学内容和学生群体的不同，组织和创设有效的探究教学活动，使学生的科学素养在学习活动中得到培养和提高，为学生的可持续发展服务，同时对新课程理念中改变传统的教学方法有更加深入的理解。

10.4.2　实训内容

以高一年级的教学内容为实训的基本内容，分两个阶段进行。第一阶段，选择落实听课学校和教师，通过到中学听课学习，找出示范教师组织的探究活动的成功和不足之处，并加以评析，提高自己的课堂创设能力；第二阶段，认真准备一堂模拟课，要求在备课、授课、课后交流和课后总结等各个环节上都得到充分的准备并达到展示的目的，把自我评价、同学评价和导师指导结合起来，从而使课堂探究教学能力得到提高。

10.4.3 实训程序

制订计划→查找资料→准备教案→同伴交流→导师指导→修改完善→汇报总结。

10.4.4 示范训练

师范生设计一堂探究课并进行上课，小组评议。

10.4.5 实训作业与实训报告

（1）每位师范生自行设计一堂化学探究课程。

（2）每位师范生讲解自己设计的探究课程，并写出上课心得。

【问题探讨】

1. 探究教学中常见的问题是探而不究，你该如何解决这个问题？

2. 任选一节内容，采用探究教学思路，撰写好教案，与小组成员交流，并让导师指导，找一找，查一查，自己在探究教学思路方面还有哪些问题？

参考文献

陈思学. 2007. 浅谈新课程下初中化学教学中的探究式学习[J]. 化学教学，(2)：32.

陈祖顺. 2010. 高中化学探究教学中的思考[J]. 考试周刊，(2)：186-187.

冯新平. 2008. 对化学探究性教学策略的思考[J]. 中学化学教学参考，(9)：10-11.

高兴邦. 2009. 研讨“盐类的水解”的教学评析[J]. 化学教学，(5)：47.

雷宇，张文华，彭慧. 2012. 中美化学教材实验设计的比较研究[J]. 化学教育，(4)：16-18，22.

李军. 2007. 化学探究实验中教师指导策略的研究[J]. 化学教学，(4)：27.

林美凤. 2012. 挖掘探究素材　再议实验探究[J]. 化学教学，(10)：30.

刘俊. 2012. 促进化学课堂有效探究的实践与思考[J]. 中学化学教学参考，(3)：24.

刘开福. 2009. 探究式学习理论在化学教学中的应用与思考[J]. 化学教学，(1)：35.

刘文周. 2010. 互动探究式化学课堂教学模式的实践与探索[J]. 化学教学，(4)：5.

罗秀玲. 2011. 试论化学探究式教学中的探究点的选择[J]. 化学教育，(6)：31.

彭伟桥. 2009. 胶体本质的探究性教学设计[J]. 化学教学，(1)：42.

孙成林，李焱. 2012. 高效化学课堂中探究任务的五个标准[J]. 中学化学教学参考，(7)：31.

向秀军. 2012. 人教版与鲁科版中两个探究活动实验的对比研究[J]. 中学化学教学参考，(3)：40-41.

徐建军. 2005. 高中化学探究教学中存在的问题和思考[J] .化学教育，(S1)：41-43.

阳智纯. 2007. 探究元素周期表的教学设计[J]. 化学教学，(4)：47.

张凤春，刘成坤. 2007. 谈新课程背景下探究教学的实效性[J]. 中学化学教学参考，(6)：22.
张静，田水泉. 2007. 化学教学中运用探究教学的误区及对策[J]. 中学化学教学参考，(7)：5，19-20.
中华人民共和国教育部制订. 2003. 普通高中化学课程标准[S]. 北京：人民教育出版社，4：2